métr

pour l'Écosse

Rouge

Anneli McLachlan **Claire Bleasdale**
Christine Ross

Heinemann

Heinemann Educational Publishers, Halley Court, Jordan Hill, Oxford OX2 8EJ
A division of Reed Educational & Professional Publishing Limited

Heinemann is a registered trademark of Reed Educational & Professional Publishing Limited

OXFORD MELBOURNE AUCKLAND IBADAN
BLANTYRE JOHANNESBURG GABORONE
PORTSMOUTH (NH) USA CHICAGO

First published 2002

07 06 05 04 03 02
10 9 8 7 6 5 4 3 2 1

A catalogue record is available for this book from the British Library on request.

ISBN 0 435 38132 6

Produced by Ken Vail Graphic Design
Original illustrations © Heinemann Educational Publishers 2002

Illustrations by Celia Hart, Sylvie Poggio Artists Agency (James Arnold, Nick Duffy, Belinda Evans, Roger Haigh, Rosalind Hudson, Simon Jacob, Paul McCaffrey), Chris Smedley

Cover design by Miller, Craig and Cocking

Cover photograph by Paul Raferty

Printed in Italy by Printer Trento srl

Acknowledgements

The authors would like to thank Diane Collet, Colin Christie, Sharon Churm, Nicle Couchouron, Ann Harries, Diana Hornsby, Stéphanie Mainé, Eleanor Mayes, Françoise Ranty, Gill Ramage, Leanda Reed, Fodé Sarr, Helen Singh, Marcus Waltl and the students of Elliott school, Putney, Gaëlle Amiot-Cadey; Nathalie Barrabé and the students of the Association Cours D'Art Dramatique, Rouen; François Casays at Accès Digital and the staff and students of the Collège Roquecoquille, Chateaurenard for their help in the making of this course.

The authors would also like to thank Julie Green for her help in the adaptation of the course for Scotland, Graham Williams at the Speech Recording Studio, Becca Heddle and Odile Pagram.

The author and publishers would also like to thank the following for permission to reproduce copyright material: Fleurus Presse, L'Hebdo des juniors p. 42 (Musique, Incas, Animations, Athlétisme, Guitare), Midi Libre p. 111 (Météo France – 21/08/00), p. 122 (Voyages – 21/08/00), Yahoo France p. 158 (Accueil > Santé), Printemps p. 190 (Printemps renseignements pratiques), Bayard Jeunesse 2000 Okapi no. 662 p. 194 (Les films d'horreur …).

Photographs were provided by **David Kyle** p. 6, **Keith Gibson** pp. 7, 50, 81 (Alain and Frank), 123, 138 (Andrew), **Popperfoto/Reuters** p. 28 (The Simpsons), p. 148 (Fabien Barthez), **The Kobal Collection/Danjaq LLC/Keith Hamshere** p. 49 (The World is not enough), **Corbis** p. 79 (Christmas market and Easter in the Caribbean), **Michael Lewis/Corbis** p. 88 (French town), **Jacqui Young** p. 88 (town centre), p. 173 (landscape), **Ancient Art & Architecture Collection Ltd/R Sheridan** p. 114 (Carnac Standing Stones), **Bill Varie/Corbis** p. 124 (Danielle), **Robert Harding** pp. 124 (beach) & 173 (Glasgow).

All other photos are provided by Martin Soukias and Heinemann Educational Publishers.

Tel: 01865 888058 www.heinemann.co.uk

Table des matières

Études

Using French in the classroom; talking about the school day

a Qu'est-ce que ça veut dire?

b Je suis désolé, je ne comprends pas.

c Je m'excuse, je ne sais pas.

d Pouvez-vous nous aider?

e Je peux vous aider?

f Pouvez-vous répéter, s'il vous plaît?

g J'ai oublié le mot pour 'help' en français.

h 'Ruler', comment ça se dit en français?

Try to use at least one of these phrases every time you are in your French class!

 1a **Listen. Which speech bubble is used in each dialogue? (1–8)**

Example: 1 *c*

 1b **Match the English sentences to the right speech bubbles.**

Example: 1 *g*

1 I've forgotten the word for 'help' in French.
2 Can I help you?
3 Please can you repeat?
4 I'm sorry, I don't understand.

5 Can you help us?
6 What does that mean?
7 What's the French for 'ruler'?
8 I'm sorry, I don't know.

 2a **Listen and identify the right picture. (1–7)**

Example: 1 *e*

Tu as	un crayon/livre/
Tu peux me prêter	stylo/bic/cahier?
Je peux avoir	une gomme/règle?
J'ai oublié	**ma** règle.
	mon cahier.
Je n'ai pas de	bic/stylo.
	gomme.

 2b **In pairs. Use the key language box and the pictures in 2a. Take turns to say a sentence and reply.**

Example: ● *Tu peux me prêter une règle?*
● *Oui, voilà.*

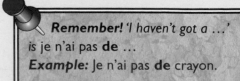

Remember! 'I haven't got a …' is je n'ai pas **de** … *Example:* Je n'ai pas **de** crayon.

3a Copy and complete Flore's statements about school.

JàJàJàJàJàJàJàJàJàJàJàJàJàJàJàJàJàJàJàLYCÉE JULES VERNE						
	lundi	*mardi*	*mercredi*	*jeudi*	*vendredi*	*samedi*
8h	chimie	anglais		français	français	
9h	espagnol	maths		maths	maths	EPS
10h	récréation					
10h15	biologie	français		anglais	anglais	EPS
11h15	biologie	études		histoire-géo	histoire-géo	physique
12h15	pause de midi					
14h	maths	espagnol		physique	espagnol	
15h	français	musique		dessin	technologie	
16h	histoire-géo	chimie		dessin	technologie	

EPS   *sport*
sauf *except*

1 Mon lycée s'appelle ▬▬▬▬.
2 Normalement, le lycée commence à ▬▬▬▬ et finit à ▬▬▬▬.
3 Il y a une récréation à ▬▬▬▬.
4 La pause de midi est à ▬▬▬▬.
5 D'habitude, on a ▬▬▬▬ cours le matin et ▬▬▬▬ cours l'après-midi.
6 Un cours dure ▬▬▬▬ minutes.
7 On va au lycée tous les jours sauf le ▬▬▬▬.
8 Comme matières, j'ai ▬▬▬▬ …

> Mon lycée s'appelle (*le Lycée Victor Hugo*).
> Le lycée commence à (*9h*).
> Le lycée finit à (*3h*).
> Il y a une récréation à (*11h*).
> La pause de midi est à (*1h30*).
> On a (*5*) cours le matin.
> On a (*3*) cours l'après-midi.
> Un cours dure (*45*) minutes.
> On va au lycée tous les jours sauf le (*lundi*).
> Comme matières, j'ai (*anglais, …*). 🗝

3b Listen to the interview about a new school in France. Complete the 8 statements from **3a** with the new information.

Question words

Comment … ?   Qu'est-ce que … ?
Combien de … ? Quand/À quelle heure … ?
Où … ?   Pourquoi?
Quel/quelle/quels/quelles … ?

3c In pairs. Take turns to ask and answer these questions, using the key language box.

1 Comment s'appelle ton collège/lycée?
2 L'école commence et finit à quelle heure?
3 Il y a une récréation à quelle heure?
4 La pause de midi est à quelle heure?
5 Tu as combien de cours par jour?
6 Et les cours durent combien de temps?
7 Quels jours vas-tu à l'école?
8 Quelles sont tes matières?

Le détective

at + time

Always use the word à *to talk about times, even if you wouldn't say **at** in English!*
Examples: L'école commence à quelle heure? *What time does school start?*
La récréation est à dix heures et demie. *There is a break at 10:30.*

3d Write 8 statements about your school/college, using your answers from **3c**.

Pour en savoir plus ➡ page 218, pt 8.2

Talking about school subjects

 4a Listen to the interviews. Which subjects do they like and dislike, and why? (1–8)

> *Example:* 1 ☺ *English, Art*
> ☹ *Technology – boring*

| C'est | ennuyeux/nul/super/barbant/stupide/affreux/génial. |

Ça m'intéresse./Ça me passionne./On s'amuse.
Ça ne m'intéresse pas.

> *After c'est, adjectives don't agree!*
> **Example:** La musique, c'est barbant.

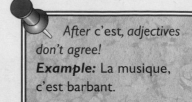

4b Match the pictures to the reasons in the key language box.

> *Example:* a *Le prof est sympa.*

C'est	facile.	Le prof est	sympa.
	difficile.		sévère.
	ennuyeux.		
	intéressant.	Je suis fort(e)	en maths.
	utile.	faible	
J'ai trop de devoirs.			

4c In pairs. Take turns to ask if your partner likes the same subjects as you. Use the key language box to help you.

Example:
● *Moi, j'adore le français, c'est intéressant. Et toi?*
● *Non, je ne suis pas d'accord. Le prof est trop sévère. Mais j'aime les maths – et toi?*

Moi, j'aime (*les maths*). Et toi?

agreeing	**disagreeing**
Oui, moi aussi, j'aime (*les maths*).	Ah non, moi, je déteste (*les maths*).
Oui, je suis d'accord, j'aime (*les maths*).	Ah non, je ne suis pas d'accord, je déteste (*les maths*).

 5a Listen. Note the languages and how long these people have been learning them. (1–5)

> *Example:* 1 *English – 5 years*

 5b Write how long you have been learning these subjects for.

> *Example:* 1 *J'apprends le français depuis 4 ans.*

Le détective

J'apprends le français depuis 4 ans.
I have been learning French for 4 years.
J'apprends l'allemand depuis 1998.
I have been learning German since 1998.

Pour en savoir plus ➡ page 209, pt 3.13

x 4 ans   x 6 ans   x 1 an   x 8 ans

6 Look at the structure of the French education system. Find the French equivalent for:

1 primary school
2 FE college
3 Highers
4 training
5 apprenticeship
6 Standard Grades

> * examen qui correspond à nos Standard Grades/Intermediates
> ** examen qui correspond à nos Highers
> *** examens qui correspondent à nos NQs

Le système scolaire en France

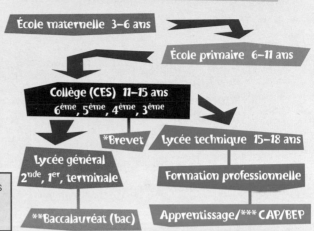

7a Read this e-mail and choose the correct phrase to complete each sentence.

> **E-mail Message**
>
> Salut, je me présente. Je m'appelle Julien et j'ai 15 ans. Je suis en seconde et je vais au lycée technique de Sarreguemines. C'est pas mal comme lycée, mais je n'aime pas trop les profs. Ils ne sont pas très compréhensifs. Je prépare mon bac et l'année prochaine, je vais passer mon bac de français. Je n'aime pas les examens, il faut que je travaille cette année et pour les 2 années à venir.
>
> J'apprends l'anglais depuis 5 ans, mais je ne suis pas fort. Chez nous le collège commence tôt, à huit heures du matin. Ça finit tard aussi, à cinq heures, mais je ne vais pas au lycée le mercredi après-midi. Par contre, le samedi on n'est pas libre en France. Il faut aller en classe ... Ciao!

1 Julien goes to
  a primary school.
  b secondary school.
  c an FE college.
2 He is in the
  a 2nd year.
  b 4th year.
  c 5th year.
3 He is preparing for
  a Standard Grades.
  b Highers.
  c a degree.
4 His English is
  a good.
  b fair.
  c poor.
5 His school starts
  a late.
  b early.
  c in the afternoon.
6 He is free on
  a Saturday morning.
  b Wednesday morning.
  c Wednesday afternoon.

| Je prépare mon bac | *I'm studying for Highers* |
| Je vais passer mon bac | *I'm going to take my Highers* |

Le détective

-er verbs

The endings of -er *verbs are:*

j'aim**e** (*I like*) nous aim**ons** (*we like*)
tu aim**es** (*you like*) vous aim**ez** (*you like*)
il/elle aim**e** (*he/she likes*) ils/elles aim**ent** (*they like*)

Pour en savoir plus ➡ **page 202, pt 3.2**

7b Use what Julien has written in the first paragraph to write 75 words about your school/college. Make sure what you write is very accurate by only changing the words in red.

7c CV Choose at least 5 statements about your school and combine them in a paragraph under the title *École* on disc. Call the document CV.doc. You will be adding further data in Modules 2–5.

1 Emploi du temps

Talking about your timetable

1 Look at the sentences in the key language box. Find the sentence with the opposite meaning.

Example: je suis sportif/sportive – je suis paresseux/euse

2a Listen to Flore talking about her subjects. Copy the grid and complete it in English. (1–5)

	je suis sportif/sportive	c'est nul
	le prof est compréhensif	c'est pénible
	c'est facile	le prof est sévère
	c'est passionnant	c'est inutile
	c'est utile	on n'a pas assez de devoirs
	je suis fort(e) en sport	je suis paresseux/euse
	le prof est sympa	c'est compliqué
	c'est simple	le prof est méchant
	le prof va trop vite	le prof est trop lent
	on a trop de devoirs	je suis faible en EPS

	subject	opinion ☹☺	reasons
1	art	☺	teacher is nice; it's interesting

2b Write these sentences in French.
Example: 1 J'aime les maths car le prof est sympa et c'est intéressant.

1 ☺ car

2 ☺ parce que

3 ☹ car

4 ☹ parce que

5 ☺ car

6 ☹ parce que

> **Car** and **parce que** both mean 'because'. Give more than one reason if you can.

3a Listen and note which phrases form a complete sentence. (1–8)

Example: 1 m, d

1 La physique est assez difficile   **a** le prof va trop vite – je n'aime pas ça   **b** c'est compliqué

2 J'aime l'informatique   **c** c'est les travaux manuels   **d** il nous aide beaucoup

3 Je n'aime pas du tout la géographie   **e** j'ai horreur de ça et aussi le prof me fait peur

4 Je pense que le dessin est inutile   **f** En plus, le prof est nul   **g** je trouve ça compliqué

5 Moi, je n'aime pas les sciences   **h** mais je pense que c'est très important pour l'avenir

6 L'histoire-géo   **i** je trouve ça pénible   **j** le prof est super sympa

7 Je trouve le théâtre passionnant   **k** Monter une pièce   **l** c'est sensass

8 Ma matière préférée   **m** mais le prof est compréhensif

3b In pairs. Take turns to ask for and give the opinions in the pictures. Then ask and answer questions of your own.

Example: a ● *Tu aimes l'informatique?*
          ● *Oui, j'aime l'informatique. À mon avis, c'est intéressant et le prof est très sympa.*

> *Use one of these phrases every time you give an opinion:*
> À mon avis …
> Je pense que …
> *Always give a reason for what you're saying:* Je n'aime pas l'anglais. J'ai horreur de ça. C'est trop difficile!

3c Develop a conversation with your partner about your favourite subjects. Take turns to ask and answer questions.

A
- Find out what **B**'s favourite subject is (*Quelle est ta matière préférée?*)
- Say whether you like that subject. Give 2 reasons.
- Give your opinion and a reason.

B
- Say what your favourite subject is and give 2 reasons. Ask if **A** likes that subject.
- Ask if he/she likes the teacher.
- Agree or disagree with **A**'s reasons.

4a Read Mario's e-mail and decide whether the statements are true or false.

1 Mario n'aime pas la musique.
2 Mario n'aime pas son prof de maths.
3 Mélanie a une opinion favorable du collège.
4 Mélanie déteste le travail pratique.
5 Mélanie aime les choses scientifiques et techniques.
6 Mélanie pense qu'il n'y a pas assez de devoirs.
7 Mélanie est forte en EPS.

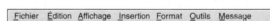

Fichier Édition Affichage Insertion Format Outils Message

Salut! Tu m'as demandé de parler de mon collège et des matières que je préfère. Eh bien, j'adore les langues étrangères. J'ai de la chance parce que je fais de l'anglais et de l'espagnol: c'est génial. Ma matière préférée, c'est l'espagnol – c'est une très belle langue! Je n'aime pas trop le dessin et j'ai horreur de la musique, mais j'aime les maths: le prof est compréhensif et il ne va pas trop vite. En général, les profs sont sympa.

Ma sœur Mélanie n'aime pas le collège. Elle est faible en tout. Elle aime bien le travail pratique mais ses notes ne sont pas les meilleures. Elle déteste les choses scientifiques et techniques mais elle est forte en sport: elle adore ça. Et les devoirs – elle trouve qu'elle a trop de devoirs. Elle a horreur de ça.

Et toi, quelle est ta matière préférée? Tu aimes les sciences ou les arts plastiques? Comment sont tes professeurs?
Réponds-moi vite!   **Mario**

4b These are Mélanie's opinions. What is she talking about?

1 Je n'aime pas ça. 2 Je déteste ça.
3 C'est bien, ça. 4 J'adore ça.

Example: 1 *le collège – school*

4c Write an e-mail answering Mario's questions.

2 Mon lycée

Describing your school/college

● ● ● ● ● ● ● ● ● ● ● ● ● ● ● ● ●

 1a Find the right sentence for each picture.

Example: **a** *Il y a environ mille élèves.*

 1b Listen to the descriptions and write the correct letter for each one. (1–3)

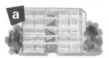  

 1c In pairs. Take turns to change the sentences in **1a** with your own details.

Example: *C'est un lycée pour garçons.*

| C'est | animé/calme/démodé/moderne. |
| C'est un | vieux/grand/petit bâtiment à (3) étages. |

Le lycée se trouve	près du centre-ville.
	en banlieue/à la campagne.
	dans un petit village.

| Il y a | 500 élèves/56 professeurs. |
| | un gymnase/une cantine. |

 2a Read the description. Which school is being described?

L'intérieur du collège, c'est normal, quoi. Il y a la cantine au premier étage ainsi que les labos et les toilettes, et les salles de classe en-dessous. Au rez-de-chaussée on a tous les bureaux: celui du secrétariat, la salle des profs et cetera. La bibliothèque est bien: nous, on appelle ça le CDI (centre de documentation et d'information). Il y a beaucoup d'ordinateurs, on peut surfer sur Internet et c'est gratuit: ça m'intéresse!

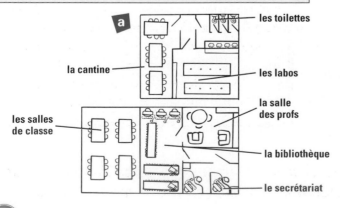

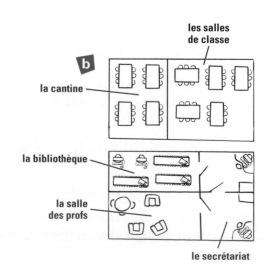

2b Describe the other school in **2a**, using the text in **2a** as a model.

3a Listen. Note the school activities and, if mentioned, when they take place. (1–5)

	activity	when?
1	dancing	Wednesday afternoon
	ICT	every evening

Je fais partie d'un club de/d'	photographie.
Je vais au club de/d'	informatique.
	échecs.
	escalade.
	danse.
	gymnastique.
	théâtre.
	musique.
Je fais partie de	l'orchestre.
	l'équipe de foot/volley/ hockey.
Je ne fais pas partie d'un club.	

Le détective

Some verbs don't follow the patterns exactly. These irregular verbs are used a lot, and you need to learn them!

faire = to do/to make
je fais   nous faisons
tu fais   vous faites
il/elle/on fait   ils/elles font

aller = to go
je vais   nous allons
tu vas   vous allez
il/elle/on va   ils/elles vont

Pour en savoir plus ➡ **page 220**

3b Conduct a survey in your group to find out about extra-curricular activities. Ask these questions.

- Tu fais partie d'un club?
  (*Oui, je suis membre du club de/d' …/ Non, je ne suis pas membre d'un club.*)
- Quand est-ce que tu vas au club?

Enrich your answers by adding as many time indicators as possible.
Example: **Le jeudi après le collège** je vais au club de photographie … **ensuite** je rentre chez moi …, **le mercredi après-midi**, je …; **tous les lundis**, je …; **le vendredi après les cours**, je …

3c Write a report of your findings in **3b**.

Example: *Le jeudi après le lycée, il y a le club de théâtre. Marc fait partie du club de théâtre. Natalie et Rhianne font partie de l'équipe de hockey. Elles jouent le mardi après-midi.*

3 Le règlement

Talking about rules and regulations

1a Match the pictures to the phrases in the key language box.

Example: **a** *Il ne faut pas porter le maquillage.*

> On ne doit pas fumer.
> On doit apporter son équipement.
> On doit respecter les autres.
> Il ne faut pas porter le maquillage.
> On ne doit pas porter des bijoux.
> Il faut arriver à l'heure.
> Il ne faut pas manger en classe.
> On ne doit pas utiliser les portables.

1b Write the following in French.

1 We must arrive at 8.30.
2 We must not drink in class.
3 We must not wear earrings.
4 We must listen to the teachers.
5 We must bring our books.

1c Do any of the rules above apply in your school? What do you think of them? Discuss them with your partner.

Example:
● *Chez nous, il ne faut pas porter le maquillage.*
● *Ce n'est pas juste, ça! On doit avoir le droit de porter le maquillage!*

on *is a very useful word in French. It can mean 'we':* Le jeudi on joue au foot. *(We play football on Thursdays.) or 'you' (in general):* Au club de théâtre on peut monter des pièces. *(You can put on plays in the drama club.)*

Try to use the following in your discussions:

Chez nous …	At our school …
C'est juste.	It's fair.
Ce n'est pas juste.	It's not fair.
On doit avoir le droit de …	You should be allowed to …

Le détective

Il faut …/On doit … + *the infinitive are useful ways of expressing what has to be done. (It is necessary to/One must …)*

Il faut *is called an impersonal verb. You will never see it with any person other than* 'il'.
Il faut arriver à l'heure. = *You have to arrive on time.*
In the negative form:
Il ne faut pas …/On ne doit pas …

Pour en savoir plus ➡ page 202, pt 3.1

2a Listen and note whether these people are for (✓) or against (✗) school uniform. (1–5)

2b Listen again and note their reasons.

Example: 1 *practical, cheap, you always know what to put on*

2c Work with a partner. A agrees with uniform and B disagrees. Use phrases from the key language box.

Example: ● *L'uniforme, c'est une bonne idée.*
● *Mais non, c'est une idée bizarre!*
● *On sait toujours quoi mettre.*
● *Mais …*

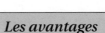

Les avantages	
C'est	une bonne idée.
	pratique.
	pas cher.
On sait toujours quoi mettre.	
Il y a moins de différences entre les classes sociales.	

Les inconvénients	
C'est	une mauvaise idée.
	une idée bizarre.
	bête/ridicule.
	cher.
	démodé.
Ça supprime l'individualité.	
Tout le monde se ressemble.	
L'individualité est importante.	

3a Read this letter. Are the statements true or false?

1 French pupils have to wear school uniform.
2 Most pupils wear trainers.
3 In general only the teachers don't wear jeans.
4 Brand name clothing companies benefit from the situation.
5 French pupils dress differently from each other.

baskets	*trainers*
une marque	*brand*

On dit qu'en France on n'a pas d'uniforme. Eh bien voilà c'est faux. Non, on n'est pas obligé de porter une cravate et une veste comme en Grande-Bretagne, mais quand même on a tendance à adopter un uniforme. C'est à dire que les jeunes s'habillent comme ils veulent, mais il y a du conformisme. Celui qui ne porte pas de baskets est l'exception. Celle qui n'a pas de jean est en général un prof! On prétend qu'il y a de l'originalité, mais en réalité c'est une course aux marques Quiksilver ou Diesel.

En vérité l'uniformité règne. Hervé

3b In pairs. Prepare your answers to these questions, then take turns to ask and answer them.

1 Qu'est-ce que vous portez au collège?
(*Au collège, je porte un T-shirt blanc, …*)
2 Qu'est-ce que vous pensez de l'uniforme?
(*À mon avis, l'uniforme, c'est …*)
3 Les professeurs sont-ils sympa?
4 Décrivez le règlement dans votre collège.
5 Que pensez-vous du règlement?

3c Use your preparation for **3b** to write an article (75 words) on school uniform and school rules for a magazine. Learn what you have written and make a recording of it!

4 Après le collège

Talking about plans for the future

 1a Listen. What are these pupils going to do after they leave the collège? (1–5)

Example: 1 *apprenticeship in a garage*

 1b Read Sylvie's letter. Fill the gaps with the verbs on the right.

L'année prochaine, je vais **1**_____ mes examens en juin. Puis je vais **2**_____ le collège. Après les vacances, je vais **3**_____ mes études au lycée. Je vais **4**_____ six matières. Au bout de trois ans, je vais **5**_____ mon bac. Si possible, je vais **6**_____ à l'université parce que j'espère **7**_____ ingénieur.

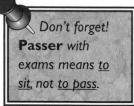

**étudier
passer être
aller quitter
continuer**

Don't forget!
Passer with exams means to sit, not to pass.

 1c Using the key language box, prepare to record 2 or 3 sentences about your plans for next year. Join your sentences with:

d'abord (*first of all …*)
après (*afterwards …*)
ensuite (*then …*)

 2 What are Marc's plans? Listen and put the pictures in the right order.

Je vais quitter le collège.
Je vais continuer mes études.
Je vais faire un stage.
Je vais travailler.
Je vais faire un apprentissage.
Je vais voyager.
Je vais perfectionner mon français.
Je vais gagner un peu d'argent.
Je vais aller au lycée (technique).
Je vais passer mes examens.
Je vais aller à l'université.
Je vais faire une formation générale/professionnelle.

à la fac   *at/to university*

3a Read these e-mails. Note in English each person's future plans, under these headings:

After exams
After results

Example: *Alice – after exams – go on holiday with family, …*

Fichier Édition Affichage Insertion Format Outils

'Salut'! Moi, je vais d'abord passer mes examens: j'espère que je vais réussir! Ensuite, je vais partir en vacances avec ma famille. À la fin des vacances scolaires, je vais reprendre mes études.
alice.k@caramel.com

Fichier Édition Affichage Insertion Format Outils

Coucou!
Moi, je vais passer mon bac et puis je vais gagner un peu d'argent. Je vais travailler dans un magasin en ville – une petite boutique sympa. C'est une sorte de stage. La propriétaire est anglaise et je vais essayer de perfectionner mon anglais pendant ce temps.
À la rentrée, je vais continuer mes études à la fac.
elsa.pr@aol.com

> **réussir (à ses examens)** *to pass one's exams*

Fichier Édition Affichage Insertion Format Outils

Salut! Voici ma réponse! Après mes examens je vais voyager autour du monde. Je veux visiter l'Afrique francophone (le Sénégal et le Cameroun). Quelle aventure! Je vais passer six mois à voyager et puis je vais faire un apprentissage de plombier.
alex.genno@worldonline.fr

3b Write about what you are going to do next year. Write about 25 words under each of these headings:

  a après les examens
  b pendant les grandes vacances
  c après les vacances

- *Don't forget to use time indicators to vary your answers:*
Après mes examens, je vais … **Ensuite,** je voudrais …
Pendant les grandes vacances, j'ai l'intention de …
- *Starting a sentence with **si** makes it more complex, therefore you should get a better grade.*
Example:
Si possible, je vais aller à l'université.
Si mes résultats sont excellents, je vais étudier les langues et les maths.

Le détective

*To say what is going to happen in the future, use **aller** + infinitive.*
Example: je **vais faire** un apprentissage
elle **va aller** au lycée technique

je vais	nous allons
tu vas	vous allez
il/elle/on va	ils/elles vont

Pour en savoir plus ➡
page 206, pt 3.6

3c Use your written notes to help you speak for about a minute on your future plans.

Example: *Après mes examens, je vais …*

5 Les problèmes

Discussing difficulties at school and for the future

● ●

 1a Read and listen to the poem.

 1b Write a new poem: *Le chant de la liberté,* using the model below.

> Quand on quitte le collège, la vie commence
> on ne doit plus ...
> on peut ...
> il n'y a pas de ...
> Moi, je vais ...
> C'est la vraie vie, ah oui!

Le chant du lycéen

Quand on étudie, on n'a plus de vie!
On ne peut pas sortir.
On doit réviser ...
> *écouter ...*
> *travailler ...*
> *bachoter ...*

Quand on étudie, on n'a plus de vie!
On a trop de stress ...
> *et trop de pression ...*
> *trop de devoirs ...*
> *et pas assez de temps ...*
Mais quand on a fini, la vie recommence!

Le détective

Expressions of quantity

trop de   beaucoup de   assez de
These take **de** *not* du/de la/des.
Find as many as you can in the song above.

Pour en savoir plus ➡ page 201, pt 2.4

 2 Read this article and answer the questions in English.

Je pense qu'on devrait changer le système scolaire français. Les programmes sont trop chargés et il y a beaucoup de choses à faire. À mon avis, les cours sont trop longs. Les élèves sont stressés et il y a trop de devoirs. C'est impossible. Je sais que l'éducation est importante, mais on nous fait souffrir.

Je comprends que l'éducation est essentielle pour trouver un bon emploi. Si on n'a pas le bac, on a du mal à trouver du travail, mais je résiste! De toute façon, moi, je vais quitter l'école bientôt. Je vais faire un apprentissage ou quelque chose de pratique.

Ce que j'aime au lycée, c'est les pauses! Pendant la récré, je discute avec mes copains ou bien on va aux magasins. Des fois on joue au foot.

1 What does this French student say about:
   a the curriculum? *(1)*
   b lessons? *(1)*
   c pupils? *(1)*
   d homework? *(1)*
   e education in general? *(2)*

2 Which people find it difficult to get jobs in France? *(1)*

3 What does he want to do in the future? *(3)*

4 a What does he like at school? *(1)*
   b Why? *(3)*

Determiners (words for 'the', 'a', etc.)
Nouns in French almost always have a determiner in front of them.
Even where there is no determiner in English, French often uses a word for 'the'.
Example: **Les** *cours sont trop longs.*
   (Lessons/school periods are too long.)
   Je sais que **l'***éducation est importante.*
   (I know education is important.)

de toute façon   *anyway*

3a Read and listen to these young people's opinion on school and their future. Who thinks:

1 If you do nothing at school you won't succeed?
2 Education is important for your future?
3 Education is a waste of time?
4 They're going to do law at university?
5 Lots of people work hard at school and then can't find a job?
6 Lots of people do nothing at school and then can't find a job?
7 The idea of being unemployed is scary?
8 They're going to travel before deciding what to do?
9 It's better to have a good time?

> At higher level, listening and reading answers often hinge on small words which can change the sense of a phrase. Make sure you are familiar with the following:
> mal – *badly*   un peu – *a little*
> peu – *not much/not very*   sans – *without*

plus tard	*later*
aller en fac de droit	*to do law at university*
ça va être dur	*it'll be hard*
ça m'embête	*it irritates me*
ça ne sert à rien	*it's pointless*
arriver à …	*to manage to …*
c'est pas la peine	*it's not worth it*
il vaut mieux …	*it's better to …*
être au chômage	*to be unemployed*
l'idée me fait peur	*the idea scares me*

3b What are your opinions on studying and on the future? Write about 75 words, using the opinions in **3a** and the vocabulary box.

Moi, je crois que si on travaille dur au collège et au lycée, on va avoir du succès plus tard dans la vie. Si on ne fait rien, on ne va pas réussir. Je vais passer mon bac au mois de juin, et après mes examens j'espère continuer mes études en fac de droit. Ça va être dur, mais il faut travailler pour réussir, à mon avis.

Mathieu

Étudier, ça m'embête. C'est une perte de temps. De toute façon, ça ne sert à rien. On n'est pas sûr d'avoir un emploi de nos jours et je connais beaucoup de gens qui travaillent bien à l'école et puis qui n'arrivent pas à trouver du travail après. C'est pas la peine franchement. Il vaut mieux s'amuser.

Annie

Moi, je crois que l'éducation, c'est important pour l'avenir. Il y a beaucoup de jeunes qui ne font rien au lycée et puis ils ont beaucoup de mal à trouver un emploi plus tard. Je ne veux pas être au chômage. L'idée me fait peur! Mais je ne sais pas encore ce que je vais faire après le lycée. Je vais peut-être voyager un peu avant de me décider.

Yannick

> Make sure you write down new words and phrases in ways which make them easy to revise and learn. Some phrases belong to several topic areas, so you may need to write them down more than once!
> **Examples:** ça m'embête   *opinions/education*
> plus tard   *time/future*

Les études

Fichier   Édition   Affichage   Insertion   Format   Outils   Message

⤺ Répondre   ⤺ Répondre à tous   ⤺ Transférer

Objet: Les études
Date: 11 10
De: Thierry Lassalle
À: Scott Reidford

Cher Scott

Salut! Ça va? Moi, ça va très bien aujourd'hui – on a un jour de libre! Je profite de l'occasion pour t'envoyer un e-mail. Merci de ton courrier. Je réponds à toutes tes questions.

D'abord

Tu fréquentes quelle sorte d'école?

Mon école est un lycée mixte qui se trouve dans le centre-ville de Rouen dans le nord de la France. Il s'appelle L.E.P Jean Racine. Il est assez grand avec 1,300 étudiants âgés de 16 à 19 ans.

Ensuite

Quelles sont tes matières préférées?

En effet, je n'aime pas toutes mes matières. Mes matières préférées sont les maths et les sciences, et surtout la physique. Je trouve la physique assez compliquée, mais super-intéressante. J'aime beaucoup l'histoire-géo aussi, parce que le prof est sympa et que je suis assez fort en histoire. Ce que je n'aime pas du tout, c'est l'informatique. Je trouve ça pénible, et en plus le prof est nul. Il me fait même un peu peur!

Après

Les cours commencent à quelle heure?

D'habitude, les cours commencent à 8 heures du matin. Donc je quitte la maison à sept heures et demie pour aller prendre le bus. La journée scolaire est beaucoup plus longue qu'en Écosse, je crois. Le lycée finit à 5 heures du soir. On a une récréation de 15 minutes le matin et une pause de midi qui dure 2 heures. Autrement, on a quatre cours le matin et trois cours l'après-midi qui durent une heure chacun.

Puis

Comment tu trouves ton lycée?

Mon lycée n'est pas mal, mais je pense que les programmes scolaires en France sont vraiment trop chargés. Les élèves sont trop stressés, on a trop de devoirs et les journées scolaires sont trop longues. Nous, on a cours tous les jours sauf le dimanche, le jeudi après-midi et le samedi après-midi. Je sais qu'en Écosse vous n'avez pas d'école le samedi. Votre système là-bas est préférable, à mon avis!

Et finalement

Est-ce que tu sais déjà ce que tu vas faire après le collège/le lycée?

Moi, je vais d'abord gagner un peu d'argent. Je vais travailler pour mon père dans son garage. Ensuite, je vais voyager un peu en Europe. Je voudrais visiter l'Italie et l'Espagne. Après, j'espère faire une formation professionnelle pour devenir ingénieur, ou peut-être que je vais aller à l'université.

J'espère que tu vas trouver ces informations intéressantes, et j'attends ton prochain e-mail avec impatience. À bientôt.

Thierry

quelle sorte de … ?	*what type of … ?*
quel(le) … ?	*what/which … ?*
à quelle heure … ?	*at what time … ?*
combien de … ?	*how many … ?*
comment … ?	*how … ?*
où … ?	*where … ?*
pourquoi … ?	*why … ?*

Structure your writing with organising words!

d'abord	*first of all*
ensuite	*then*
puis	*then*
et	*and*
en plus	*additionally*
finalement	*finally*
mais	*but*
parce que	*because*

 1 In Thierry's e-mail, what do the 10 phrases in blue mean?

Example: 1 *un jour de libre – a free day/day off*

 2a How would Thierry answer these questions? His answers are underlined in the letter. Make sure you answer in whole sentences (change *qui* to *il* or *elle*).

1 Tu fréquentes quelle sorte de collège/lycée?
2 Où se trouve ton collège/lycée?
3 Il y a combien d'étudiants au collège/lycée?
4 Quelles sont tes matières préférées?
5 Est-ce qu'il y a une matière que tu n'aimes pas? Pourquoi?
6 L'école commence et finit à quelle heure?
7 Tu as combien de cours par jour?
8 Comment tu trouves ton collège/lycée?
9 Quels jours est-ce que tu as cours?
10 Tu vas continuer tes études après le collège/lycée?

 2b Now answer the questions with your own information. Adapt Thierry's answers.

Example: 1 *Mon école est un petit collège mixte.*

 3 Write an e-mail to a French student, describing your school/college. Use the *Au secours!* panel to help you.

Au secours!

● It is very important to write accurate French. To make this easier, you can draft, correct and then learn tasks for your exams. **Write French you are sure about**, so you can remember it all under exam conditions!

● You have already written most of your text in answer to question 3!

● There are several ways of finishing off a letter or e-mail:
Écris-moi vite	Write back soon
À bientôt	See you soon
Grosses bises	Love

● A letter is really structured for you already. It has a clear beginning and end. It's only up to you to make sure you have 3 separate paragraphs in the middle – for example, one on the type of school, one on your favourite subjects and one on what you intend to do after school.

● You will get better grades for your writing if you use linking words like *et, mais* and *parce que/car* to lengthen your sentences (see the list on page 20):
*J'aime beaucoup l'histoire-géo, **parce que** le prof est sympa **et** je suis assez fort en histoire. Je fais beaucoup de matières, **mais** mes matières préférées sont les maths et les sciences.*

● Make your writing more impressive by writing about rules and problems at school (see pages 14–19):
À mon collège il faut porter l'uniforme. Je trouve ça pratique.
Je crois que l'éducation est importante, mais je suis très stressé(e).

Mots

En classe

Qu'est-ce que ça veut dire?
"Ruler", comment ça se dit en français?
J'ai oublié le mot pour "help" en français.
Pouvez-vous nous aider?
Pouvez-vous répéter, s'il vous plaît?
Je peux vous aider?
Je suis désolé(e), je ne comprends pas.
Je m'excuse, je ne sais pas.
Tu as (un bic/un crayon)?
Tu peux me prêter (une règle/une gomme)?
Je peux avoir (un livre)?
J'ai oublié (mon cahier).
Je n'ai pas de (stylo).

In class

What does that mean?
How do you say "ruler" in French?
I've forgotten the French for "help".
Can you help us?
Can you repeat that, please?
Can I help you?
I'm sorry, I don't understand.
I'm sorry, I don't know.
Do you have a (biro/pencil)?
Can you lend me a (rule/rubber)?
Can I have a (book)?
I've forgotten my (exercise book).
I haven't got a (pen).

L'emploi du temps

Mon collège/lycée s'appelle (Lycée Jean Racine).
Le lycée commence à (8h45).
Le lycée finit à (4) heures.
Il y a une récréation à (11) heures.
La pause de midi est à (12h30).
On a (5) cours le matin et (4) cours l'après- midi.

Un cours dure (45 minutes).
On va au collège/lycée tous les jours (sauf le samedi et le dimanche).

The timetable

My school is called (le Lycée Jean Racine).
School starts at (8.45).
School finishes at (4 o'clock).
Break is at (11 o'clock).
The lunch break is at (12.30).
We have (5) lessons in the morning and (4) lessons in the afternoon
Each lesson lasts (45 minutes).
We go to school every day (except Saturday and Sunday).

Les matières — *School subjects*

Quelles sont tes matières? — *What subjects do you do?*
Comme matières j'ai ... — *My subjects are ...*
Mes matières préférées sont (les maths et les sciences). — *My favourite subjects are (maths and science).*
L'informatique/l'anglais/les maths, c'est ... — *IT/English/Maths is ...*

affreux.	*awful.*
barbant.	*boring.*
compliqué.	*complicated.*
difficile.	*difficult.*
ennuyeux.	*boring.*
facile.	*easy.*
génial.	*brilliant/great.*
intéressant.	*interesting.*
nul.	*deadly dull.*
passionnant.	*fascinating.*
pénible.	*hard work.*
stupide.	*stupid.*
super.	*great/fantastic.*
utile.	*useful.*

(La physique), ça m'intéresse. — *I find (physics) interesting.*
(Les maths), ça ne m'intéresse pas. — *(Maths) doesn't interest me.*
(L'histoire), ça me passionne. — *I find (history) fascinating.*
On s'amuse. — *We have fun.*
Je suis faible en (sciences). — *I am no good at (science).*
Je suis fort(e) en (dessin). — *I am good at (drawing).*
J'apprends (le français) depuis (2) ans. — *I've been learning (French) for (2) years.*
Le prof est (sévère). — *The teacher is (strict).*
compréhensif — *understanding*
méchant — *horrible*
sympa — *nice/friendly*
trop lent — *too slow*
Le prof va trop vite. — *The teacher goes too quickly.*
Le prof est trop lent. — *The teacher is too slow.*
On a trop de devoirs. — *We have too much homework.*
On n'a pas assez de devoirs. — *We don't have enough homework.*

Mon collège/lycée

Mon école est un (lycée mixte).
Le lycée/collège se trouve (près du centre-ville).
en banlieue
à la campagne
dans un petit village
C'est un (vieux/grand/petit) bâtiment (gris) à (3) étages.
Il y a environ (1,300) élèves.

Il y a (50) professeurs.
Il y a (un gymnase).
une cantine
une bibliothèque
des courts de tennis
C'est très (animé).

My school/college

I go to a (mixed secondary school).
The school is (near the centre of town).
in the suburbs
in the country
in a small village
It's an (old/big/small, grey) building with (3) floors.
There are about (1,300) students.

There are (50) teachers.
There is a (gym).
a canteen
a library
some tennis courts
It's very lively.

calme
démodé
moderne
Je fais partie d'un club de (danse).
un club de photographie
un club d'informatique
un club d'échecs
un club d'escalade
un club de gymnastique
un club de théâtre
un club de musique
Je fais partie de (l'orchestre).

l'équipe de foot/volley/hockey
Je ne fais pas partie d'un club.

calm
old-fashioned
modern
I'm a member of a (dance club).
a photography club
a computer club
a chess club
a climbing club
a gymnastics club
a drama club
a music club
I am a member of the (orchestra).
the football/volleyball/ hockey team
I don't belong to a club.

Le règlement/ L'uniforme (m)

Il faut …/On doit …
  apporter son équipement.
  arriver à l'heure.
  écouter les profs.
  respecter les autres.
  porter l'uniforme.
Il ne faut pas …/On ne doit pas …
  fumer.
  manger en classe.
  porter le maquillage/les bijoux/les boucles d'oreille.
  utiliser les portables.
C'est une bonne idée.

School rules/ Uniform

You have to …/You must …
  bring everything you need.
  arrive on time.
  listen to the teachers.
  respect other people.
  wear a uniform.
You must not …

  smoke.
  eat in class.
  wear make-up/ jewellery/earrings.
  use mobile phones.
It's a good idea.

C'est une mauvaise idée.
C'est une idée bizarre.
C'est bête/ridicule.
C'est (pas) cher.
C'est démodé.
C'est pratique.
Ça supprime l'individualité.
Il y a moins de différences entre les classes sociales.
L'individualité est importante.
On sait toujours quoi mettre.

Tout le monde se ressemble.

It's a bad idea.
It's a strange idea.
It's stupid/ridiculous.
It's (not) expensive.
It's old-fashioned.
It's practical.
It suppresses individuality.
There's less of a difference between social classes.
Individuality is important.
You always know what to wear.
Everyone looks the same.

Après le collège

D'abord …
Après …
Ensuite …
Après mes examens …
Pendant les grandes vacances …
L'année prochaine …
Si possible …
  je vais aller à l'université.

  je vais aller au lycée technique.
  je vais continuer mes études.

After leaving school

First of all …
Afterwards …
Next …
After my exams …
During the summer holidays …
Next year …
If possible …
  I'm going to go to university.
  I'm going to go to further education college.
  I'm going to continue studying.

je vais faire un apprentissage.
je vais faire une formation professionnelle.
je vais faire un stage.

je vais gagner un peu d'argent.
je vais passer mes examens.
je vais perfectionner mon français.
je vais quitter le collège.
je vais travailler.
je vais voyager.

I'm going to do an apprenticeship.
I'm going to do vocational training.
I'm going to do a training course.
I'm going to earn some money.
I'm going to take my exams.
I'm going to improve/ perfect my French.
I'm going to leave school.
I'm going to get a job.
I'm going to travel.

Chez moi

Talking about your family

1a Read the letter. Copy and complete the form.

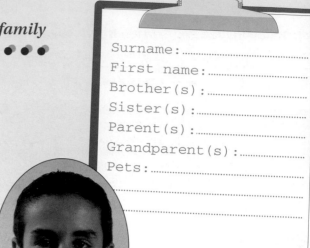

Surname: ....
First name: ....
Brother(s): ....
Sister(s): ....
Parent(s): ....
Grandparent(s): ....
Pets: ....

Je m'appelle Adrien Beregi. J'ai seize ans. Mon anniversaire, c'est le 21 février. Dans ma famille, il y a sept personnes. J'ai deux sœurs, qui s'appellent Juliette et Elsa. Juliette a neuf ans et Elsa a dix-huit ans.

Mon frère, qui s'appelle Manu, est tout petit. Il est âgé de trois mois. Mon père s'appelle Michel et ma mère s'appelle Édith. Ils ne dorment pas beaucoup à cause du bébé. Moi, il ne me réveille jamais.

Ma grand-mère habite chez nous aussi et elle s'appelle Marthe. Je trouve que c'est bien que ma grand-mère habite avec nous.

Je n'ai pas d'animal à la maison, notre appartement est trop petit, mais j'aimerais avoir un rat quand même.

Je m'appelle …
J'ai (*14*) ans.
Dans ma famille, il y a (*5*) personnes.
J'ai une sœur/un frère. Il/Elle s'appelle …
Il/Elle a (*14*) ans.
Je suis enfant unique.
J'ai un chien/chat/hamster/cochon
    d'Inde/lapin.
Je n'ai pas d'animal.
Mon anniversaire, c'est le (*7 avril*).

1b Write about your family, then use your writing to prepare a short talk.
You should include the names and ages of family members and whether you have any pets.

2 Listen. Note the birthday and the age of these people. (1–8)

Example: 1 *5th January; 36*

Le détective

How to say my/your/his/her. These are called **possessive adjectives**, *and the noun you are describing determines which one you use.*

Example:	Masculine	Feminine	Plural
my	**mon** père	**ma** mère	**mes** sœurs
your	**ton** père	**ta** mère	**tes** frères
his/her	**son** père	**sa** mère	**ses** parents

Attention! If a feminine noun begins with a vowel sound, instead of using **ma**, *use* **mon** *to make pronunciation easier (e.g.* mon école).

Pour en savoir plus ➡ page 214, pt 6.7

3 In pairs. Interview each other about your families.

Example: ● *Comment t'appelles-tu?*

● *Je m'appelle …*

● *Il y a combien de personnes dans ta famille?*

● *Il y en a …*

● *Tu as des frères et des sœurs?*

● *Oui, … / Non, …*

● *Tu as un animal?*

● *Oui, … /Non, …*

> Try to make your answers as full as possible.
> **Example:** Look back at Adrien's letter. For Il y a combien de personnes dans ta famille? *he could reply* Il y en a six – mon père, ma mère, mes deux sœurs, mon petit frère et moi. Ma grand-mère habite chez nous, mais les parents de mon père habitent à Birmingham.

4a Read Vincent's letter and answer the questions which follow.

Salut! Je m'appelle Vincent Goubin, et j'ai 14 ans. Je suis assez grand pour mon âge – je mesure 1m67! J'ai les yeux bleus et les cheveux bruns, et je suis très mince. On dit que je ressemble à Zinedine Zidane, mais je ne le pense pas.

Voici ma maman. Elle s'appelle Sylvie. Elle est assez petite mais mince comme moi. Elle a 39 ans. Elle a les cheveux blonds et courts et les yeux bleus. Elle porte des lunettes ou des lentilles de contact.

Mes parents sont divorcés depuis 5 ans, et mon père habite en Belgique. Voici mon beau-père, Christian. Il est assez petit (il mesure 1m55) et un peu gros – il pèse 87 kilos! Il a les cheveux courts et bouclés, et les yeux verts. Il a une barbe. Il est marrant. Je l'aime bien.

Ma demi-sœur s'appelle Magali et elle a 20 ans. Elle est grande et mince. Elle a les cheveux longs et noirs et les yeux verts, comme son père. Elle est assez mignonne. C'est l'aînée de la famille.

Pierre est né au mois de janvier. C'est le cadet de la famille. On a choisi ce prénom parce que c'est aussi le prénom de mon grand-père. Il est super-mignon … mais parfois il hurle!

Le détective

en

*In French, we say 'I have five **of them**; there are three **of them**'.*
We do this by using the pronoun en.
So: J'en ai cinq; il y **en** a trois.
Notice that because en *is a pronoun, it must come before the verb.*

Pour en savoir plus ➡ page 216, pt 7.5

1 Describe Vincent. Mention 3 things. *(3)*
2 Why is Zinedine Zidane mentioned? *(1)*
3 Describe Vincent's mother. Mention 3 things. *(3)*
4 Where is Vincent's father? *(1)*
5 Who is Christian? *(1)*
6 Describe Christian. Mention 3 things. *(3)*
7 Who does Magali look like? *(1)*
8 Who was Pierre named after? *(1)*

Describing people's appearance; talking about your extended family

4b Listen. Copy and complete the first 3 columns of the grid.
Then listen again to complete the final 2 columns. (1–4)

	relation	name	age	birthday	other details
1					
2					
3					
4					

5a Listen. Who's talking? (1–5)

J'ai Tu as Il/Elle a	les cheveux	courts longs	et	blancs gris bruns noirs blonds roux	et	les yeux	bleus. verts. marron.
						des lunettes. une barbe.	
Je suis Tu es Il/Elle est	petit(e). grand(e). mince. de taille moyenne. gros(se).		J'ai	un visage	long. oval. carré. rond.		
				le teint	clair. foncé.		
Je porte Tu portes Il/Elle porte	des lunettes.		Je pèse (45) kilos.				

5b In pairs. Choose a famous person and describe them.
Can your partner guess who it is?

6a How old are all the people mentioned? Choose from the ages above the text.

16 17 18 19

Jeanne est plus âgée que Roxane qui est la cadette de la famille. Arnaud est plus âgé que Jeanne. Il est l'aîné. Je m'appelle Pascal. Roxane et Jeanne sont plus jeunes que moi, toutes les deux. Bien sûr, Arnaud est plus âgé que moi, puisque c'est l'aîné. Et mes parents sont tout le temps fatigués!

l'aîné *the eldest*
la cadette *the*

Le détective

avoir/être
If you are not 100% sure of all parts of avoir *and* être, *learn them now before it's too late!*

avoir = *to have*	être = *to be*
j'ai	je suis
tu as	tu es
il/elle/on a	il/elle/on est
nous avons	nous sommes
vous avez	vous êtes
ils/elles ont	ils/elles sont

Pour en savoir plus ➡ page 220

 6b Which relative is it? Choose from the key language box.
1 C'est la sœur de votre mère.
2 C'est la fille de votre papa et de votre maman.
3 C'est le fils de votre belle-mère.
4 C'est le mari de votre tante.
5 C'est le fils de votre oncle.
6 C'est la femme de votre grand-père.

mon oncle	ma tante
mon cousin	ma cousine
mon frère	ma sœur
mon demi-frère	ma demi-sœur
mon neveu	ma nièce
mon grand-père	ma grand-mère

 7 Write a description of 2 members of your family.

*Whenever you have to describe somebody, think: **general facts** then **physical: hair** and **eyes**, **height** and **size**.*

 8 Read the speech bubbles, then match the people to the sentences in the key language box.

Je n'ai jamais pensé à me marier.
Alain

Je ne suis plus mariée depuis un an.
Anne

Mon mari s'appelle Saïd.
Marion

Je n'habite plus avec ma femme.
Michel

Il/Elle est	divorcé(e).
	marié(e).
	célibataire.
	séparé(e).

1 Comment êtes-vous?

Describing personality

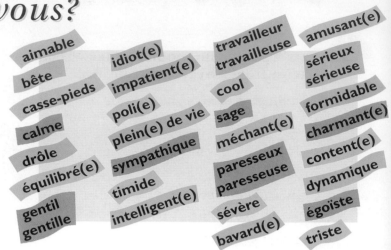

aimable
bête
casse-pieds
calme
drôle
équilibré(e)
gentil gentille
idiot(e)
impatient(e)
poli(e)
plein(e) de vie
sympathique
timide
intelligent(e)
travailleur travailleuse
cool
sage
méchant(e)
paresseux paresseuse
sévère
bavard(e)
amusant(e)
sérieux sérieuse
formidable
charmant(e)
content(e)
dynamique
égoïste
triste

1a List the adjectives on the right in 2 groups – positive and negative.

1b Listen to Nicolas talking about himself and his family. Note in French each person and the adjectives Nicolas uses. (1–6)

Example: 1 *moi (Nicolas) – cool, ...*

1c Look at this picture of the Simpsons. Write a short description of each person and give it to a partner – can they guess who it is?

Example:

> Il/Elle est bavard(e), mais casse-pieds.

> C'est Bart?

2a Listen. Note each characteristic, and whether the speakers think it is good (✓) or bad (✗), or can't agree (**?**).

Example: autoritaire ✗

Il/Elle est …		
amusant(e)	créatif/créative	mûr(e)
antipathique	désagréable	ouvert(e)
antisocial(e)	embêtant(e)	patient(e)
arrogant(e)	ennuyeux/ennuyeuse	rigolo(te)
artistique	extraverti(e)	sensible
autoritaire	généreux/généreuse	sociable
bruyant(e)	indépendant(e)	sage
charmant(e)	modeste	
compréhensif/compréhensive		

Le détective

*You need to add endings on to **adjectives** in French, depending on the gender of who or what you are describing:*

mon père est amusant
ma mère est amusante
mes frères sont amusants
mes sœurs sont amusantes

Watch out for exceptions though! Some adjectives stay the same, such as casse-pieds *and* cool.

Pour en savoir plus ➡ page 212, pt 6

2b In groups. Choose one of these people and give your opinion of them.

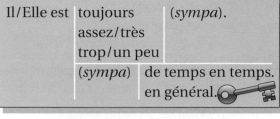

| Il/Elle est | toujours
assez/très
trop/un peu | (*sympa*). |
| | (*sympa*) | de temps en temps.
en général. |

- mon professeur de maths/français/anglais
- mon meilleur ami/ma meilleure amie
- mon frère/ma sœur
- le premier ministre de l'Écosse

2c Copy and complete these statements with adjectives to describe yourself.

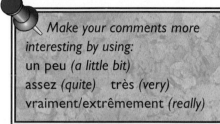

Make your comments more interesting by using:
un peu (*a little bit*)
assez (*quite*) très (*very*)
vraiment/extrêmement (*really*)

1 En général je suis ▰▰▰.
2 Je pense que je suis assez ▰▰▰, mais un peu ▰▰▰.
3 De temps en temps je peux être ▰▰▰.
4 Je ne suis jamais ▰▰▰.
5 Je suis toujours ▰▰▰.

3 Read the text and listen to it. Then answer the questions in English.

partir en voyage d'affaires
to go away on business

Je me présente …

  Je m'appelle Djamel et j'ai quinze ans. J'aime bien avoir quinze ans, c'est cool. Mes parents sont divorcés. Normalement, j'habite avec ma mère, mais si jamais elle doit partir en voyage d'affaires je vais chez papa. Je m'entends bien avec ma belle-mère qui a deux enfants – j'ai donc une sœur, une demi-sœur et un demi-frère. Je suis l'aîné en tout cas. Je suis donc plus responsable que les petits. La plupart du temps, ils sont sages et assez amusants, mais des fois ils sont embêtants.

  On dit que je ressemble à ma mère mais que j'ai les yeux de papa. Mon demi-frère est tout petit et il ressemble à ma belle-mère. Il a les cheveux tout frisés – qu'est-ce qu'il est mignon!

  En ce qui concerne mon caractère, je suis un peu comme ma mère, mais charmant comme mon père.

  Mon grand-père paternel est décédé, mais mon grand-père maternel nous rend visite de temps en temps. Il est calme et intelligent, il me raconte plein d'histoires sur sa vie: c'est mieux que de faire mes devoirs alors je l'écoute.

  Mon meilleur ami Rachid est fils unique, il n'y a que lui!

1 When does Djamel stay with his father? *(1)*
2 How does he get on with his stepmother? *(1)*
3 Why does he think he is the most responsible of the children? *(1)*
4 What does he say about his brothers' and sisters' behaviour? *(3)*
5 How does he describe his half brother? *(3)*
6 What does he say about his own personality? *(2)*
7 What does he tell us about his grandfathers? *(5)*
8 What does he tell us about his friend, Rachid? *(1)*

4
CV
Choose at least 5 statements about your family and combine them in a paragraph under the title *Famille* on disc. Insert the data into your CV document.

2 Les qualités

Talking about friends

●●●●●●●●●●●

1a Read the banners and make notes on what you think each one means.

Example: 1 *friend Franck has a sense of humour*

1 Mon ami Franck, il a le sens de l'humour.

2 On rigole tout le temps.

3 Julie a vraiment beaucoup d'initiative.

4 Sandrine a le sens pratique.

5 On fait tout ensemble.

6 Patrice a beaucoup d'imagination.

7 On sort ensemble.

8 Je n'aime pas Sophie. Elle a mauvais caractère.

9 On discute de tout.

10 On a beaucoup de choses en commun.

1b Listen. Note 2 qualities for each person. (1–4)

1 Jérémy – *really nice, funny*
2 Chloé
3 Aline
4 Le garçon

Il/Elle a	le sens de l'humour.
	beaucoup d'imagination.
	le sens pratique.
	mauvais caractère.
	beaucoup d'initiative.

On sort ensemble.
On discute.
On fait tout ensemble.
On rigole.
On a beaucoup de choses en commun.

1c Listen again and note which of the expressions on the right are mentioned for each person.

Example: 1 *Il a le sens de l'humour, ...*

2a Read the text and look up the words in red.

La plupart de mes amis sont cool. Je m'entends bien avec eux mais je trouve que quelquefois c'est bien de se disputer avec ses amis. Mes parents sont gentils – ils me critiquent rarement. Par contre, je me dispute souvent avec ma petite copine, vraiment pour rien. La plupart du temps elle est sage, mais des fois elle m'énerve, qu'est-ce qu'elle m'énerve! Mais en gros, ça va. Mon meilleur ami s'appelle Younus. Il est toujours là quand j'ai besoin de quelqu'un. On a beaucoup de choses en commun et on se marre bien ensemble. C'est important pour l'amitié, ça.

Rachid

2b Re-read the text. Choose the correct answers.

1 Rachid thinks that:
   a you should never argue with your friends.
   b you should sometimes argue with your friends.
   c you should argue with your friends all the time.
2 His parents criticise him:
   a sometimes.
   b never.
   c rarely.

3 He falls out with his girlfriend:
   a often.
   b never.
   c rarely.
4 What he finds important in friendship is:
   a to have a good laugh together.
   b to be fed up with the same things.
   c never to have arguments.

3 Respond to this magazine article.

Example:
Je m'appelle …
Je suis …
Mon meilleur ami/Ma meilleure amie
  s'appelle …
Il/Elle est (description physique) …
En général il/elle est … mais
  quelquefois il/elle est …
Mon petit ami/Ma petite amie s'appelle …
Je m'entends bien avec … parce que …
On joue au foot/va au cinéma.
On se dispute quand …

Don't forget to use expressions, such as:
trop *(too)*   très *(very)*   pas *(not)*
assez *(quite)*   plutôt *(rather)*

Bien s'entendre avec des copains, c'est parfois difficile. Comment retrouver l'harmonie?
Écris-nous! Dis-nous:

- Quelle sorte de personne es-tu?
- Est-ce que tu t'entends bien avec tes copains? Pourquoi/Pourquoi pas?
- As-tu un petit ami ou une petite amie? Comment est-il/elle?
- Qu'est-ce que tu fais avec tes copains?

Le détective

The reflexive verb s'entendre bien avec … *means 'to get on well with':*

Je m'entends bien avec mon frère.	*I get on well with my brother.*
Tu t'entends bien avec ta famille.	*You get on well with your family.*
Il/Elle s'entend bien avec sa sœur.	*He/She gets on well with his/her sister.*

Se disputer *means 'to quarrel':*

Je me dispute avec mon frère.	*I quarrel with my brother.*
Tu te disputes avec ta famille.	*You quarrel with your family.*
Il/Elle se dispute avec sa sœur.	*He/She quarrels with his/her sister.*

Pour en savoir plus ➡ page 203, pt 3.2

3 Aider à la maison

Talking about helping at home

LIRE 1a Choose and write a sentence from the key language box for each picture.

Je passe l'aspirateur.   Je fais les courses.
Je range ma chambre.   Je fais la vaisselle.
Je mets la table.   Je fais le ménage.
Je débarrasse la table.   J'étends le linge.
Je garde mon petit frère.   Je sors la poubelle.
Je nettoie la salle de bains.   Je travaille dans le jardin.
Je fais la lessive.   Je vais chercher le lait.
Je fais la cuisine.   Je lave la voiture.

ECOUTER 1b Listen and look at the pictures in **1a**. Which household jobs does each person mention? (1–6)

Example: **1** *f, g, h, …*

ECOUTER 1c Listen again. Who says what? Choose a speech bubble for each speaker.

a *J'adore travailler dans le jardin et on me donne de l'argent.*

b *Ma maman travaille.*

c *On me paie.*

d *Ça m'amuse.*

e *Je reçois €15 par semaine.*

f *Ma mère me donne €7.50 par semaine.*

Rappel

See page 220 for regular and irregular verbs in the present tense.

PARLER 2 In pairs. What do you do to help at home?

Example: ● *Qu'est-ce que tu fais pour aider à la maison?*
● *Je mets la table et je garde mon petit frère.*

Don't forget to give as much detail as possible. Short answers will get you nowhere. **You don't need to tell the truth!!**

ECOUTER 3 Listen. Note what this au pair has to do each day.

1 Monday   4 Every day
2 Tuesday   5 At the weekend
3 Thursday

4 **Read the text. Who ... ?**

a helps a little?
b helps when he wants to?
c helps a lot?
d never helps?

> Ma sœur aînée Nina aide énormément ma mère. Elle est très responsable et bien aimable. Elle fait la cuisine et les achats. Ma sœur Martine aide quelquefois. Elle doit mettre la table, par exemple.
>
> Mon frère Michel ne fait rien: il est paresseux. Des fois il lave la voiture, mais seulement s'il fait beau. Il est vraiment casse-pieds!
>
> Mon frère Antoine ne fait jamais rien non plus: il passe tout son temps à faire ses devoirs. Ma mère ne le gronde pas parce qu'elle veut qu'il réussisse!

5 **You are staying with your penfriend and want to help out as much as possible. In pairs. One partner asks a question, the other says which picture it is.**

Example:

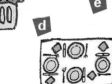

> Est-ce que je peux faire la vaisselle?

a

Rappel

Remember *devoir* (to have to do something) is followed by the infinitive.

Example: Elle doit passer l'aspirateur/faire la vaisselle/sortir la poubelle. Je dois faire mon lit/mettre la table/laver la voiture.

6 **You have had a party – the house is a mess! What do you have to do to tidy up?**

Example: Je dois ranger ma chambre. Ensuite, ...

7 **Prepare a short presentation on what you do to help at home. You may have to use your imagination!**

> J'aide beaucoup à la maison. Tous les jours, je range ma chambre et tous les soirs je vide le lave-vaisselle. Le mercredi, je sors la poubelle. Une fois par semaine, je garde mon petit frère. Il est vraiment casse-pieds. Je reçois dix livres par semaine.

> Moi, j'aide un peu à la maison. Je range ma chambre de temps en temps et ... quelquefois je lave la voiture. C'est tout!

ensuite	puis
après	le lendemain
une heure plus tard	

je dois/on doit/nous devons + *infinitive*

> You can use adverbs to lengthen your answers:
> tous les jours (every day);
> tous les soirs (every evening);
> une fois par semaine (once a week);
> deux fois par semaine (twice a week);
> totalement (totally);
> complètement (completely)

4 Les problèmes en famille

Talking about relationships

●●●●●●●●●●●●●

> *Read through each of the passages quickly to get the gist. Try to guess or work out what words mean before you look them up in a dictionary. Spend no longer than 90 seconds on each text.*

Chère Tante Monique

Chère Tante Monique,

Je vous écris parce que j'ai un problème avec ma famille. En général, **je m'entends bien** avec mon père, qui a le sens de l'humour. **C'est ma mère qui m'énerve. Elle me critique tout le temps,** elle refuse de me donner la permission de sortir avec mes copains pendant la semaine et elle n'aime pas mon petit ami. Pour moi, c'est l'amour, mais elle dit que je suis trop jeune pour ça. J'ai 15 ans et **j'en ai marre de ces disputes.** J'ai envie de quitter la maison et d'aller habiter chez mon petit copain. Qu'est-ce que vous en pensez?

Sabrina

Chère Tante Monique,

Voici ma situation qui est un peu délicate. J'adore les maths, c'est une matière que je trouve très intéressante et utile. Mais cette année, j'ai un nouveau prof de maths que je n'aime pas du tout. **Il est très sévère et j'ai l'impression qu'il ne m'aime pas. Mes parents disent que c'est de ma faute et que je dois travailler plus dur mais je fais déjà tout ce que je peux.** Je ne veux pas parler au directeur car je ne veux pas qu'il parle à mon prof de maths. Que faire?

Sébastien

Chère Tante Monique,

Je suis en terminale donc j'ai beaucoup de devoirs cette année. Mon problème, c'est que mes parents s'attendent à ce que j'aide beaucoup à la maison. Ma mère travaille et c'est à moi de faire les courses, mettre et débarrasser la table et passer l'aspirateur. En plus, je dois faire ma lessive. C'est vraiment moi la femme de ménage! **Mes parents sont toujours fatigués et de mauvaise humeur. Ils ne comprennent pas que moi, j'ai des choses à faire aussi.** Qu'est-ce que je devrais faire? Aidez-moi – je suis désespéré!

Éric

Chère Tante Monique,

Vous devez en avoir marre des problèmes, alors je vous écris pour vous dire que chez moi, **on s'entend bien! On discute ensemble,** en fait, on discute beaucoup à la maison.

On se dispute très rarement. Je m'entends bien avec mon père parce qu'il est compréhensif et il a le sens de l'humour. Il m'aide à faire mes devoirs aussi. Ma maman est plus sérieuse, mais **elle me respecte et je la respecte** aussi. Je sais que j'ai de la chance et je voulais juste vous montrer que des fois, c'est possible de s'entendre avec ses parents.

Juliette

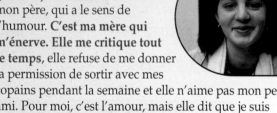

1a Find the meanings of the phrases in brown.

1b Read the letters and answer the questions.

1 a Why does Sabrina have a problem with her mother? *(3)*
   b What would Sabrina like to do? *(2)*
2 a What does Sébastien think of maths? *(2)*
   b Why does he not like the teacher? *(2)*
   c What do his parents say? *(2)*
   d Why does he not want to discuss it with the headteacher? *(1)*
3 a What does Éric say about his homework? *(1)*
   b Name 2 things he has to do at home. *(2)*
   c What does he say about his parents? *(2)*
4 a What is different about Juliette's letter? *(1)*
   b What does she say about her father? *(3)*

1c Write a letter of your own to Tante Monique. You may have to invent a problem! Use the phrases in the key language box and the letters to help you.

2 Listen to these people. Are they happy or sad? Give one reason for each person. (1–5)

Example: 1 *happy – gets on well with parents*

3 Listen to these teenagers talking about their parents. Note one or two details for each person. (1–6)

4a In pairs. Discuss how you get on with people.

Example: ● *Tu t'entends bien avec ton père?*
● *Oui, il est très compréhensif. / Non, il est trop sévère.*
● *Et ta mère?*
● *Oui, je peux me confier à ma mère. / Non, elle me critique tout le temps.*
● *Et … ?*

4b Prepare a short presentation on someone you get on well with and why. It could be a member of your family, a friend or a teacher. Try to use some phrases from the letters.

Le détective

Direct object pronouns

Je **le** respecte.	*I respect him.*
Je **la** respecte.	*I respect her.*
Je **les** respecte.	*I respect them.*

With negatives:

| Je **ne** le respecte **pas**. | *I **don't** respect him.* |

Pour en savoir plus ➡ **page 215, pt 7.2**

Je m'entends bien avec …
J'en ai marre de …

Ma mère	m'énerve.
	me respecte.
	me critique.
On	discute.
	se dispute.
	s'entend bien/mal.
Je peux	sortir.
	me confier à (*ma mère*).
	faire ce que je veux.
J'ai le droit de sortir/fumer.	

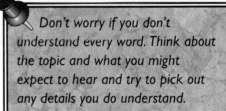

Don't worry if you don't understand every word. Think about the topic and what you might expect to hear and try to pick out any details you do understand.

Je m'entends bien avec …
   parce qu'il/elle est …
On peut parler ensemble.
Il/Elle est toujours là quand
   j'ai besoin de quelqu'un.

1 In pairs, ask and answer this question.

- Parle-moi de ton collège/lycée!

Answer as fully as you can.

Always try to give more information than the question suggests.
Example: *Comment est ton collège? Il est assez grand – nous avons environ 1000 élèves. Je trouve que les couloirs sont toujours très bruyants.*

Here are some supplementary questions your partner may wish to ask.

- Comment est ton collège/lycée?
- Il y a combien d'élèves?
- Les cours commencent à quelle heure?
- Et ils finissent à quelle heure?
- À quelles heures sont les pauses?
- Comment sont les profs?
- Tu aimes ton collège/lycée?

2 Practise this conversation with a partner. Then change the words in blue to make your own conversation.

- Tu aimes le français?
- Pourquoi?

- Et les maths?

- Qu'est-ce que tu vas faire l'année prochaine?
- Moi aussi.
- Je vais aller au lycée technique. Et toi?

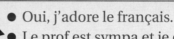

- Oui, j'adore le français.
- Le prof est sympa et je crois que c'est très utile.
- Ah, ça non! Je déteste les maths! C'est ennuyeux et nous avons toujours trop de devoirs.
- Je vais continuer mes études. Et toi?

- Qu'est-ce que tu vas faire après l'école?
- Je vais voyager autour du monde!

Prepared talk

Mes projets pour l'avenir

Prepare a talk on your future plans. Try to include the following information:

- what you plan to do in the immediate future: *L'année prochaine, je vais rester à l'école et continuer mes études/j'espère …/je vais …*

- what you plan to do when you leave school: *Je vais continuer mes études/Je voudrais aller à la fac/Je vais travailler/Je vais prendre …/Je vais faire …*

- why: *Je voudrais étudier le droit/Je voudrais gagner …/ Je voudrais voir …*

- how you see the more distant future: *Un jour, je voudrais me marier/habiter aux États-Unis/devenir célèbre.*

Remember to include extra details where you can which your listeners may find interesting and/or amusing. It will be more fun for them – and get you a better grade!

1 **Practise this conversation with a partner. Then, in groups, change the words in blue and discuss what you do to help at home.**

● Est-ce que tu aides à la maison?

● Oui, je range ma chambre et je lave la voiture.

● Oui, je fais mon lit, je passe l'aspirateur dans ma chambre et je sors la poubelle. Et toi?

*Remember, you can make this conversation more interesting and achieve a better grade by adding details, for example, **when** and **how often** you do these things and how you **feel** about it.*
Example: Je fais mon lit **tous les jours**, je sors la poubelle **le mercredi – je déteste ça!**

2 **Work out the following scene with a partner. You are being interviewed for a job as an au pair with a French-speaking family. Be prepared to talk about:**

● yourself: name, age and hobbies (*Je m'appelle …/J'ai …/ J'aime …*)
● your housework experience (you may have to use your imagination!). Be prepared to give details of how often you do household tasks as well as how you feel about them. (*Je range ma chambre/Je fais les courses trois fois par semaine/tous les jours.*)
● how well you get on with younger members of your family (brothers/sisters/cousins). Give details of their names, ages, what they do in their free time, etc. (*Je m'entends bien avec …/… m'énerve. On se dispute souvent.*)

Remember – in a speaking exercise, you don't have to stick to the truth! It is more important to have a range of things to say to show what you have learned.

Prepared talk

Une description

Prepare to talk about a friend for approximately one minute. Make a cue card with 3 headings of no more than 3 words each, to help you remember what you want to say.
Try to include the following information:

● facts: *Il/Elle s'appelle … Il/Elle a … ans. Il/Elle habite …*
● physical description: *Il/Elle a les cheveux … et les yeux …*
● personality and qualities: *Il/Elle est … Il/Elle a beaucoup d'initiative.*
● likes and dislikes: *Il/Elle aime … Il/Elle n'aime pas …*
● why you get on with him/her: *Je m'entends bien avec lui/elle parce que …*

*Remember to **plan** your talk and give it a clear structure. It should have an introduction, a main section and a conclusion.*

Mots

Ma famille — *My family*

C'est …	*It's …*
mon frère.	*my brother.*
ma sœur.	*my sister.*
mon oncle.	*my uncle.*
ma tante.	*my aunt.*
mon grand-père.	*my grandfather.*
ma grand-mère.	*my grandmother.*
mon cousin.	*my cousin (male).*
ma cousine.	*my cousin (female).*
mon demi-frère.	*my stepbrother/half-brother.*
ma demi-sœur.	*my stepsister/half-sister.*
mon neveu.	*my nephew.*
ma nièce.	*my niece.*
Je m'appelle (Colette).	*My name is (Colette).*

J'ai (14) ans.	*I'm (14).*
Dans ma famille, il y a (5) personnes.	*There are (5) people in my family.*
J'ai (une sœur) et (un frère).	*Yes, I have (one sister) and (one brother).*
Il/Elle s'appelle (Marc/Lucie).	*His/Her name is (Marc/Lucie).*
Il/Elle a (10) ans.	*He/She is (10) years old.*
Je suis enfant unique.	*No, I'm an only child.*
Oui, j'ai (un chien).	*Yes, I have (a dog).*
un chat	*a cat*
un hamster	*a hamster*
un cochon d'Inde	*a guinea pig*
un lapin	*a rabbit*
Non, je n'ai pas d'animal.	*No, I don't have any pets.*

Les descriptions — *Descriptions*

J'ai les cheveux (longs).	*I have (long) hair.*
Tu as les cheveux (courts).	*You have (short) hair.*
Il/Elle a les cheveux (noirs).	*He/She has (black) hair.*
court	*short*
long	*long*
blanc	*white*
gris	*grey*
brun	*brown*
noir	*black*
blond	*blond*
roux	*red*
J'ai les yeux (marron).	*I have (brown) eyes.*
Tu as les yeux (verts).	*You have (green) eyes.*
Il/Elle a les yeux (bleus).	*He/She has (blue) eyes.*
Je porte des lunettes.	*I wear glasses.*
Il a une barbe.	*He has a beard.*

Je suis petit(e).	*I'm small.*
Je suis gros(se).	*I'm fat.*
Tu es grand(e).	*You're tall.*
Elle est mince.	*She is slim.*
Il est de taille moyenne.	*He is of average height.*
J'ai un visage (long).	*I have a (long) face.*
Tu as un visage (oval).	*You have an (oval) face.*
Il a un visage (carré).	*He has a (square) face.*
Elle a un visage (rond).	*She has a (round) face.*
J'ai le teint (clair).	*I have a (pale) complexion.*
Il/Elle a le teint (foncé).	*He/She is (dark-skinned).*
Je pèse (50) kilos.	*I weigh (50) kilos.*
Il/Elle est (célibataire).	*He/She is (single).*
marié(e).	*married*
divorcé(e).	*divorced*
séparé(e).	*separated*

La personnalité — *Personality*

Je suis …	*I am …*
Il/Elle est …	*He/She is …*
aimable.	*friendly.*
amusant(e).	*funny.*
antipathique.	*unpleasant.*
antisocial(e).	*antisocial.*
arrogant(e).	*arrogant.*
artistique.	*artistic.*
autoritaire.	*bossy.*
bavard(e).	*chatty.*
bête.	*stupid.*
bruyant(e).	*noisy.*
casse-pieds.	*annoying.*
charmant(e).	*charming.*
compréhensif(-ive).	*understanding.*
créatif(-ive).	*creative.*
désagréable.	*unpleasant.*
drôle.	*funny.*
dynamique.	*dynamic.*
égoïste.	*selfish.*
embêtant(e).	*annoying.*
ennuyeux(-euse).	*boring.*

équilibré(e).	*well-balanced.*
extraverti(e).	*extrovert.*
formidable.	*fantastic.*
généreux(-euse).	*generous.*
gentil(le).	*nice, kind.*
idiot(e).	*daft.*
impatient(e).	*impatient.*
indépendent(e).	*independent.*
intelligent(e).	*intelligent.*
méchant(e).	*horrible.*
modeste.	*modest.*
mûr(e).	*mature.*
ouvert(e).	*open.*
paresseux(-euse).	*lazy.*
patient(e).	*patient.*
plein(e) de vie.	*full of life.*
poli(e).	*polite.*
rigolo(te).	*funny.*
sage.	*sensible.*
sensible.	*sensitive.*
sérieux(-euse).	*serious.*
sévère.	*strict.*

sociable.	*sociable.*	très	*very*
sympathique.	*friendly.*	vraiment	*really*
timide.	*shy.*	trop	*too*
travailleur(-euse).	*hard-working.*	toujours	*always*
assez	*quite*	de temps en temps	*from time to time*
un peu	*a bit*	en général	*in general*

Les qualités — *Qualities*

Il/Elle a (beaucoup d'imagination).	*He/She has (a lot of imagination).*	On a beaucoup de choses en commun.	*We have a lot in common.*
beaucoup d'initiative	*a lot of initiative*	On discute.	*We discuss things.*
le sens de l'humour	*a sense of humour*	On fait tout ensemble.	*We do everything together.*
le sens pratique	*common sense*	On rigole.	*We have a laugh.*
Il/Elle a mauvais caractère.	*He/She is bad-tempered.*	On sort ensemble.	*We go out together.*

Aider à la maison — *Helping at home*

Qu'est-ce que tu fais pour aider à la maison?	*What do you do to help at home?*	J'étends le linge.	*I hang out the washing.*
Je passe l'aspirateur.	*I hoover.*	Je sors la poubelle.	*I put the bin out.*
Je range ma chambre.	*I tidy my room.*	Je travaille dans le jardin.	*I do the gardening.*
Je mets la table.	*I set the table.*	Je vais chercher le lait.	*I go and buy the milk.*
Je débarasse la table.	*I clear the table.*	Je lave la voiture.	*I wash the car.*
Je garde (mon petit frère).	*I look after (my little brother).*	ensuite …	*next …*
		après …	*after that …*
Je nettoie la salle de bains.	*I clean the bathroom.*	une heure plus tard …	*an hour later …*
Je fais la lessive.	*I do the washing.*	puis …	*then …*
Je fais la cuisine.	*I do the cooking.*	le lendemain …	*the next day …/the day after …*
Je fais les courses.	*I do the shopping.*		
Je fais la vaisselle.	*I do the washing-up.*	une fois/deux fois par semaine	*once/twice a week*
Je fais le ménage.	*I do the housework.*	tous les jours	*every day*
		tous les soirs	*every evening*

Les rapports en famille — *Family relationships*

Je m'entends bien avec (mon père).	*I get on well with (my father).*
Je ne m'entends pas bien avec (ma mère).	*I don't get on with (my mother).*
On s'entend bien.	*We get on well.*
On s'entend mal.	*We don't get on.*
J'en ai marre de (mon frère aîné).	*I've had enough of (my older brother).*
Ma mère m'énerve.	*My mother gets on my nerves.*
Ma sœur me respecte.	*My sister respects me.*
Mon père me critique.	*My father criticises me.*
On discute.	*We talk about things.*
On se dispute.	*We argue.*
Je peux sortir.	*I can go out.*
Je peux me confier à (lui).	*I can confide in (him).*
Je peux faire ce que je veux.	*I can do what I want.*
J'ai le droit de sortir.	*I'm allowed to go out.*
J'ai le droit de fumer.	*I'm allowed to smoke.*

Temps libre

Talking about sport and leisure

● ● ● ● ● ● ● ● ● ● ● ● ● ●

1a Write a sentence for each picture.

Example: **a** *Je fais du roller.*

Qu'est-ce que tu fais comme passe-temps?
Je lis.
Je nage.
Je joue avec l'ordinateur.
Je vais à la pêche.

Je fais	du sport.
	du vélo.
	de la musculation.
	du ski nautique.
	du surf.
	du skate.
	du roller.
	du théâtre.
	de la gymnastique.
	de la danse. 🔑
	de la natation.
	de l'équitation.

Rappel

Remember, *le*, *la* and *les* change when they follow *de* or *à*.

jouer au/à la/à l'/aux

faire du/de la/de l'/des

1b Replace the pictures with the right phrases.

Normalement le week-end, je . Le samedi matin, je et je .

Quelquefois, je avec mes copains ou je . Le dimanche, je

et je des magazines. Souvent, je .

1c Listen. Note the activity and the opinion. (1–8)

C'est ...	🔑
Je trouve ça ...	
affreux.	passionnant.
amusant.	pas mal.
barbant.	pénible.
chouette.	super.
génial.	

	activity	🙂	😐	🙁
1	sport			✓

Some French words look like English ones but mean something completely different. They are called faux amis or 'false friends'.

Example: la lecture *reading*

le collège *secondary school*

Can you think of any others?

1d In pairs. Take turns to make sentences from the prompts.

Example:

> *Je joue au volley le lundi après-midi. C'est super.*

Je joue	au tennis	le lundi	matin.
	au volley		après-midi.
Je regarde la télé			soir.
Je fais de l'équitation	le week-end.		
Je vais au cinéma			

1 lun. 16h 🙂 ❤

2 sam. 9h 🙂

3 sam./dim. 🙂 ❤❤

4 dim. 15h 🙂 ❤

5 mer. 21h 🙂 ❤❤

6 ven. 19h 😐

2 Look at the survey results and say whether these sentences are true or false. Correct the false sentences.

1 Le ski nautique est le sport le moins populaire.
2 Le hockey est aussi populaire que le cyclisme.
3 Les jeunes préfèrent le roller au rugby.
4 Les activités les plus populaires sont la natation, le football et le volley.
5 La gymnastique est plus populaire que la planche à voile.

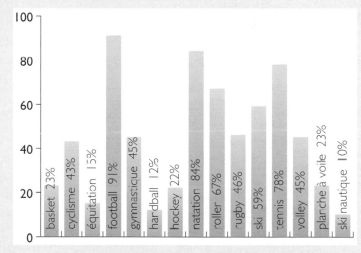

basket 23% · cyclisme 43% · équitation 15% · football 91% · gymnastique 45% · handball 12% · hockey 22% · natation 84% · roller 67% · rugby 46% · ski 59% · tennis 78% · volley 45% · planche à voile 23% · ski nautique 10%

3a In pairs. Practise this conversation, then change the underlined words to make a new conversation.

Le détective

Tu joues <u>au basket</u>?

<u>Oui</u>, c'est <u>super</u>! Tu <u>fais du roller</u>?

<u>Non</u>, c'est <u>affreux</u>! Qu'est-ce que tu fais le week-end?

Je <u>vais à la pêche le dimanche matin</u> et <u>le dimanche après-midi, je joue au golf</u>. Et toi?

<u>Le samedi soir</u>, je <u>vais au cinéma</u>.

Comparing things

more (popular) than …   plus (populaire) que …

less (expensive) than …   moins (cher/chère) que …

as (cool) as …   aussi (cool) que …

to say 'the most …'
le/la/les plus [populaire(s)]

to say 'the least …'
le/la/les moins [populaire(s)]

Pour en savoir plus ➡ page 213, pt 6.5

Talking about more leisure activities; inviting someone out

3b Write about 50 words on your hobbies. You should include when you do them and what you think of them.

Example: *Je fais du sport. J'adore le tennis! Je joue au tennis le mercredi soir et le samedi matin avec mes copains. ...*

4 Listen. Match the times to the pictures.

Example: 1 *e*

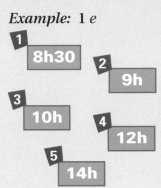

1 **8h30**
2 **9h**
3 **10h**
4 **12h**
5 **14h**

faire de la musculation
faire du snowboard
faire du tir à l'arc
faire des arts martiaux
faire une randonnée

5 Read the programme of activities and choose a suitable activity for each person.

1 Tamir is interested in ancient history.
2 Justine is interested in African music.
3 Haroun likes walking and running.
4 Christine plays the clarinet and the guitar.
5 Yolande prefers spending her time on the beach.

DU 3 AU 8 JUILLET a
Musique: 'Les tombées de la nuit' à Rennes. Youssou N'Dour, marins bretons, tambours sénégalais … Gratuit.

À PARTIR DU 4 JUILLET b
Incas: 'Pérou millénaire', trois mille ans d'art. Expo à Biarritz. €1,52 pour les moins de 14 ans.

À PARTIR DU 5 JUILLET c
Animations: 'Défis Nesquick' sur toutes les plages. Nombreuses activités et jeux pour les moins de 12 ans.

7 JUILLET d
Athlétisme: Meeting de Paris (Golden League), un rendez-vous de haute volée. Et aussi une répétition générale avant les jeux Olympiques d'Athènes (Grèce).

7–9 JUILLET e
'Pamparina', un festival spécial guitare, à Thiers. Concerts gratuits (Wriggles, Jean-Félix Lalanne, etc.).

6 Listen. Copy and complete the grid.

	date	prices	one other detail
Evreux rock festival	30.6–1.7	€14.50–€24.50	Tel. 02 32 39 16 24
film festival			
Avignon festival			
classical music concert			

7a Copy and complete the grid in English.

	when?	where?
1		

1 Rendez-vous demain matin chez moi.

2 Rendez-vous chez Anne-Claire jeudi prochain à midi.

3 On se retrouve aujourd'hui dans deux heures à la piscine.

4 On se rencontre devant le cinéma après-demain à 20h.

5 Rendez-vous chez toi ce soir vers 19h.

6 On se rencontre à dix-neuf heures en face de la gare.

Le détective

There are 3 ways of asking questions

With your voice:
Tu veux aller au cinéma?

By adding est-ce que …
Est-ce que tu veux aller au cinéma?

By inverting the subject and verb:
Veux-tu aller au cinéma?

Pour en savoir plus ➡ page 210, pt 4

7b In pairs. Practise this conversation. Change the underlined words to make a new conversation, using the words in the key language box.

Est-ce que tu veux aller <u>au cinéma aujourd'hui</u>?
Oui, je veux bien.
Où est-ce qu'on se retrouve?
On se retrouve <u>en face du cinéma</u>.
Et on se retrouve à quelle heure?
À <u>vingt</u> heures <u>quinze</u>.

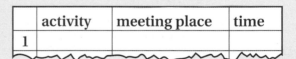

Tu veux aller	au cinéma/théâtre/concert	aujourd'hui/ce soir/demain?
	à la piscine/en boîte	mercredi prochain/après-demain?
On se retrouve	devant le cinéma	dans deux heures.
	derrière le stade	à trois heures.
	en face du théâtre	vers dix heures.
	chez moi/toi/Benjamin	après-demain.

7c Listen. Copy and complete the grid. (1–3)

	activity	meeting place	time
1			

7d Write these invitations in French. Begin each with:

On se retrouve …

1 … at my house at about **03:00**

2 … in front of the stadium tomorrow at **02:30**

3 … next  *mer.* at your house.

4 …  at Benjamin's house.

5 … in one hour at the

6 … today at about **12:00**

1 Les opinions

Saying what you like and don't like doing

1a Divide the adjectives in the key language language box into 2 groups – positive and negative.

1b Listen to these people. Do they like (✓) or dislike (✗) the activities?

1c Listen again and note any adjectives mentioned.

1d In pairs. What do you think of the activities in the pictures?

> *Example:* ● *Le tir à l'arc – c'est passionnant, mais c'est dangereux.*
>
> ● *Non, je ne suis pas d'accord, c'est ennuyeux.*

```
Agreeing and disagreeing
✓ Oui, je suis d'accord.
✗ Non, je ne suis pas d'accord.
```

2a Listen and answer the questions in English.

1 a Which sports does Annick do? *(3)*
   b Give one reason why. *(1)*
2 a Why does Rahel like paragliding? *(1)*
   b What disadvantage does this sport have? *(1)*
3 a What influences Charles' choice of sport? *(1)*
   b Which sports does he do? *(2)*

2b In pairs. Create sentences. (See p. 112 for weather vocabulary.)

> *Example:* 1 *S'il fait beau, je fais du parapente.*
> *C'est fantastique.*

1 sunny – hang-gliding – fantastic
2 snowy – snowboarding – great, an element of risk
3 rainy – reading – interesting
4 cold – ice skating – exciting, keeps you fit
5 rainy – weight training – good for health
6 hot – roller-blading – not too expensive

C'est ...

affreux.	dangereux.	magnifique.
agréable.	ennuyeux.	nul.
barbant.	extraordinaire.	pas mal.
choquant.	génial.	passionnant.
chouette.	impressionnant.	
cool.	intéressant.	

le tir à l'arc	la musculation
le snowboard	faire des randonnées
les arts martiaux	le rallye

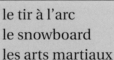

les sports d'hiver
faire du parapente
faire du patin sur glace
faire de l'athlétisme
Ça me tient en forme.
C'est bon pour la santé.
Il y a le goût du risque.
Ça ne coûte pas cher.

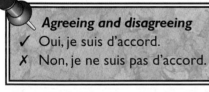

3a Look up the words in red in a dictionary and note their meaning. Match the sentences to the pictures.

1 Je fais du tricot. Je sais que c'est un peu exceptionnel, mais j'adore faire ça.
2 J'adore faire de l'escalade. On dit que c'est dangereux, mais moi, je trouve ça génial.
3 Je m'intéresse à la philosophie. On arrive à comprendre des concepts fantastiques si on s'y met.
4 Moi, je fais du surf. C'est impressionnant quand on est seul avec les vagues.
5 J'aime regarder des feuilletons, moi. S'il y a un feuilleton à la télé je reste cloué devant l'écran.

3b Choose 3 sentences from **3a** and translate them into English.

4 Read the text and answer the questions in English.

1 Look at the title of the article. What is it about? *(2)*
2 Who is leisure important for? *(1)*
3 What do we all need to be able to do? *(1)*
4 Why do people have hobbies? *(2)*
5 Why does the author suggest young people have hobbies? *(1)*
6 Why does the author believe people are attracted to dangerous sports? *(1)*

Remember – you do not need to understand **all** the text to answer the questions.

Le vingt-et-unième siècle royaume des loisirs

Pourquoi est-ce que les loisirs jouent un rôle si important dans notre société? Ils sont importants pour tout le monde. Chacun a besoin de se détendre.

On entreprend des activités différentes pour oublier le travail, pour échapper à la vie de tous les jours. Les jeunes choisissent leurs passe-temps pour échapper aux devoirs.

De nos jours, il y a beaucoup de possibilités, on peut faire des choses dangereuses — tout est possible. On peut frôler la mort. Les sports comme le parapente — c'est dangereux, mais on s'y intéresse. C'est le goût du risque qui attire les gens.

5a Write an article of 50 words about how you and one of your friends spend your free time. You should include:

● What you do – *Je fais de l'athlétisme. Je joue avec l'ordinateur.*
● What he/she does – *Il fait du vélo. Elle lit.*
● Why you do them – *C'est passionnant. Ça me tient en forme.*
● Why he/she does them – *C'est intéressant. Ça le/la tient en forme.*
● What you think of them – *J'adore faire ça!*
● What he/she thinks of them – *Il/Elle pense que c'est impressionnant.*

5b CV Choose at least 5 statements about how you spend your leisure time and combine them in a paragraph under the title *Loisirs* on disc. Insert the data into your CV document.

2 *Les prix et les heures*

Finding out about leisure facilites and buying tickets

1a Listen. Copy and complete the grid.

	opening time	closing time	adult price	child price	student reduction (yes/no)
swimming pool	7:15	9:30	€3	€2.30	no
theatre					
ice rink					
stadium					

Musée du Petit Palais
Ville d'Avignon
Peinture italienne du XIIIe au XVe siècle
Peinture et sculpture d'Avignon du XIIe au XVe siècle

> Vous ouvrez à quelle heure?
> Vous fermez à quelle heure?
> C'est combien par personne?
> Il y a une réduction pour les étudiants?

1b In pairs. Practise the conversation. Change the underlined details to suit the other places shown on the right.

Allô, ici <u>le Grand Théâtre</u>.

Bonjour, madame/monsieur. Vous ouvrez à quelle heure, aujourd'hui?

À <u>dix-huit</u> heures.

Et vous fermez à quelle heure?

À <u>minuit</u>.

Merci. C'est combien par personne?

C'est <u>20 livres</u> pour les adultes et <u>15 livres</u> pour les enfants.

Est-ce qu'il y a une réduction pour les étudiants?

<u>Oui, les étudiants paient 15 livres.</u>

Merci beaucoup. Au revoir, madame/monsieur.

Swimming pool
Opening hours 7.30am to 9pm.
Price £2.50 for adults,
£1.50 for children,
students £2.20.

Sports Centre
Opening hours 8.30am to 10pm.
Price £3.00 adults,
£2.20 children and students.

Museum
Open 9am–5pm.
Free entry.

gratuit	*free*
livres	*pounds*

2 In pairs. Practise the conversation. Change the underlined details to make a new conversation.

Je voudrais <u>deux</u> tickets d'entrée pour <u>le concert</u>, s'il vous plaît.
Ça fait <u>€7.70</u>.
Je peux avoir <u>deux</u> places <u>au balcon</u>?
Oui, bien sûr.
<u>Le concert</u> commence à quelle heure?
À <u>21</u> heures.
Et ça dure combien de temps?
<u>Deux heures et demie</u>.
Bon. Je voudrais <u>deux</u> tickets d'entrée, s'il vous plaît.
D'accord. La rangée <u>B</u> vous convient?
Oui. Merci, madame/monsieur.

Je peux avoir des places au balcon/à l'orchestre?
Le concert commence à quelle heure?
Je voudrais un/deux ticket(s) d'entrée.
Ça dure combien de temps?

3a Read the sentences and note whether they apply to the pool, the sports centre, the cinema or the festival.

1 On peut y faire du ski.
2 Il y a des réductions le lundi.
3 Ça commence le 2 juillet.
4 Il y a 4 séances par jour.
5 Un enfant de 10 ans paie €1.30.
6 C'est fermé le dimanche.
7 Un adulte paie €6.40.
8 Ça ferme à 21h.
9 Ça ne coûte rien.
10 On peut y apprendre à danser.
11 Ça a lieu à l'hôtel de ville.
12 Ça ouvre à 8h30 le 14 juillet.

FESTIVAL DE LA BANDE DESSINÉE
À partir du 2 juillet, grand festival de la bande dessinée, Hôtel de Ville. Heures d'ouverture: de 9h à 19h, fermé le dimanche. Gratuit. Animations aussi le soir, place du marché jusqu'au 20 juillet.

TOUTE LA BANDE DESSINÉE 20 m →

CENTRE SPORTIF
6 courts de tennis (dont 2 à l'intérieur), terrain de jeux illuminé, 2 courts de squash, gymnase, piste de ski artificielle, cours de danse, d'aérobic et arts martiaux. Ouvert du lundi au samedi de 6h30 à 22h, dimanche et jours fériés ouvert de 8h30 à 19h. Prix selon l'activité choisie.

CINÉMA LE VOX
Séances à 13h, 15h30, 18h et 20h30.
Prix d'entrée €6.40 par adulte, €1.90 par enfant, réductions le lundi après-midi.

PISCINE MUNICIPALE
Ouverte tous les jours (sauf le mardi) de 7h30 à 21h
Prix d'entrée adultes €1.90, enfants (moins de 12 ans) €1.30

3b Write an advert for an event taking place in your school or college. Use expressions from the adverts above to help you. You should include:

● Dates
● Times
● Prices including any concessions

3 On va au cinéma

Going to the pictures

• • • • • • • • • • •

 1 Listen. Copy and complete the grid.

film	performance times
Les Insaissables	
Seule contre tous	
Le Dégoût	

 2a In pairs. Practise these conversations then make three new conversations using the notes below.

Tu veux aller au cinéma ce soir?
Qu'est-ce qu'on joue?
'La neige tombait sur les cèdres',
c'est une histoire d'amour.
Ça commence à quelle heure?
À 20h10.
Et ça finit à quelle heure?
Vers 23 heures.
Un ticket d'entrée c'est combien?
€5.35.
D'accord, on se voit où et à
quelle heure?
À 19h45 chez moi.

Tu veux aller au concert ce soir?
Qu'est-ce que c'est comme concert?
C'est NTM, c'est du rap.
Ça commence à quelle heure?
À 21h.
Et ça finit à quelle heure?
Je ne sais pas, vers minuit.
Un billet d'entrée c'est combien?
€30.50.
Oui, je veux bien, on se voit
où et à quelle heure?
**À 20h devant la station
de métro.**

1
- cinéma
- 'Le journal d'Anne Frank'
  dessin animé sur la guerre
- 20h30–22h10
- €6.80
- devant le cinéma, 20h15

2
- concert
- Les Ejectés du ragga
- 20h30–23h
- €22.90
- devant le théâtre, 20h

3
- cinéma
- 'Les rois du désert' film de
  guerre
- 18h30–20h45
- €6.10
- au café du lycée, 18h

 2b Write out one of the conversations from exercise **2a**.

 Read the e-mail and put the pictures in the correct order.

Fichier   Édition   Affichage   Insertion   Format   Outils   Message

Répondre   Répondre à tous   Transférer

Quel désastre, hier! Mon rendez-vous avec Emmanuel était à 19h devant le cinéma. Je suis arrivée à 18h55 et j'ai attendu … Finalement, il est arrivé à 20h – j'étais furieuse! Le film a commencé à 19h45, donc j'ai proposé un autre. Il a répondu 'Non, j'ai vu ce film hier soir avec Coralie. C'était nul!' À ce moment-là, j'en ai eu assez. J'ai dit 'Au revoir' et je suis rentrée à la maison, où j'ai regardé la télé en paix. Les garçons? Non, merci.

 Read the film advert and answer the questions in English.

1 How long does the film last? *(1)*
2 What is James Bond's mission? *(1)*
3 Who is King? *(1)*
4 What happens to him? *(1)*
5 Who is Elektra? *(1)*
6 What does she want to do? *(2)*
7 Where does James Bond go in this film? *(1)*
8 What is particularly good about the film? *(1)*
9 How many James Bond films does the advert say there have been to date? *(1)*

LE MONDE NE SUFFIT PAS (2h08)

Séances à 14h, 16h45, 19h30, 22h15
Film d'aventures avec:
Pierce Brosnan, Robert Carlyle, Sophie Marceau

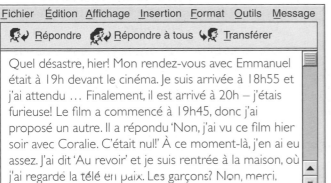

James Bond a pour mission de protéger King, un grand industriel. Mais l'homme est assassiné par une mystérieuse tueuse. Sa fille, Elektra King, rejette la faute sur James Bond et veut venger son père.

Pour ce 19ème épisode, James Bond fait le tour du monde. Il est toujours entouré des plus belles filles du globe et les effets spéciaux sont formidables.

Find out what films are popular in French-speaking countries at the moment. How do they compare with films here? Are there as many American films? Are there more comedies, thrillers, etc?
Find one French film review and make up questions in English for your partner.

Séances à …
Film d'aventures
Film romantique
Comédie
Drame psychologique
Film de science-fiction

| Les effets sont | superbes/passionnants/incroyables. |
| Les acteurs sont | excellents/très naturels. |

 Design a poster for a film. Use the advert above as a model.

4 Invitations

Asking people out
● ● ● ● ● ● ● ● ● ●

1 Read and listen to the dialogue. Find the French for the sentences below.

1 I'd rather stay at home.
2 I'm against circuses.
3 I have to do my homework.
4 It doesn't do anything for me.
5 Are you free tomorrow evening?
6 I don't like concerts.

> **Tu es libre demain soir? Il y a un très bon concert à l'hôtel de ville.**
>
> **Non, je suis désolé, mais je n'aime pas les concerts.**
>
> **Alors, tu veux aller au cirque?**
>
> **Non, je regrette, mais je suis contre les cirques.**
>
> **Tu voudrais voir un film?**
>
> **Je m'excuse mais le cinéma, ça ne me dit rien.**
>
> **On pourrait voir le match de foot au stade.**
>
> **Je suis désolé mais j'aimerais mieux rester à la maison. Je dois faire mes devoirs.**

2a Listen. For each conversation, note the activity and whether the person accepts (✓/✗). (1–8)

Example: 1 *party* ✗

2b Listen to the conversations again and note the reasons for those who don't accept.

Le détective

Modal verbs
Modal verbs are always followed by an infinitive.

On pourrait (voir) …	*We could (see)…*
Tu voudrais (aller) …	*Would you like to (go)* …
Tu veux (faire) …	*Do you want to (do)* …
Je dois (faire) …	*I have to (do)* …

Pour en savoir plus ➡ page 202, pt 3.1

3 Translate these sentences into French. Use the key language box to help you.

1 Do you want to go for a picnic?
2 Would you like to see the football match?
3 We could go for a bike ride.
4 Would you like to go to a night-club?
5 We could watch a film.

Invitations	
Tu veux	aller à la boum/en boîte/au cirque/au concert?
Tu voudrais	voir le match de foot/un film?
On pourrait	faire un pique-nique/une excursion à vélo?
Réactions	
On accepte:	D'accord. Je veux bien. Avec plaisir.
On s'excuse:	Je suis désolé(e). Je regrette. Je m'excuse.
On refuse:	Ça ne me dit rien. Je suis contre les cirques. J'aimerais mieux rester à la maison. Je dois faire mes devoirs.

4 Read the article and answer the questions in English.

1. What three suggestions are given for outings if you are rather shy? *(3)*
2. Why are these places a good idea? *(1)*
3. What three places are suggested for chatting and dancing? *(3)*
4. Why is a day out in town or the country a good idea? *(2)*
5. What awaits you if you get a positive reaction? *(2)*
6. What should you do if you get a negative reaction? *(2)*
7. What excuse does the last speech bubble give? *(1)*
8. What do you think the proverb *Un(e) de perdu(e), dix de retrouvé(e)s* means? *(1)*
9. Which four details should you make sure you sort out for your date? *(4)*
10. What do the last two words of the article say? *(1)*

poser un lapin à quelqu'un
to stand someone up

ÊTES-VOUS TROP TIMIDE?

C'est le 14 juillet, et on fait la fête. Vous rencontrez le garçon/la fille de vos rêves … mais avez-vous le courage de lui demander de sortir avec vous?

1 INVITATIONS
Vous pouvez lui proposer:

? d'aller à un concert ou au théâtre, ou d'aller voir un film: idéal si vous êtes un peu timide, parce qu'on ne peut pas parler pendant le spectacle ou le film …

? d'aller à une boum, à un club de salsa ou en boîte: vous avez l'occasion de bavarder ensemble mais aussi de danser tout près l'un de l'autre …

? de sortir ensemble en ville ou faire une randonnée à la campagne: il y a beaucoup à voir et à faire pendant la journée, et, si tout va bien, vous pouvez continuer la soirée ensemble …

2 RÉACTIONS
Quelle est la réaction à votre invitation?

! Ah oui, je veux bien, on se rencontre où? — Félicitations! Vous avez bien joué! L'amitié, ou même l'amour, vous attend peut-être …

! Ah, quel dommage, je suis désolé(e) mais je ne peux pas. — Ne soyez pas trop triste. Posez la question 'Pourquoi pas?'. Si l'excuse est bonne, essayez une autre date ou une autre heure.

! Sortir avec toi? Ah non merci, je regrette mais je dois me laver les cheveux … — Vous perdez votre temps … tant pis, un(e) de perdu(e), dix de retrouvé(e)s!

3 DÉTAILS
Si vous avez du succès, n'oubliez pas de fixer: l'heure et la date du rendez-vous; le lieu du rendez-vous; et comment vous allez rentrer chez vous après!

Bonne chance!

5a In pairs. Practise this conversation. Change the underlined words to make new conversations. Try to be as imaginative as possible.

Tu veux aller <u>au cinéma</u> avec moi ce soir?

Ah, non, je suis désolé(e) mais <u>je dois laver le chien</u>.

Demain soir, alors?

Ah, je regrette, mais <u>je dois nettoyer les toilettes</u>.

Et vendredi?

Je voudrais bien, mais <u>je dois repasser les chemises de ma sœur</u>.

5b In groups. Make a list of the most interesting excuses you thought of in 5a.

5 Ça s'est bien passé?

Talking about the past
● ● ● ● ● ● ● ● ● ● ● ● ●

1 Listen. What did Laurent do last weekend? Put the pictures in the right order.

Example: b, …

Le détective

The **perfect tense** is made up of two parts:

The first is taken from the verb **avoir** or **être**.
J'ai vu/**J'ai** passé/**Je suis** allé(e)

The second is the past participle of the required verb.
J'ai **vu**/J'ai **passé**/Je suis **allé(e)**

Pour en savoir plus ➡ page 204, pt 3.3

2a Last weekend was an odd one! Organise these sentences into 2 lists: normally, and last weekend.

> J'ai regardé un concours de ménage.
> Je vais au club de basket.
> Je mange un hamburger.
> Je bois un Coca.
> J'ai promené mon éléphant à la campagne.
> Je regarde un match de foot au stade.
> J'ai bu du jus de chaussettes.
> Je suis allé au club de saut à l'élastique.
> Je fais mes devoirs de maths.
> J'ai lu l'annuaire téléphonique.
> J'ai fait mes devoirs de jardinage.
> Je promène mon chien à la campagne.
> J'ai mangé un aspirateur.
> Je lis des magazines d'ordinateur.

2b Write at least six sentences like this:

> *Example:* *Normalement, je vais au cinéma à Perth, mais le week-end dernier je suis allé(e) au cinéma à Stirling.*

Remember the present tense has one main part to the verb and the perfect (past) tense has two parts (part of avoir or être + a past participle).
Je **regarde** la télé: *1 word = present*
J'**ai regardé** la télé: *2 words = perfect*
Je **vais** au cinéma: *1 word = present*
Je **suis allée** au cinéma: *2 words = perfect*

Je suis allé(e) *(à une boum/au club/à la piscine/en ville)*.
Je suis resté(e) *(à la maison)*.
J'ai regardé *(la télé)*.
J'ai joué *(aux cartes/jeux vidéo)*.
J'ai joué *(du violon/au foot)*.
J'ai mangé *(un hamburger)*.
J'ai écouté *(des cassettes)*.
J'ai passé *(un week-end actif)*.
J'ai surfé sur Internet.
J'ai fait *(une promenade/du VTT)*.
J'ai lu *(un livre)*.
J'au vu *(un film)*.
J'ai bu *(du Coca)*.
J'ai promené *(mon chien)*.
Je me suis reposé(e).
Je me suis bien amusé(e).

3a Read the texts and find a penfriend for each of these people.

1 Didier is adventurous. He likes walking.
2 Doushan is looking for a girl who is not afraid of technology.
3 Sandrine is mad about football.
4 Chantal is interested in all kinds of music. She loves reading novels.

3b Pick out all the different verbs in the text which are in the perfect tense and translate them.

Example: je suis allée – I went

3c In pairs. Describe one of these people. Your partner guesses who it is.

Example:
- *Elle est membre d'un orchestre, elle a joué de la guitare, …*
- *C'est Fabienne!*

4a In pairs. Find out what your partner did last weekend. Note it down, beginning with *il* or *elle*.

Example:
- *Qu'est-ce que tu as fait pendant le week-end?*
- *Je suis allé(e) au cinéma …*

Il/Elle est allé(e) au cinéma …

4b Write approximately 150 words about what you did last weekend.

Le week-end dernier

Alors le week-end dernier, je suis allée au cinéma. On jouait 'La fille de d'Artagnan' – je l'ai trouvé génial. Le dimanche, j'ai passé une journée tranquille chez moi. J'ai écouté des cassettes et des CD – j'adore tout ce qui est rap, funk, jazz, techno et reggae. Ensuite, j'ai surfé un peu sur Internet afin de trouver des sites sympa. Avant de me coucher, j'ai joué aux jeux vidéo avec mon frère. Je gagne toujours – ça l'énerve.

Stéphanie

Je fais partie d'une équipe de foot et la semaine dernière je me suis entraîné avec eux. On a fait de la musculation et des arts martiaux. J'étais crevé à la fin. Je trouve ça très important de faire du sport. C'est bien de faire partie d'un club. Mon ambition c'est de faire du parapente. J'ai hâte d'en faire.

Nourdine

Moi j'ai passé un week-end plutôt actif. C'était super. Je suis parti avec les scouts et on a fait des randonnées, de l'escalade et du VTT. Le dimanche on a même pu faire de la moto. On s'est très bien amusé! Le soir on a discuté – c'était un week-end idéal, mais maintenant, j'ai vraiment envie de me reposer!

Gilles

Le week-end dernier, j'ai fait un stage de musique. Je suis membre d'un orchestre et il y avait un peu de tout. J'ai joué de la guitare, de la musique classique et pop. On a répété puis on a dansé. J'ai eu des moments libres où j'ai fait de la lecture ou bien on s'est baladé. J'adore lire des romans – ça me passionne. Je suis allée en ville aussi pour faire du lèche-vitrines et des achats.

Fabienne

> *These are very useful phrases:*
> On s'est amusé. – *We had a good time.*
> On s'est bien amusé. – *We had a very good time.*
> Je me suis amusé(e)! – *I had a good time!*

> *Make what you say more interesting by adding time expressions and some opinions:*
> Samedi matin/après-midi/soir
> Ensuite   Après   Plus tard
> Je l'ai trouvé (génial/nul).   C'était (super).

Les copains et les loisirs

Louise Duteil, élève en seconde au L.E.S. Jean Racine, nous a parlé de ses loisirs.

Vendredi dernier, je suis allée à une boum, car c'était l'anniversaire de ma copine, Vivienne. C'était génial. Il y avait plein de monde: tous mes copains sont venus! Je suis arrivée vers 8 heures du soir et j'ai parlé à un très beau garçon, qui s'appelait Martin. Après, il m'a demandé de danser avec lui. C'était incroyable! Vivienne a reçu beaucoup de cadeaux: des posters, des CDs, du parfum. Moi, j'ai acheté un CD de son groupe préféré. Elle était ravie de mon cadeau!

J'adore sortir avec les copains. Je vais souvent au cinéma et je trouve ça vraiment amusant. De préférence je regarde les films comiques. Après je vais normalement à un café avec mes copains où on boit un Coca et on discute du film. Mes copains sont tous très rigolos et pleins de vie. Je m'entends très bien avec ma meilleure copine Vivienne. Elle est grande et mince, elle a les cheveux longs et blonds et elle est calme et gentille. On va souvent en ville ensemble. J'adore faire les courses, faire du lèche-vitrines et aller manger chez McDo avec elle. Je fais aussi beaucoup de sport. Je joue au volley pour l'équipe scolaire, et je fais souvent de la natation. C'est fantastique et ça m'aide à me maintenir en forme.

Mon anniversaire est en février. Je voudrais sortir avec toute une bande de mes copains. Ce serait bien. Je voudrais aller manger dans un restaurant et ensuite aller en boîte. Ce serait fantastique, mais mes parents devront me donner la permission … Je vais devoir aider beaucoup à la maison avant février: je vais faire le ménage et la vaisselle tous les jours!

plein de monde	*heaps of people*
cadeaux	*presents*
faire du lèche-vitrines	*to go window shopping*
toute une bande de mes copains	*a whole group of my friends*

1a **Find the French for the following in the text above.**

1 last Friday
2 it was my friend's birthday
3 there were heaps of people
4 a really nice-looking boy
5 she was delighted
6 we talk about the film
7 funny and lively
8 I love going shopping
9 the school team
10 I would like to go out
11 to go to a night club
12 I'm going to have to help out

1b **Copy and use this grid to note the verb phrases highlighted in blue in the text and what they mean in English. (In paragraph 1 they are all in the past tense, in paragraph 2 they are all in the present tense and in paragraph 3 they either mean 'would' or 'going to'.)**

past tense	English	present tense	English	would/going to	English
je suis allée	I went	j'adore	I love	je voudrais sortir	I would like to go out

1c Say what the 7 comments (in red) mean.

Example: c'était génial – it was great

2 Write an e-mail to your pen-pal about your friends and what you do together. Use the *Au secours!* panel to help.

Au secours!

● Look at the piece of writing on page 54 for ideas about what to write.

Notice how the three sections are written in different tenses. This gives a very good structure to a piece of writing.

Don't forget to describe your friends and say what sort of people they are. Remember the tip for describing people: facts, then physical, then add character:

Mon copain s'appelle Paul. Il habite à Stirling, près de chez moi. Il est grand et il a les cheveux courts et bruns. Il est très calme et aimable.

● You will get better marks if you show that you can write in more than one tense. Try to write one section in the past, one section giving your opinions in the present tense, and one section about things you would like to do or are going to do. Remember to use the verbs you have noted in exercise **1b**.

● Try to follow this pattern for building longer sentences in the past tense: **when, what, where/who with, comment**.

when	what	where/who with	comment
Hier,	j'ai joué au foot	dans le parc avec mon frère	– c'était bien!
Il y a une semaine,	j'ai mangé des escargots	à une boum	– c'était délicieux!
La semaine dernière,	j'ai fait de la natation	avec toute une bande de mes copains	– c'était fantastique!
L'année dernière,	je suis allé(e)	au centre sportif à Glasgow	– c'était génial!

● Get into the habit of giving at least one reason every time you express an opinion:

Je vais souvent au cinéma, et je trouve ça vraiment amusant.

Il m'a demandé de danser avec lui. C'était fantastique.

An easy way of doing this is to use *c'est* (it is), or *c'était* (it was), *ce serait* (it would be) + adjective:

	negative	positive
C'est	nul	génial
C'était	affreux	incroyable
Ce serait	ennuyeux	intéressant
	difficile	facile

Mots

Les passe-temps
Hobbies

Qu'est-ce que tu fais comme passe-temps?	*What are your hobbies?*	Je vais à la pêche.	*I go fishing.*
		Je regarde la télé.	*I watch television.*
Je lis.	*I read.*	Je vais au cinéma.	*I go to the cinema.*
Je nage.	*I go swimming.*	Je fais du théâtre.	*I do drama.*
Je joue avec l'ordinateur.	*I play on the computer.*	Je fais de la danse.	*I do dancing.*

Les sports
Sports

Je fais du sport.	*I do sport.*	Je fais du tir à l'arc.	*I do archery.*
Je fais du vélo.	*I go cycling.*	Je fais des randonnées.	*I go walking/hiking.*
Je fais de la musculation.	*I do weight training.*	Je fais du rallye.	*I go rally-driving.*
Je fais du ski nautique.	*I go water-skiing.*	Je fais du parapente.	*I go paragliding.*
Je fais du surf.	*I go surfing.*	Je fais du patin sur glace.	*I go ice-skating.*
Je fais du skate.	*I go skate-boarding.*	Je fais de l'athlétisme.	*I do athletics.*
Je fais du roller.	*I go roller-blading.*	Je joue au tennis.	*I play tennis.*
Je fais de la gymnastique.	*I do gymnastics.*	Je joue au volley.	*I play volleyball.*
Je fais de la natation.	*I go swimming.*	le lundi matin	*on Monday mornings*
Je fais de l'équitation.	*I go horse-riding.*	le vendredi après-midi	*on Friday afternoons*
Je fais du snowboard.	*I go snow-boarding.*	le mercredi soir	*on Wednesday evenings*
Je fais des arts martiaux.	*I do martial arts.*	le week-end	*at the weekend*

Opinions
Opinions

Je trouve ça (affreux).	*I think it's (awful).*	pas mal	*not bad*
C'est (amusant).	*It's (funny).*	passionnant	*exciting*
barbant	*boring*	pénible	*dreadful*
chouette	*great*	super	*super*
ennuyeux	*boring*	Ça me tient en forme.	*It keeps me fit.*
extraordinaire	*extraordinary*	C'est bon pour la santé.	*It's good for your health.*
génial	*wonderful*	Il y a le goût du risque.	*There's an element of risk.*
impressionnant	*impressive*	Ça ne coûte pas cher.	*It's not too expensive.*
magnifique	*magnificent*	Oui, je suis d'accord.	*I agree.*
nul	*dull*	Non, je ne suis pas d'accord.	*I don't agree.*

Les invitations
Invitations

Tu veux aller (au cinéma)?	*Do you want to go to (the cinema)?*
Veux-tu aller (à la piscine)?	*Do you want to go to (the swimming pool)?*
au théâtre	*to the theatre*
au concert	*to the concert*
en boîte	*to the club*
Est-ce que tu veux aller (en boîte)?	*Do you want to go to (a nightclub)?*
Tu voudrais aller (à la boum)?	*Would you like to go (to the party)?*
Tu voudrais voir (le match de foot)?	*Would you like to see (the football match)?*
Tu voudrais voir (un film)?	*Would you like to see (a film)?*
On pourrait faire (une pique-nique)?	*We could (go on a picnic)?*
On pourrait faire (une excursion en vélo)?	*We could (go on a cycling trip)?*

Les réactions
Reactions

D'accord.	*Okay./Fine.*	Ça ne me dit rien.	*That doesn't interest me.*
Je veux bien.	*I'd love to.*	Je suis contre (les cirques).	*I don't approve of (circuses).*
Avec plaisir.	*With pleasure.*	J'aimerais mieux rester à la maison.	*I'd prefer to stay in.*
Je suis désolé(e) mais …	*I'm sorry but …*		*I have to (do my homework).*
Je regrette mais …	*I'm sorry but …*	Je dois (faire mes devoirs).	

Les rendez-vous

Où est-ce qu'on se retrouve?
On se retrouve (chez moi).
devant le (cinéma)
derrière le (stade)
en face (du théâtre)
chez toi
chez Benjamin
On se retrouve à quelle heure?
On se retrouve (aujourd'hui).
demain/après-demain
ce soir/(mercredi) prochain
à (3) heures/à midi
dans (deux) heures
vers (8) heures

Meeting up

Where shall we meet?
Let's meet (at my house).
in front of the (cinema)
behind the (stadium)
opposite the (theatre)
at your house
at Benjamin's
What time shall we meet?
Let's meet (today).
tomorrow/the day after tomorrow
this evening/next (Wednesday)
at (3) o'clock/at midday
in (two) hours time
at about (8) o'clock

Les prix et les heures

Vous ouvrez à quelle heure?
À (dix-huit) heures.
Vous fermez à quelle heure?
C'est combien par personne?
C'est (€20) pour les adultes et (€12) pour les enfants.
Est-ce qu'il y a une réduction pour les étudiants?
Je peux avoir des places au balcon/à l'orchestre?
Le concert commence à quelle heure?
Je voudrais (4) tickets d'entrée.
Ça dure combien de temps?

Leisure facilities and buying tickets

What time do you open?
At (six o'clock).
What time do you close?
How much is a ticket?
(€20) for adults and (€12) for children.
Is there a concession for students?
Can I have tickets for the balcony/stalls?
What time does the concert start?
I'd like (4) tickets.
How long does it last?

Qu'est-ce que tu as fait?

Qu'est-ce que tu as fait (hier)?
au week-end
la semaine dernière
Je suis allé(e) (au club).
à une boum
à la piscine
en ville
J'ai regardé (la télé).
J'ai joué (aux jeux vidéo).
J'ai joué (de la guitare).
J'ai mangé un (hamburger).
J'ai écouté (des cassettes).
J'ai passé (un week-end actif).
J'ai surfé sur Internet.
J'ai fait (une promenade).
J'ai fait (du VTT).
J'ai lu (un roman).
J'ai vu (un film).
J'ai bu (du Coca).
J'ai promené (mon chien).
Je me suis reposé(e).
Je me suis bien amusé(e).

What did you do?

What did you do (yesterday)?
at the weekend
last week
I went to (the club).
to a party
to the swimming pool
to town
I watched (television).
I played (video games).
I played (the guitar).
I ate (a hamburger).
I listened to (cassettes).
I had a (busy weekend).
I surfed the Internet.
I went for (a walk).
I went (mountain biking).
I read (a novel).
I saw (a film).
I drank (a Coke).
I walked (my dog).
I relaxed.
I had a good time.

MODULE 4

Au boulot

Talking about different jobs

●●●●●●●●●●●●●●●

ECOUTER
1a
1a **Listen. Note the jobs you hear, in English. If you understand any other details, note them too. (1–10)**

Example: 1 *hairdresser, likes job, talks to clients*

> English: my sister is **a** secretary
> French: ma sœur est secrétaire

ECRIRE
1b
1b **Write sentences in French.**

Example: 1 *Ma sœur est secrétaire.*

Je suis	médecin.*	coiffeur(-euse).
Mon frère est	professeur.*	caissier(-ière).
Ma sœur est	dentiste.*	boulanger(-ère).
Il/Elle est	agent de police.*	fermier(-ière).
	secrétaire.*	steward/hôtesse de l'air.
	vétérinaire.*	serveur(-euse).
	mécanicien(ne).	infirmier(-ière).
	chauffeur de	opérateur(-trice)
	camion.*	d'ordinateur.

* these jobs do not have a separate feminine form

1 sœur

2 père

3 belle-mère

4 grand-père

5 copain

6 oncle

7 mère

8 frère

ECOUTER
1c
1c **Listen. Make notes for each person, then choose a job for them from the box on the right. (1–8)**

Example: 1 wants to work in a shop/with people: vendeuse

serveur(-euse)
infirmier(-ière)
vendeur(-euse)
technicien(ne)
  de laboratoire
garçon/fille au
  pair
jardinier(-ière)
vétérinaire
opérateur(-trice)
  d'ordinateur

Je voudrais travailler	en plein air.
	dans un magasin/un bureau/une usine.
	dans le commerce/le secteur informatique/le secteur du tourisme.
	avec les gens/enfants/animaux/personnes âgées.

2a Match the questions to the correct answers.
Then write what each pair means.

Example: 1 e *What time do you start?*
I start at 9 o'clock.

comment?
combien de temps?
combien d'argent?
combien d'heures?
à quelle heure?

1 À quelle heure est-ce que tu commences?

2 À quelle heure est-ce que tu finis?

3 Tu as combien de temps pour déjeuner?

4 Est-ce que tu travailles tous les jours?

5 Tu travailles combien d'heures par semaine?

6 Tu gagnes combien d'argent?

7 Est-ce que tu penses que c'est bien payé?

8 Tu aimes ton travail?

9 Comment vas-tu au travail?

a Normalement, je finis à trois heures.

b Oui, assez bien.

c Je travaille cinq heures par semaine.

d J'ai une heure pour déjeuner.

e Je commence à neuf heures.

f Non. En général, je travaille le week-end.

g Oui, mais quelquefois je m'ennuie.

h J'y vais à pied.

i Je gagne 5 livres 50 de l'heure.

2b In pairs. Take turns to ask and answer the questions in **2a**.
Adapt the answers slightly to give different details.

Example: ● Est-ce que tu travailles tous les jours?
● En général, je travaille le mercredi.

2c Copy this text and fill in the blanks with the words in the box.

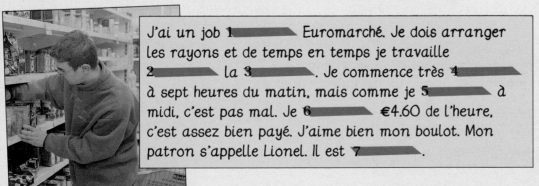

J'ai un job **1**_____ Euromarché. Je dois arranger les rayons et de temps en temps je travaille **2**_____ la **3**_____. Je commence très **4**_____ à sept heures du matin, mais comme je **5**_____ à midi, c'est pas mal. Je **6**_____ €4.60 de l'heure, c'est assez bien payé. J'aime bien mon boulot. Mon patron s'appelle Lionel. Il est **7**_____.

caisse
gentil
à
tôt
gagne
finis
chez

1 *Avez-vous un job?*

Talking about part-time jobs and work experience

1a Listen. Copy and complete the grid. Note: Valérie works 2 different shifts and Fanch has two jobs.

	Valérie	Fanch	Coralie
job			
start			
finish			
transport			
journey time			
pay			
opinion(s)			

1b In pairs. Ask each other the questions on the clipboard. Use the details below and the key language to answer.

Tu travailles où?............................
Tu commences à quelle heure?..........
Tu finis à quelle heure?....................
Comment vas-tu au travail?..............
Le trajet dure combien de temps?.....
....
Combien est-ce que tu gagnes?.........
....
Tu aimes ton job?...........................
Pourquoi?.......................................

a Mon + Fri 5.00pm – 9pm   because   € 41.40 a week
10 mins

b Supermarché 8.00am – 2.00pm, 30 mins lunch   because   € 4.10 per hour
5 mins

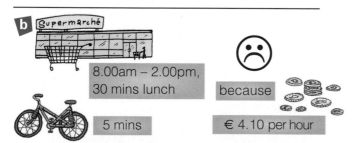

Je travaille dans un
   (hypermarché/centre sportif).
Je commence/finis à …

Je vais au travail	en bus/voiture.
	à vélo.

Le trajet dure (*15 minutes*).
Je gagne (*€5*) de l'heure.

C'est	bien/mal payé.
	varié/monotone.
	intéressant/ennuyeux.
	facile/difficile/dur.
	chouette.

1c Use your answers to **1b** to write about 100 words about your job. Invent one if you haven't got one!

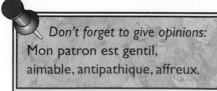
Don't forget to give opinions:
Mon patron est gentil,
aimable, antipathique, affreux.

2a
Read and listen to this text.
Find the French for the phrases below.

1 I did work experience
2 I had to organise
3 I learned lots of things
4 I got up
5 every day
6 it was awful
7 I went there
8 at about 10 o'clock
9 for two weeks (15 days)
10 word processor
11 I answered the telephone
12 the work was a bit dull
13 I had a good time
14 it was better than school

> J'ai fait un stage dans une entreprise. J'ai dû organiser beaucoup de choses. En fait, j'ai appris beaucoup de choses. Je me suis levée tous les jours à six heures du matin. C'était affreux. J'y suis allée en autobus et j'ai commencé le travail à sept heures et demie. C'était très tôt. Vers dix heures, j'ai préparé le café. Pendant les quinze jours j'ai utilisé le fax, et la machine de traitement de texte. À part ça, j'ai répondu au téléphone et j'ai classé les documents. Le travail était un peu monotone, mais je me suis bien amusée. C'était mieux que l'école, quoi!

2b
Use the underlined parts of the text above and the key language to help you talk about the 2 jobs shown in the pictures below.

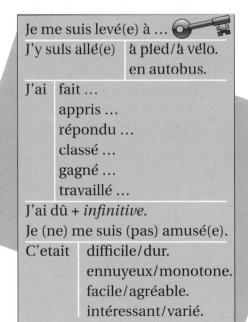

Je me suis levé(e) à …		
J'y suis allé(e)	à pied/à vélo.	
	en autobus.	
J'ai	fait …	
	appris …	
	répondu …	
	classé …	
	gagné …	
	travaillé …	
J'ai dû + *infinitive*.		
Je (ne) me suis (pas) amusé(e).		
C'etait	difficile/dur.	
	ennuyeux/monotone.	
	facile/agréable.	
	intéressant/varié.	

Le détective

The **perfect tense** with **reflexive verbs**.
Reflexive verbs take être *and must agree!*
Example: se lever = **to get up**
  je me suis levé(e) *I got up*

  s'amuser = **to have a good time**
  je me suis amusé(e) *I had a good time*

Pour en savoir plus ➡ page 205, pt 3.3

3a
Write about 75 words about your own work experience.
Use the text in **2a** to help you.

3b
CV
Choose at least 5 statements about your work experience and combine them in a paragraph under the title *Expérience* on disc. Insert the data into your CV document.

2 *Le monde du travail*

Looking for a job in France

● ● ● ● ● ● ● ● ● ● ● ● ● ● ●

1a Find the words and phrases below in Alice's job application letter.

1 I saw your advert
2 I am writing to you
3 to apply for the job
4 I have already worked in a restaurant
5 during my work experience
6 I have a part-time job
7 at the weekend
8 I am hard-working
9 I get on well with my boss
10 please find enclosed

> *French business letters are very formal! The entire last sentence in this letter is the equivalent of 'yours sincerely'.*

1b Write a letter of application for one of the jobs in this hotel. Use Alice's letter as a model and change the words printed in red.

Angoulême, le 3 octobre

Madame,

J'ai vu votre annonce dans le journal aujourd'hui, et je vous écris pour poser ma candidature au poste de serveuse dans votre hôtel, parce que j'aime travailler avec les gens.

J'ai déjà travaillé dans un restaurant pendant mon stage en industrie, et j'ai un petit boulot dans un café de la région le week-end.

Je suis travailleuse et sérieuse, mais j'ai aussi un bon sens de l'humour et je m'entends bien avec mes collègues et mon patron.

J'habite en Grande-Bretagne, mais j'apprends le français depuis 4 ans et je parle bien français.

Veuillez trouver ci-joint mon CV.

Je vous prie d'agréer, madame, l'expression de mes sentiments distingués.

Alice Reid

HÔTEL FORMULE 444

Nouvel hôtel ✱✱
(ouverture dans 6 mois)
à Surgères en France.

Nous recherchons le personnel suivant pour notre équipe:

chefs de cuisine

réceptionnistes

femmes/hommes de chambre

Veuillez écrire (avec CV) à Adeline Giraud, Hôtel Formule 444, 17700 Surgères, FRANCE.

2a Copy the CV. Put the details below in the right places.

6 rue des Lilas, Angoulême

Paris

Franc

Provost

3/07/1983

J'ai une sœur. Elle s'appelle Natalie. Elle a 13 ans.

J'ai fait un stage dans une école primaire. Je travaille dans un supermarché.

J'habite à Angoulême. C'est une grande ville. J'aime habiter ici.

française

Mon école s'appelle le Lycée de l'Image. Je fais français, histoire, géo, maths, anglais, sciences et théâtre. Ma matière préférée est l'histoire.

J'aime le théâtre. Je vais au cinéma. Je joue au foot.

CV

Nom:

Prénom:

Adresse:

Date de naissance:

Lieu de naissance:

Nationalité:

Famille:

Domicile:

École:

Expérience:

Loisirs:

2b Listen to the interview with Alice. Copy the CV and fill in her details in French.

2c Now write your own CV in French. Use the models above to help you.

```
_ □ ✕
```

Surf the internet to find an advert for a job you could do in your summer holidays. Focus your search as much as you can:

- choose a French search engine (e.g. www.google.fr)
- make a list of appropriate keywords (type of job, preferred venue, etc.)

The search engine you use will probably require details to be entered like this:

    offre d'emploi + restaurant, etc.

Print out the advert you find. Write down in English:

1 the key features of the advert

2 any specific requirements (age, qualifications, etc.)

3 what you would have to do to apply.

3 *Au téléphone*

Using the phone
●●●●●●●●

1a Are the printed telephone numbers correct? Listen and correct any mistakes. (1–8)

1 Office du tourisme
04 89 27 29 49

2 Cachin
04 78 73 15 13

3 Au coin du feu
05 62 66 71 56

4 Hôtel Yaka, Biarritz
05 59 04 33 55

5 Atelier Gill
02 35 71 93 14

6 Association Clément
01 45 67 67 42

7 La nef
02 87 71 85 48

8 01 99 77 64 96
Gérard Darel

1b In pairs. Take turns to give the telephone numbers from **1a**, and to say who is calling.

> *Example:* ● *Zéro quatre, soixante-dix-huit, soixante-treize, quinze, treize.*
> ● *C'est Cachin!*

> French phone numbers are always given in pairs, not in one long number as we often do in English.

> Don't forget to say madame *and* monsieur *more often than you would use equivalent words in English!*

2a In pairs, listen to this conversation, then practise it with a partner, changing the underlined details each time.

Good morning, Eau Naturelle, can I help you?

Bonjour, <u>monsieur</u>, parlez-vous français?

Ah, oui, bonjour <u>madame</u>. C'est <u>Matthew</u> à l'appareil. Je peux vous aider?

Je voudrais parler à <u>Monsieur Foley</u>, s'il vous plaît.

C'est de la part de qui?

Je suis <u>Fabienne Alalain</u>.

Merci. Ne quittez pas … Ah, je regrette, mais il n'est pas là.

Est-ce que je peux vous laisser un message?

Bien sûr. Votre nom, comment ça s'écrit?

Ça s'écrit <u>A … L … A … L … A … I … N</u>.

Et quel est votre message?

Dites-lui que je ne peux pas venir à la réunion demain.

Merci beaucoup, c'est noté. Quel est votre numéro de téléphone, s'il vous plaît?

C'est le <u>02 45 75 89 10</u>.

Et <u>Monsieur Foley</u> peut vous rappeler à quelle heure?

À partir de <u>dix heures et demie</u>.

Merci, <u>madame</u>. Au revoir!

2b Find the French in the conversation for the following.

1 It's Matthew here.
2 I'd like to speak to …
3 Who's calling?
4 Hold on.
5 He's not here.
6 Can I leave a message?
7 How do you spell your surname?
8 What is your phone number?
9 What time can Mr Foley call you back?
10 From 10:30 onwards.

3a Can you work out what these questions mean?

5 *Est-ce que je peux laisser un message?*

1 *Le travail commence à quelle heure?*

2 *Le salaire, c'est combien?*

3 *Qu'est-ce que c'est exactement, ce travail?*

4 *Est-ce que je peux parler à Madame Nabotin?*

3b You would like to apply for one of these jobs. Prepare answers to these questions in French. You can make up details if you like.

Q **Quel poste vous intéresse?**
R *Je voudrais un poste comme …*

Q **Avez-vous de l'expérience?**
R *Pendant mon stage en entreprise j'ai travaillé …*

Q **Quelles sont vos qualités personnelles?**
R *Je suis …*

Q **À partir de quelle date pouvez-vous commencer?**
R *Je peux commencer le … et continuer jusqu'au …*

❖ HÔTEL de la PAIX ❖

Nous recherchons pour l'été:

❖ plongeurs ❖ serveurs
❖ hommes / femmes de chambre ❖ aide-cuisine

Veuillez vous adresser à Danièle Nabotin, Hôtel de la Paix, 34306 Castries, France. Tél: 04 59 43 62 39

Le détective

Talking about the past, present and future

past	present	future
j'ai travaillé comme serveur	je travaille comme serveur	je vais/voudrais travailler comme serveur
j'ai fait un stage	je fais un stage	je vais/voudrais faire un stage

Pour en savoir plus ➡ pages 202–6, pts 3.2, 3.3, 3.6

4 In pairs. Use the telephone conversation in **2a** and the answers you have prepared for **3b** to help you.

● Hôtel de la Paix, bonjour!
      ● Say good morning and ask to speak to Mme Nabotin.
● C'est de la part de qui?
      ● Give your name.
● C'est Mme Nabotin à l'appareil. Est-ce que je peux vous aider?
      ● Say you are ringing about the advert.
● Quel poste vous intéresse?
      ● Say which job.
● Avez-vous de l'expérience?
      ● Give details.
● Quelles sont vos qualités personnelles?
      ● Give details.
● À partir de quelle date pouvez-vous commencer?
      ● Give dates.

Je vous téléphone à propos de l'annonce.

4 Qu'est-ce que vous voulez faire dans la vie?

Projets d'avenir

Talking about your future career

1a Read the future plans of these young people and answer the questions.

1. Qui est fort en sport?
2. Qui adore les langues?
3. Qui travaillera dans le tourisme?
4. Qui ne s'est pas encore décidé?
5. Qui cherchera un emploi dans l'informatique?
6. Qui ira à l'université?
7. Qui sera dehors pour son travail?
8. Qui voyagera autour du monde?

1b Note all the verbs in the future tense in **1a** (*Projets d'avenir*). Then say what they mean in English.

Example: je ferai – I will do

Le détective

The future tense is formed using a future stem (usually the infinitive) + the following endings (notice that the letter before the ending is always an -r-!):

pronouns	regular stems		endings
je	(parler)	parler-	ai
tu	(finir)	finir-	as
il/elle/on	(répondre)	répondr-	a
nous			ons
vous			ez
ils/elles			ont

pronouns	irregular stems		endings
je	(être)	ser-	ai
tu	(avoir)	aur-	as
il/elle/on	(aller)	ir-	a
nous	(faire)	fer-	ons
vous	(pouvoir)	pourr-	ez
ils/elles	(venir)	viendr-	ont

Pour en savoir plus ➡ page 207, pt 3.7

Romain - Je ne sais pas encore ce que je ferai. Je voudrais voyager, je chercherai donc un métier qui me permettra de voyager dans le monde entier.

Yoann - Ce qui me plaît le plus, c'est les ordinateurs. Je ferai un diplôme au lycée technique, et puis je chercherai du travail dans un bureau, peut-être pour une grande entreprise.

Anne - Si j'ai de bonnes notes, j'irai à la faculté après le lycée pour étudier l'anglais et l'espagnol, parce que j'espère devenir interprète.

Feyrouze - Comme j'aime beaucoup être en plein air, je travaillerai comme gardienne dans un camping situé pas loin de chez nous.

Luc - Moi, je serai joueur de foot professionnel, si tout va bien. Je fais déjà partie de l'équipe junior de Monaco, et je continuerai à jouer pour eux, j'espère.

 2 Work out what the sentences mean, then listen to the tape. Who says what? (1–4)

Example: 1 *a, d …*

a J'irai aux États-Unis.
b Je viendrai à Paris.
c Je travaillerai dans un café.
d Je travaillerai à la rédaction d'un magazine.
e Je voyagerai autour du monde.
f Je continuerai mes études à la fac.
g Je trouverai un travail fantastique.
h Je gagnerai un bon salaire.
i J'étudierai les langues.
j Je rencontrerai l'homme de ma vie.
k Mes enfants seront très beaux.

Je travaillerai Je ne travaillerai pas	comme serveur/gardien(ne). chez McDo. dans le tourisme. dans un bureau. à l'étranger.

Je trouverai (*un travail*).
Je ferai (*un diplôme*).
J'irai (*à la fac/aux États-Unis*).
Je serai (*joueur de foot*).
Je continuerai (*mes études*).
Je voyagerai (*autour du monde*).
Je gagnerai (*un bon salaire*).
J'étudierai (*l'anglais*).
Je rencontrerai (*l'homme de ma vie*).

la rédaction   *editorial staff*

 3a Listen. Join up the beginnings and ends of the sentences.

1 Quand j'aurai dix-huit ans,
2 Je vivrai
3 Je serai
4 Quand j'aurai dix-neuf ans,
5 Quand j'aurai vingt-trois ans,
6 Je toucherai

a heureuse.
b en Italie.
c j'irai à la fac.
d je travaillerai comme au pair.
e un gros salaire.
f je travaillerai chez Dior.

Le détective

When you use **quand** in the future, make sure both halves of your sentence use the future tense!

Examples:
Quand j'**aurai** 30 ans, j'**habiterai** aux États-Unis.
Quand je **gagnerai** à la loterie, j'**achèterai** un château!

Pour en savoir plus ➡ page 207, pt 3.7

 3b What will you be doing in two years' time? Write 2 things in answer to each question in the speech bubble, then tape what you have written!

Et vous, que ferez-vous … dans deux ans? dans dix ans? dans vingt ans? dans trente ans?

Rappel

Don't forget, there are other ways of expressing the **future**:
j'espère + infinitive
je désire + infinitive

 3c In pairs. Take turns to ask and answer the questions:

Qu'est-ce que tu feras quand tu auras 18 ans/20 ans/30 ans/40 ans?

5 Les différents emplois

Talking about different kinds of work

● ● ● ● ● ● ● ● ● ● ● ● ● ● ● ● ● ● ● ●

LIRE 1a Find the ideal job for each person (there may be more than one).

 a

 b

 c

1 J'aimerais aider les gens malades.

2 Je voudrais travailler en plein air. J'ai le sens pratique.

 d

 e

 f

3 Je suis forte en langues, et je voudrais bien voyager.

4 Moi, je voudrais m'occuper d'animaux dans un zoo ou peut-être dans un parc safari.

 g

 h

 i

5 Réparer les voitures, j'adore ça: c'est mon métier.

6 Personnellement, je voudrais travailler avec des enfants: avec eux, on ne s'ennuie jamais.

7 J'aimerais aider les personnes âgées; je trouve que c'est important pour la société.

9 Moi, je suis assez dynamique et sociable, et j'aimerais travailler avec des gens.

10 Je voudrais simplement travailler dans un bureau: métro-boulot-dodo pour moi.

8 Moi, je voudrais gagner beaucoup d'argent.

J'aimerais	aider (*les gens malades*).	
Je voudrais	travailler	avec des enfants/des animaux/les personnes âgées/les gens.
		en équipe/seul(e).
		en plein air/dans un bureau.
		dans le domaine de l'informatique/du marketing/de l'éducation.
		dans le commerce/le tourisme.
Je préférerais	m'occuper (*d'animaux/d'enfants*)/être (*infirmier/ère*).	
	avoir (*de longues vacances*)/voyager/gagner beaucoup d'argent.	

PARLER 1b Conduct a survey in your class about people's ideal jobs.

Qu'est-ce que tu veux faire plus tard dans la vie?

Je voudrais/J'aimerais travailler en plein air.

Make your results into a graph.

2a Read the bubbles and make notes about where these people want to work.

Example: **a** *in marketing*

a J'aimerais travailler dans le domaine du marketing.

b Je préférerais travailler dans le domaine de l'informatique.

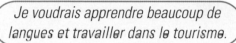
enseigner *to teach*

c Moi, c'est le secteur privé – le commerce – je pense que je toucherais un plus gros salaire que dans le secteur public.

d Pour moi, mon métier de rêve, c'est enseigner, donc je travaillerais dans le domaine de l'éducation.

e Je voudrais apprendre beaucoup de langues et travailler dans le tourisme.

2b Now listen and match your notes from **2a** with what the speakers say. (1–5)

Example: **1** *b*

3 Read this article and answer the questions in English.

1 What can young people gain from working abroad? *(4)*
2 Why does Michel want to live in Italy? *(2)*
3 In what ways would he like to live like an Italian? *(3)*
4 What does Michel want to be? *(1)*
5 Why does he want to do this job? *(2)*
6 What does he say about children? *(2)*
7 Why does he want to travel? *(1)*

4 Use the following questions to help you write a paragraph about your ambitions.

1 Qu'est-ce que vous voulez faire plus tard dans la vie? Pourquoi?
2 Quel travail est-ce que vous n'aimeriez pas faire? Pourquoi pas?
3 Aimeriez-vous travailler à l'étranger? Donnez trois raisons pour justifier votre réponse.

Le détective

The **conditional tense** has the meaning 'would' (you already know je voudrais – *I would like*), and is easy if you know the future tense. Use the same future stem and add the following endings:

je travailler**ais**
tu travailler**ais**
il/elle/on travailler**ait**
nous travailler**ions**
vous travailler**iez**
ils/elles travailler**aient**

Pour en savoir plus ➡
page 207, pt 3.8

Travailler à l'étranger est tout à fait normal de nos jours. Les jeunes d'aujourd'hui ont l'esprit aventurier. Mais pourquoi partir?

Ça permet de perfectionner une langue étrangère, on apprend à connaître une autre culture, on fait l'expérience d'un autre pays et c'est bien pour son CV.

Michel Richet explique son cas: 'Si j'avais l'occasion, j'irais en Italie. C'est un beau pays, et j'adore les Italiens. Ils sont ouverts, amicaux et dynamiques. J'habiterais une grande ville, comme Milan par exemple, et je vivrais comme un Italien, je sortirais, je mangerais et je parlerais comme un Italien, au moins je l'espère! Côté boulot, je crois que je voudrais travailler avec des gens, mais l'argent est aussi important pour moi, alors je voudrais être P.D.G. Je pense que ce serait plus intéressant de travailler dans le marketing que dans le secteur public. Je ne voudrais pas travailler avec les enfants. Je pense que ce serait très monotone. Avant de commencer à travailler sérieusement, je voyagerais un peu pour perfectionner mes langues: l'anglais et l'italien.'

Michel part après-demain – Allez-y! Partez! Le monde est à vous!

PDG *managing director*

6 Les études et le travail

Discussing work, studies and taking a year out

1a

What are these French students saying about having to work as well as study? Put the opinions into 3 groups:

a work is more important
b studying is more important
c a balanced view

 1 *Il faut trouver un équilibre travail-études.*

2 *Mes examens sont plus importants que mon petit boulot.*

3 *L'argent, c'est le plus important.*

4 *Il devrait être possible de combiner un boulot et ses études.*

5 *Gagner un peu d'argent te donne de l'indépendance.*

6 *Le plus important, c'est de réussir dans ses examens.*

7 *Étudier, c'est important — je ne veux pas être au chômage.*

Le détective

Using modal verbs in opinions
Notice what these verbs mean in the conditional:
je devrais — *I ought to/I should*
je pourrais — *I could/I would be able to*
je voudrais — *I would like to*

Pour en savoir plus ➡ page 207, pt 3.8

1b

Translate the opinions into English.

1c

In groups of 4–5. Take turns to give your opinion about working and studying. The rest of the group have to agree or disagree.

Example:
● *Je pense que le plus important, c'est de réussir dans ses examens.*
● *Non, je ne suis pas d'accord. Moi, je crois que l'argent, c'est le plus important.*

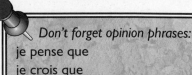

Don't forget opinion phrases:
je pense que
je crois que
à mon avis
To agree: je suis d'accord
To disagree: je ne suis pas d'accord, au contraire

1d

Write about 100 words, giving your own opinion about working and studying.

Example: *À mon avis, mes examens sont plus importants que mon petit boulot. Le plus important, c'est ...*

2a Are these opinions for or against the idea of a gap year? Translate the ones you agree with.

1 C'est bien de faire l'expérience d'un autre pays.

2 On se fait des amis quand on voyage, c'est un privilège.

3 Je trouve qu'une année sabbatique élargit les horizons.

4 Ce serait dur de partir toute une année.

5 On apprend beaucoup de choses pendant une année sabbatique sans mentionner l'expérience.

6 Mes copains me manqueraient.

7 Je voudrais bien connaître une autre culture.

8 La langue pourrait poser des problèmes.

| manquer | *to be lacking (to miss)* |

2b Listen. Answer the questions in English.

1 Why does Gaston think a gap year is a good idea? *(3)*
2 What problems does Elsa talk about? *(2)*

3 Which headline says each of these things?

1 Work is a human right.
2 Unemployment is a serious problem for society.
3 There are many people who don't want to work.
4 The level of unemployment has not stopped increasing.
5 My dad wants to work but he can't.
6 Unemployment affects your dignity.

a Mon père est chômeur. Il veut travailler, mais il ne peut pas ...

b Le travail, c'est un droit humain

c Le chômage – problème très grave pour la société

d Le chômage affecte la dignité

e Il existe beaucoup de gens qui ne veulent pas travailler

f Le taux de chômage n'arrête pas d'augmenter

4 Write an article of about 100 words in French about work. Use the opinions in **2a** and these questions to help you.

Remember to plan your essay before you write. Brainstorm your ideas, write your headings in French, then organise your ideas into an introduction followed by 2 or 3 paragraphs, each dealing with one point, and finally a conclusion.

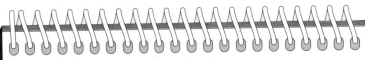

After school, do you want to have a gap year?
Do you want to start work straight away, or do you intend to continue studying?
Do you think it is possible to combine studying with a part-time job?
What do you do in your free time? Do you do anything that is relevant to the world of work?
Do you work better on your own, or in a team with others?
What has influenced your decision? What kind of person are you? Have you done a part-time job or work experience?

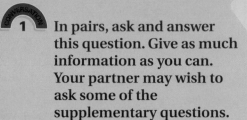

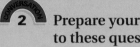

1 In pairs, ask and answer this question. Give as much information as you can. Your partner may wish to ask some of the supplementary questions.

- **Parle-moi de tes loisirs!**

+

- **Tu es sportif/sportive?**
- **Tu es membre d'un club? C'est comment?**
- **Quelle sorte de livres/films/musique préfères-tu?**
- **Où est-ce que tu vas quand tu sors avec des amis?**

2 Prepare your answers to these questions, then practise them with a partner.

- **Qu'est-ce que tu as fait le week-end dernier?**
- **Qu'est-ce que tu as fait hier soir?**

- *Remember to use the perfect tense – and don't forget that some verbs go with être!*
- *Try to include some opinions. An easy way to give opinions in the past is to use c'était + an adjective.*
  Example: *C'était genial/ennuyeux/nul.*
- *You can make a conversation more natural – and take the pressure off yourself! – by throwing the question back to your partner/teacher with Et toi/vous?*

3 Practise this conversation with a partner. Change the words in blue to make a new conversation.

- Tu es libre demain soir? Il y a un concert en ville.
- Tu voudrais aller au cinéma?

- Tu veux aller à la disco?
- On se retrouve à sept heures devant la disco?

- Non, je suis désolé, mais les concerts – ça ne me dit rien.
- Non, je regrette mais je n'aime pas les films.
- Oui, je veux bien. On se retrouve où?
- OK. À demain soir!

4 In pairs, practise this transaction on the telephone. Change the words in blue to make a new dialogue, for example, to the cinema, the theatre or the museum. How many new dialogues can you make?

- Bonjour, ici le cinéma Rex.

- Harry Potter.
- À 20h30.
- Environ 23h – ça dure 2 heures et demie.
- €6.60 pour les adultes et €4 pour les enfants.
- Oui, c'est €4 aussi.

- Bonjour, madame. Qu'est-ce qu'on joue au cinéma en ce moment?
- Ça commence à quelle heure?
- Et ça finit à quelle heure?
- Un ticket d'entrée, ça coûte combien?
- Il y a une réduction pour les étudiants?
- Merci, madame, au revoir.

1 In pairs, ask and answer this question. Give as much information as you can. Your partner may wish to ask some of the supplementary questions.

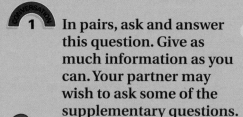

- Qu'est-ce que tu veux faire dans la vie?
+
- Tu veux voyager? Où exactement? Pourquoi?
- Tu veux aller à la fac?
- L'argent est important pour toi?

- *Remember to use the future tense.*
  Example: *Je **prendrai** une année sabbatique avant d'aller à l'université.*

- *Give reasons why you want to do things:*
  Parce que … je voudrais utiliser mes langues/ j'aime travailler dehors/j'adore les animaux/ je voudrais découvrir d'autres pays.

2 In pairs, practise this transaction on the telephone. Then change the words in blue to make a new dialogue.

- Allô, Maison Leduc.

- Ah, je regrette, Monsieur Baudouin n'est pas là. Vous voulez laisser un message?
- Pouvez-vous épeler ça, s'il vous plaît?
- Merci. Et votre message?
- Oui, quel est votre numéro de téléphone?

- Je répète – 00 44 15 92 65 38 19.
- C'est noté, madame. Merci de votre appel.

- Bonjour, mademoiselle, je voudrais parler à Monsieur Baudouin, s'il vous plaît.
- Oui, s'il vous plaît, de la part de Madame Wilson.
- Oui, bien sûr – W… I… L… S… O… N.
- Est-ce qu'il peut me rappeler?
- Je téléphone de la Grande-Bretagne, donc, c'est le 00 44 15 92 65 38 19.
- Oui, c'est ça.
- Merci mademoiselle, au revoir.

Prepared talk

Mon stage en entreprise

Prepare a talk of approximately 2 minutes about any work experience you have done. Try to include the following information:

- where you worked: *J'ai travaillé chez …*
- what your hours were: *J'ai fait … heures par jour.*
- what exactly you did: *J'ai ouvert le courrier/J'ai préparé le thé.*
- which aspects of the job you liked/disliked: *J'ai beaucoup aimé …/J'ai détesté …*
- what you learned: *J'ai appris à faire marcher une photocopieuse.*
- how you got on with the others who worked there: *Je m'entendais bien avec les autres.*
- your opinions: *C'était nul/très utile.*

- *When you are revising for a speaking test, remember to practise out loud. Prepare notes to help you, but try not to read them out – just glance at them if you cannot remember what you want to say.*

- *Always think about what you can do to improve your grade. You could:*
  – add more details
  – add more opinions
  – use different tenses.

Mots

Les métiers — Jobs

Je suis (dentiste).	*I am a (dentist).*	infirmier(-ière)	*nurse*
Je suis (secrétaire).	*I am a (secretary).*	jardinier(-ière)	*gardener*
Il/Elle est (médecin).	*He/She is a (doctor).*	mécanicien (ne)	*mechanic*
agent de police	*police officer*	opérateur(-trice) d'ordinateur	*keyboard operator*
boulanger(-ère)	*baker*	professeur	*teacher*
caissier(-ière)	*cashier*	serveur(-euse)	*waiter/waitress*
chauffeur de camion	*lorry driver*	steward	*air steward*
coiffeur(-euse)	*hairdresser*	technicien(ne) de laboratoire	*lab technician*
fermier(-ière)	*farmer*	vendeur(-euse)	*sales assistant*
hôtesse de l'air	*air hostess*	vétérinaire	*vet*

Avez-vous un job? — Part-time jobs and work experience

Je travaille dans un (hypermarché/centre sportif).	*I work in a (hypermarket/sports centre).*
Je commence à (neuf heures).	*I start at (nine o'clock).*
Je finis à (trois heures).	*I finish at (three o'clock).*
Je vais au travail (en bus/à pied/à vélo).	*I go (by bus/on foot/by bike).*
Le trajet dure (10 minutes).	*The trip lasts (10 minutes).*
C'est (varié).	*It's (varied).*
bien payé	*well paid*
mal payé	*badly paid*
facile	*easy*
difficile	*difficult*
monotone	*monotonous*
intéressant	*interesting*
ennuyeux	*boring*
dur	*hard*
chouette	*great*
Je gagne (cinq livres cinquante) de l'heure.	*I earn (£5.50) an hour.*
J'ai fait un stage dans une entreprise.	*I did work experience in a company.*
J'ai travaillé (dans un bureau).	*I worked (in an office).*
Je me suis levé(e) à (7.30).	*I got up at (7.30).*
J'y suis allé(e) (à pied).	*I went there (on foot).*
J'ai appris beaucoup de choses.	*I learnt a lot.*
J'ai répondu au téléphone.	*I answered the telephone.*
J'ai classé les documents.	*I did the filing.*
J'ai gagné (six livres) de l'heure.	*I earnt (£6) an hour.*
J'ai dû répondre au téléphone.	*I had to answer the telephone.*
J'ai dû classer les documents.	*I had to do the filing.*
Je me suis amusé(e).	*I enjoyed it.*
Je ne me suis pas amusé(e).	*I didn't enjoy it.*
C'était (agréable).	*It was (pleasant).*

Chercher un petit boulot. — Looking for a part-time job

J'ai vu votre annonce.	*I saw your advert.*
Je vous écris pour poser ma candidature à la poste de (réceptionniste).	*I am writing to you to ask you for a job as a (receptionist).*
Je vous téléphone à propos de l'annonce.	*I'm ringing about the advert.*
J'ai déjà travaillé dans un (restaurant).	*I have already worked in a (restaurant).*
Je suis travailleur(-euse).	*I am hard-working.*
Je peux commencer le (20 juin).	*I can start on (20 June).*
Je peux continuer jusqu'au (15 septembre).	*I can continue until (15 September).*
Veuillez trouver ci-joint mon CV.	*Please find enclosed my CV.*

Au téléphone

Allô.	
C'est (Anne) à l'appareil.	
Je peux vous aider?	
Je voudrais parler à …	
C'est de la part de qui?	
Ne quittez pas.	
Je regrette, il/elle n'est pas là.	
Est-ce que je peux laisser un message?	
Votre nom, comment ça s'écrit?	
Quel est votre message?	
Quel est votre numéro de téléphone?	
C'est le (03-56-42-89-70).	
À quelle heure est-ce que je peux rappeler?	

On the phone

Hello.	
It is (Anne) speaking.	
Can I help you?	
I would like to speak to …	
Who is calling?	
Hold on.	
I'm sorry, he/she isn't there.	
Can I leave a message?	
How is your name spelt?	
What is your message?	
What is your phone number?	
It's (03-56-42-89-70).	
What time can I call back?	

L'avenir

Je voudrais travailler avec (des enfants).
avec des animaux
avec les personnes âgées
avec les gens
Je voudrais travailler dans (le commerce).
le tourisme
(le domaine de) l'informatique
le (domaine du) marketing
(le domaine de) l'éducation
Je voudrais travailler en équipe.
Je voudrais travailler seul(e).
Je voudrais travailler dans un bureau.
Je voudrais travailler en plein air.
Je préférerais (voyager).
m'occuper (d'enfants)
être (infirmier(-ière)
gagner beaucoup d'argent
je travaillerai (comme professeur).
dans (le tourisme)
dans (un bureau)
à l'étranger
Je trouverai un travail.
Je ferai un diplôme.
J'irai à la fac.
Je serai (joueur de foot).
Je continuerai mes études.
Je voyagerai autour du monde.
Je gagnerai un bon salaire.
J'étudierai (l'espagnol).
Je rencontrerai (l'homme de ma vie).
Quand je gagnerai à la loterie, je voyagerai autour du monde.

The future

I would like to work with (children).
with animals
with old people
with people
I would like to work in (business).
tourism
(the field of) IT
(the field of) marketing
(the field of) education
I would like to work as part of a team.
I would like to work alone.
I would like to work in an office.
I would like to work outdoors.
I would prefer to (travel).
look after (children)
be a (nurse)
earn a lot of money
I will work/be working (as a teacher).
in (tourism)
in (an office)
abroad
I will find work.
I will do a qualification.
I will go to university.
I will be a footballer.
I will continue studying.
I will travel the world.
I will earn a good salary.
I will study (Spanish).
I will meet (the man of my dreams).
When I win the lottery, I will travel around the world.

Ma ville

Talking about where you live

Toulouse

Alicia habite à Toulouse, la quatrième ville de France, et **la capitale** de la région Midi-Pyrénées. Toulouse se trouve dans le sud-ouest de la France, à 730 kilomètres de Paris, et il y a environ 700 000 habitants. Alicia n'habite pas en ville, mais **dans la banlieue, dans un quartier calme** et **moderne**. Toulouse est **une grande ville** qui est **industrielle**, mais très **agréable** aussi, et très **historique**.

Le Morne-Rouge

Pierre habite dans **un petit village** qui s'appelle Le Morne-Rouge. Le Morne-Rouge se trouve dans le nord de la Martinique, **une île** aux Caraïbes qui est officiellement une région de la France. Le Morne-Rouge est situé à 25 kilomètres de Fort-de-France, la capitale de la Martinique. C'est un **joli** village **touristique**.

Florennes

Sébastien est belge. Il habite à Florennes, **une ville moyenne** de 10 000 habitants qui est située dans le sud-est du pays. Florennes est **à la campagne** dans une région **rurale**, mais très **animée**.

1a Read the texts above. Copy this table and fill in the gaps.

	type of place	where
Alicia	city	
Pierre		
Sébastien		south-east Belgium

1b Find the following in the bold text above: 3 locations, 5 types of place, and 9 descriptions. Write or type them in English and in French.

locations	types of place	descriptions
dans la banlieue – on the outskirts of town	la capitale – the capital	calme – quiet

1c Categorise these words and phrases under the headings from **1b**.

important   à la montagne   vieux   beau   au bord de la mer

ancien   une station balnéaire   typique

C'est	un/une	grand(e)/petit(e) joli(e)/beau (belle) vieux (vieille)	village/ville	important(e)/ancien(ne)/historique. animé(e)/magnifique/industriel(le). typique/moderne/calme/pittoresque. agréable/moyen(ne).

2 Listen. Match the pictures to the descriptions. (1–5)

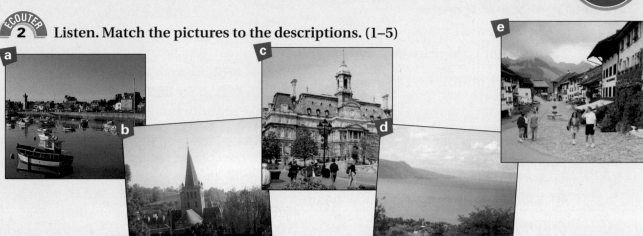

3a Make a list of what there is and isn't in these villages/towns.

Example: 1 *swimming pool, shops …*

Ma ville	est situé(e)	à la montagne.
Mon village	se trouve	au bord de la mer.
		à la campagne.
		dans les Alpes.
		au bord d'un lac.

1 J'habite à Albertville. Il y a une très belle piscine, des magasins et un hôpital. Il y a une gare et des églises, mais il n'y a pas de château.

2 J'habite dans un très petit village dans les Alpes. Il n'y a pas d'école, et il y a un seul magasin, c'est tout. Je n'aime pas y habiter!

3 Dans ma ville, il y a un grand hôpital, un stade de foot et un musée. Il y a aussi une cathédrale magnifique!

4 Il n'y a pas de piscine dans mon village, mais il y a un grand parc et neuf ou dix magasins. Il y a aussi une église et une école.

5 J'habite Blois. L'hôtel de ville est très joli. Il y a un syndicat d'initiative pour les touristes, et un grand château. Il y a aussi beaucoup de magasins, bien sûr.

3b Write two paragraphs:

1 Dans mon village/ma ville, il y a (+ *list*).
2 Mais il n'y a pas de (+ *list*).

Remember: after pas, *use* **de**.
Example: Il n'y a pas **de** piscine. Il n'y a pas **de** parcs.

Rappel

Remember, most adjectives come **after** the noun:
*Example: une ville **industrielle***

But a few short, common adjectives come **before**:
*Example: un **petit** village/une **jolie** ville*

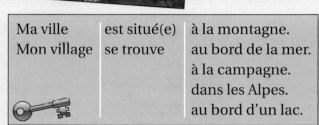

Il y a	une	piscine/gare/église/école/cathédrale.
	un	hôpital/château/stade/musée/parc/syndicat d'initiative/hôtel de ville.
	des	magasins.
Il n'y a pas de/d'		

Talking about what you can do in a place; describing special occasions

● ● ● ● ● ● ● ● ● ● ● ● ● ● ● ●

ECOUTER 4a Listen. What is there in these towns? (1–6)

Example: **1** *theatre, ice-rink, cinema*

ECOUTER 4b Look at these pictures. Write the numbers under each place name. Then listen and tick the places off as you hear them. Which places are not mentioned?

Example: *Avallon: 5 (plage)*

On peut visiter …
Il y a …

le théâtre/cinéma/café/pont/marché/
centre commercial/jardin des
plantes/centre de recyclage/casino.
l'aquarium, l'office de tourisme.
la patinoire/mairie/place/plage/
zone piétonne/citadelle.
les monuments/remparts/caves.

> When listening, take every opportunity you can to predict what you will hear. For 4b, you can check the French words for the places before you listen, and write them next to the numbers.

PARLER 4c In pairs. Look at the pictures above. Choose a town and describe it. Your partner has to name the town.

Il y a … On peut visiter …

les remparts *city walls*
la cave *wine cellar/shop*

PARLER 4d Prepare a description of your town/village and another one nearby, to present to the class.

Example:

> ***Surgères** est **une ville** qui se trouve dans **l'ouest de la France**, près de **La Rochelle**. C'est **joli**, **touristique** et **tranquille**. Il y a **un centre commercial**, **une place**, **une gare**, **des parcs**, **un camping**. On peut visiter **le château** et **une belle église**. À **Barbeville**, par contre, il y a …*

On a fait la fête

LIRE

5a

Which festival is it: 14th July, Christmas or the carnival?

1 Le matin, on est allé à l'église. Il faisait très froid!

2 Je me suis déguisé en diable rouge: c'était très amusant!

3 J'ai reçu plein de cadeaux de ma famille et de mes amis.

4 Les feux d'artifice étaient vraiment formidables!

5 On a passé quatre jours à danser et à chanter.

6 En famille, nous avons mangé des huîtres: elles étaient délicieuses!

7 J'ai vu mille soldats dans le grand défilé. C'était assez impressionnant.

8 Je suis allée à un marché spécial dans les rues de la ville.

À Toulouse, pour nous, la grande fête, c'est le quatorze juillet: c'est la fête nationale de la France. C'est un jour de congé pour tout le monde. L'année dernière, il y avait un grand défilé militaire le matin, qui s'est terminé sur la place. Le soir, il y avait des feux d'artifice sur la rivière – super! Après, il y avait un bal sur la place, et on a dansé jusqu'à deux ou trois heures du matin.

Ce que j'aime bien à Florennes, c'est Noël. Il y a un marché spécial dans les rues, et on peut acheter de petits cadeaux pour la famille. L'année dernière, le jour de Noël, on est allé à la messe le matin. On a ouvert les cadeaux. En effet, le Père Noël ne nous a pas oubliés! Le jour de Noël, on a mangé des huîtres et du foie gras, et on a bu beaucoup de champagne.

Aux Caraïbes, tout s'arrête pour notre Carnaval en février. L'année dernière, c'était fantastique. Pendant quatre jours, on a dansé, on a chanté dans la rue et surtout on s'est amusé. Pour Mardi Gras, on s'est déguisé en diables rouges, et le lendemain, on a enterré le Roi du Carnaval. C'était vraiment une fête extraordinaire.

On is a very useful word meaning 'you' or 'we' or 'one' or 'people'. It is easy to use: the verb follows the same pattern as for il/elle.

ÉCRIRE

5b

What do you do to celebrate? Describe a festival, celebration or street party you have been part of in Scotland.

Example: Chez nous la grande fête, c'est … L'année dernière, il y avait … et on a (mangé) …

Nous, on fête … le … (date) …

Le matin,	il y	un défilé	et on	a dansé.
L'après-midi,	avait	un marché		a chanté.
Le soir,		un bal		a mangé …
		un concours		a bu …
		un concert		s'est amusé.
		des feux d'artifice		s'est déguisé (en …)
		un match de foot		a joué (à …)
		un spectacle		est allé (à …)

1 Qu'est-ce qu'il y a à faire ici?

Saying what there is and is not in a town

LIRE 1a **Read the text on the right and try to fill the gaps with the words in the box. Listen and check your answers.**

vaches	lac	arbres	campagne
fleurs	cheval	moutons	chevaux
fermier	nature	champs	bois

J'habite à la **1** ______ et j'adore ça! Mon père est **2** ______, nous habitons donc une ferme où il y a beaucoup d'animaux, des **3** ______, et des **4** ______. On a des **5** ______. Je sais que j'ai beaucoup de chance d'avoir un **6** ______; il s'appelle Cacahuète.

J'adore la **7** ______. Pour moi c'est la perfection, les **8** ______ et les **9** ______. Nous avons aussi un grand **10** ______ sur notre propriété où l'on peut pêcher à la ligne. Les gens aiment faire ça. Je vois mes **11** ______ et mes **12** ______ tous les jours, moi. Je n'y changerais rien!

Fabienne

LIRE 1b **Make up 5 questions in English for your partner to answer on this text. Think: Who? What? Where? When? Why?**

Example: *What does Fabienne's dad do? What does Fabienne say about …*

LIRE 2a **Match the housing described with a picture on the right.**

1 On habite une maison individuelle à la campagne.

2 Nous, on habite une maison jumelée. Ça va, on aime bien les voisins.

3 J'habite une maison mitoyenne moderne avec ma famille.

4 J'habite un HLM dans une cité en banlieue.

5 J'habite un petit studio dans le centre-ville.

2b CV **Write at least 5 sentences about the housing in your town/village and combine them in a paragraph under the title *Ma ville* on disc. Insert the data into your CV document. Your CV is now complete – remember to update it!**

Dans	mon village,	il y a	beaucoup de	maisons individuelles.
	ma ville,		plein de	maisons jumelées.
	mon quartier,		pas mal de	maisons mitoyennes.
	ma région,	il n'y a pas de/d'		HLM.

Il n'y a rien à faire ici!

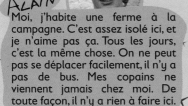

ALAIN

Moi, j'habite une ferme à la campagne. C'est assez isolé ici, et je n'aime pas ça. Tous les jours, c'est la même chose. On ne peut pas se déplacer facilement, il n'y a pas de bus. Mes copains ne viennent jamais chez moi. De toute façon, il n'y a rien à faire ici.

Danielle

Moi, j'habite une grande ville industrielle dans le nord-est de la France. Je ne suis pas heureuse ici. Je ne me sens jamais en sécurité. Il y a trop de bruit, trop de voitures, trop de pollution de l'air. On ne peut jamais sortir toute seule la nuit.

Frank

Ce que je n'aime pas, c'est qu'il n'y a rien ici pour les jeunes. Il n'y a pas de centre sportif, il n'y a pas de maison des jeunes. Il n'y a même pas de lieu public où on pourrait s'asseoir, boire un Coca et causer, quoi. On ne peut pas aller au cinéma ou en boîte. C'est assez nul!

3a Who says the following?
Write out the French sentence.

Example: **a** *Frank: Il n'y a rien ici pour les jeunes.*

a There's nothing here for young people.
b You can't get about easily.
c There is too much noise.
d There isn't a youth club.
e You can never go out all on your own.
f There's nothing to do.
g There are too many cars.
h I never feel safe.
i There's no sports centre.
j You can't go to the cinema or to night clubs.

3b Listen to these young people making the same complaints about where they live. Note the points each mentions from **3a**. (1–5)

Example: **1** *f, b*

3c What can't you do where you live? What is missing from your town/village? Where would you prefer to live? Write 100 words. Be inventive!

Example: *J'habite à la montagne, donc il n'y a pas de plage. Ça m'embête! On ne peut pas chasser les éléphants non plus! Je trouve que c'est assez nul. Je voudrais habiter …*

C'est isolé.	
Il n'y a pas de	bus.
	cinéma.
	centre sportif.
	maison des jeunes.
Il n'y a rien à faire.	
Il n'y a rien ici pour les jeunes.	
Il y a trop de	bruit.
	voitures.
	pollution de l'air.
Je ne me sens jamais en securité.	
On ne peut pas	sortir seul(e).
	aller en boîte.
	se déplacer facilement.

Try to use the following expressions in your writing:
donc (so), ne … non plus (neither, not either), ça m'embête (it irritates me), je trouve que … (I find …)

Le détective

Negatives
To say 'not', 'never', or 'nothing', you have to sandwich the negative words around the verb:

ne … pas	*not*	Il n'y a **pas** de cinéma.
ne … jamais	*never*	On **ne** peut **jamais** aller en boîte.
ne … rien	*nothing*	Il **n'**y a **rien** à faire ici.

Pour en savoir plus ➡ page 211, pt 5

2 La ville et la campagne

Comparing town and country

1a Do you think these opinions are about the town or the countryside?

Example a *town*

a Il y a beaucoup de distractions.

b Il y a plein de choses à faire.

c Il y a peu de choses à faire.

d C'est très animé.

e On peut sortir.

f C'est plus calme.

g C'est moins sale.

h C'est extrêmement ennuyeux.

i C'est moins pollué.

j On est plus près de la nature.

k C'est trop bruyant.

l Tout le monde est pressé.

m Il y a trop de pollution.

n C'est plus sain.

o C'est propre.

p Il y a plus de voitures.

q Il y a plus de gens.

r Il y a trop de voitures.

s Il y a moins de monde.

t Il y a moins de bruit.

u On peut se détendre.

ECOUTER
1b Listen to these opinions. Copy and complete the grid.

	likes/would like to live in	reason(s)	dislikes	reason(s)
1 Hakim	town			
2 Rosalie				
3 Loïc				

2a Are these opinions for (✓) or against (✗) life in the country?

a Notre maison est entourée de champs et de bois, ce qui est très agréable.

b Je dois me lever à 6h pour aller au collège, car c'est à 30 kilomètres de chez moi.

c Il y a moins de bruit.

d Mes camarades habitent loin de chez moi.

e L'environnement est plus propre. Il y a trop de pollution en ville.

f Mes parents ont des moutons et des vaches, et j'ai un cheval à moi. C'est extra!

g Les transports en commun ne sont pas assez fréquents.

h On n'a pas tout ce qu'il faut pour s'amuser: aucun cinéma, aucune boîte, seulement le bar local.

i En ville, tout le monde jette ses déchets par terre, et les rues sont souvent sales.

j Il n'y a pas assez de magasins: on n'a pas de choix.

2b Write 2 paragraphs: one in favour of living in a town, the other in favour of living in the country. Use these phrases.

> Je préfère habiter en ville, parce que … / Je préfère habiter à la campagne, parce que …
> Je suis pour la vie urbaine parce que …
> Je suis pour la vie campagnarde parce que …
> Par contre …
> L'avantage de vivre à la campagne, c'est que …
> L'inconvénient de vivre en ville, c'est que …
> Le mieux, c'est de …
> Le pire, c'est de …
> Si on habite en ville …
> D'un côté … , de l'autre côté …

Le détective

Comparisons

le mieux, c'est de …   *the best thing is …*
le pire, c'est de …   *the worst thing is …*

Pour en savoir plus ➡ page 213, pt 6.5

2c In pairs. Take turns to ask and answer the questions in this magazine article.

Ville ou campagne?

Préfères-tu habiter en ville ou à la campagne?

Quels sont les avantages d'habiter en ville?

Et à la campagne?

Où voudrais-tu habiter plus tard dans la vie?

3a Listen to Fadéla. Match up the beginnings and ends of the sentences below.

1 La ville idéale de Fadéla serait

2 Il y aurait

3 Elle aimerait habiter

4 Elle aimerait aussi être

a beaucoup d'animation.

b au bord de la mer.

c près de la campagne.

d tranquille.

3b Write a paragraph about your ideal town.

> Ma ville idéale serait …
> Il y aurait …
> Je voudrais habiter une ville …

Le détective

The **conditional tense** means 'would':
J'irais … *I would go (to) …*,
il y aurait … *there would be …*,
ma ville serait … *my town would be …*

Pour en savoir plus ➡ page 207, pt 3.8

3 L'environnement

Discussing environmental issues
● ● ● ● ● ● ● ● ● ● ● ● ● ●

 La pollution   **L'emballage**   **Le gaspillage d'énergie**

 Le matérialisme   **Le bruit**   **Les papiers par terre**

1a Listen. Which of these environmental problems are the people talking about? (1–6) Note any other details if you can.

Example: **1** *pollution (too many cars)*

1b In pairs. Put these problems in order of their importance to you.

Example:

> *Pour moi, la pollution est plus importante que l'emballage – la pollution, c'est le numéro un.*

Pour moi,	la pollution	est plus important(e) que …
	l'emballage	
	le gaspillage d'énergie	
	le matérialisme	
	le bruit	
	les papiers par terre	sont plus importants que …

(*La pollution*), c'est le numéro (*un*).

RAPPEL

| *plus … que* = more … than |
| *moins … que* = less … than |

Example: *La pollution est plus importante que l'emballage.*

2 What should we do to protect the environment? Match the pictures to the speech bubbles.

1 *Il faut acheter des produits verts.*

2 *Il faut utiliser des produits recyclés.*

3 *Il faut utiliser les transports en commun.*

4 *Il faut recycler le verre.*

5 *Il faut conserver l'eau et l'énergie.*

6 *Il faut prendre le bus au lieu de la voiture.*

7 *Il faut trier les déchets pour le recyclage.*

8 *Il ne faut pas gaspiller les ressources de la terre.*

9 *Il faut éteindre la lumière.*

10 *Il ne faut pas jeter les papiers par terre.*

Rappel

Il faut + infinitive = It is necessary to/We must

3a **Read the text and list in English 6 ways people harm the environment, according to this article.**

> Read through the French at least twice before you reach for the dictionary. You should be able to guess what many words mean from their context or from their similarity to English words.

L'environnement est très important de nos jours. On est conscient de la nécessité d'acheter des produits verts et d'utiliser des produits recyclés. Mais il y a trop de voitures particulières et donc trop de pollution. Nous ne voulons pas emprunter le bus, les transports en commun. Pourquoi pas?

En plus, certains pensent qu'éteindre la lumière n'est pas leur responsabilité. L'énergie est gaspillée. De même pour la conservation de l'eau. En plus, l'eau est souvent polluée par les déchets chimiques.

Beaucoup de gens recyclent les boîtes, le papier, et les bouteilles, mais ces mêmes personnes jettent des papiers par terre. Les papiers sont jetés partout! Il faut adopter une attitude globale, voilà la solution.

 3b **Find the French for the following in the text above.**

1 we are aware of the need
2 'green' products
3 too many private cars
4 public transport
5 to switch the light off
6 energy is wasted
7 the same thing applies to saving water
8 chemical waste
9 litter is dropped everywhere
10 that's the solution

Le détective

The **passive** is used when we want to focus on an action without saying who is doing it: 'The car is washed'.
It is formed using **être** and the past participle.
Example: La voiture **est** lavée. *(present)*
L'énergie **était** gaspillée. *(past)*

Pour en savoir plus ➡ page 209, pt 3.11

 3c **Conduct a survey in your class:**

> Quel est le problème principal pour l'environnement?

Now write up your results like this:

> X% pensent que la pollution est le problème principal pour l'environnement.

Il faut	acheter des produits verts.
On pourrait	utiliser les transports en commun.
On devrait	conserver l'énergie/l'eau.
	trier les déchets.
	utiliser les produits recyclés.
	éteindre la lumière.
Il ne faut pas	gaspiller l'eau.
On ne devrait pas	jeter les papiers par terre.

 4 **Write 50 words to answer these questions.**

Que faites-vous pour l'environnement?
 À mon avis, il faut/J'essaie de …
Est-ce que c'est assez?
 À mon avis, c'est assez/ce n'est pas assez, je pourrais …
Dites quel problème sur l'environnement vous intéresse.
 Le problème qui m'intéresse, c'est …
Proposez une solution.
 Je crois qu'il faut …
Qu'est-ce que les gens pourraient faire autrement?
 On pourrait/On ne devrait pas …

> Use 'marker' words to structure your essay.
> ● *To continue your argument:* et, aussi
> ● *To make a new point:* en plus, …
> ● *To give an opposite idea:* mais, par contre, cependant
> ● *To give a reason:* c'est pourquoi, pour ces raisons …
> ● *To give an example:* par exemple …
> ● *To sum up:* en résumé, finalement, pour conclure

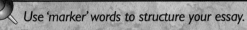

4 *Les pays francophones*

Discussing the French-speaking world

●●●●●●●●●●●●●●●●●●●●●

Accueil | **La Guadeloupe** | **Culture** | **Agir** | **L'économie** | **Le Président** | **Le Conseil Régional** | **Actualités**

LA GUADELOUPE

Située à 7000 km de la Métropole et 2700 km de New-York, par 16° de latitude nord et 60° de longitude ouest, la Guadeloupe est une région française appartenant à l'arc des Petites Antilles.

Elle forme un archipel de 1780 km², comprenant deux îles principales formant la Guadeloupe proprement dite et six autres îles appelées dépendances: l'archipel des **Saintes** avec **Terre-de-Haut** et **Terre-de-Bas**, **Marie-Galante**, **Saint-Martin** et **Saint-Barthélemy**.

La Guadeloupe est riche grâce à sa population aux milles visages, son histoire, son **environnement,** sa **gastronomie** et les multiples facettes de sa **culture**. Les industries les plus importantes sont la production de la canne à sucre et de la banane, et aussi surtout le tourisme.

Sa population est variée mais surtout joyeuse, accueillante et aussi chaleureuse que le soleil antillais.

Entourée de **plages**, bordée de cocotiers et baignée d'une mer bleue cristalline, les Caraïbes l'avaient nommée **"L'île aux belles eaux"**. Mais on l'a surnommée aussi **"L'île d'émeraude"** pour sa végétation exubérante aux milles essences tropicales (voir **parc naturel**).

Elle est encore appelée **"le papillon"**, compte tenu de sa forme ressemblant à celle d'un papillon aux ailes déployées.

Elle est composée de deux parties, séparées par un étroit bras de mer

appelé **"Rivière Salée"** qui relie la **Grande-Terre** (590km²), région calcaire, à la **Basse-Terre** (848 km²), région volcanique (voir la **Soufrière**).

La **Grande-Terre** offre des **plages** de sable fin et blanc aux eaux limpides protégées de récifs coralliens. C'est aussi le domaine du **tourisme**, puisqu'une grande partie des infrastructures touristiques y est principalement localisée.

À l'ouest, la Basse-Terre de forme ovale, aux massifs montagneux, sommets élevés, plateaux, ravins, régions rocheuses, se prolonge jusqu'au littoral caraïbe. Son point culminant est le volcan de la **Soufrière** à 1467 m. La forêt est dense et humide. Elle reçoit beaucoup plus de pluie que la **Grande-Terre**.

 1a Answer the questions in English.

1 Where is Guadeloupe? *(3)*
2 How many main islands are there in Guadeloupe? *(1)*
3 What makes Guadeloupe 'rich' according to this article? *(5)*
4 What are the main industries of Guadeloupe? *(3)*
5 How are the people of Guadeloupe described? *(4)*
6 How are the beaches described? *(2)*
7 Translate one of the names for Guadeloupe: *l'île d'émeraude. (1)*
8 Name any two differences between Basse-Terre and Grande-Terre. *(2)*

 1b Read the web page. Are these statements true or false?

1 La Guadeloupe est une région française.
2 Il n'y a pas beaucoup de plages à la Guadeloupe.
3 Les îles guadeloupéennes ont la forme d'un papillon.
4 Le tourisme n'est pas important pour la Grande-Terre.
5 À la Basse-Terre, il y a un volcan.
6 Il pleut plus sur la Grande-Terre que sur la Basse-Terre.

 2a Read this text and fill in the blanks. Then listen to check your answers.

La France est un pays **1**_____. Les grandes **2**_____ telles que Paris, Marseille, Lyon, Bordeaux sont importantes bien sûr, mais **3**_____ compte et lorsqu'on visite la France on se rend compte que c'est un pays **4**_____ avec un **5**_____ très, très varié. Dans le nord, vous avez les plaines et les villes **6**_____. Dans l'est, vous avez les **7**_____, les Vosges et les Alpes. Au milieu, vous avez le Massif central, et en bas, c'est un pays qui est bordé par les **8**_____. Ensuite, il y a la **9**_____ Méditerranée et l'Atlantique, et puis les îles: l'île d'Oléron, l'île de Ré, et n'oublions pas la Corse. Les grands **10**_____ comme la Seine, la Loire et le Rhône forment les axes de l'industrie. Vous avez un **11**_____ du sud chaud, ensoleillé, et un **12**_____ du nord pluvieux, froid. Certains prétendent que c'est la même chose pour les gens, mais je n'en suis pas certaine …

l'agriculture
climat
montagnes
Pyrénées
immense
climat
industrielles
paysage
mer
villes
rural
fleuves

 2b Find the French for the following in your completed text.

1 France is a huge country
2 agriculture is important
3 you realise that
4 a very, very varied landscape
5 let's not forget
6 a hot, sunny southern climate
7 a cold, rainy northern climate
8 but I'm not sure

 3 Using the underlined words in the article above, write a description of your own country. Work with a partner or a group to brainstorm your ideas. Then structure your article for the school magazine or web site if you have one.

 4a Choose a French-speaking country to research. Make notes in French under these headings:

La position du pays:
Les habitants:
Le climat:
Les villes principales:
Les attractions principales:
Les industries importantes:
D'autres détails intéressants:

There are lots of French-speaking countries: La Réunion, le Québec, le Sénégal … *Try using www.yahoo.fr as a search engine, or limiting a web search by entering the headings as well as your chosen country.*

4b Make a presentation on your chosen country. Use your notes and the phrases below to help you:

Je vais parler de …
C'est un pays qui se trouve …
Il y a … habitants.
En ce qui concerne le climat …
Les villes principales sont …

Les attractions principales sont …
Les industries importantes sont …
Je voudrais visiter ce pays car …
Pour d'autres renseignements, visitez le site Internet …

Ma ville

> *Quelle ville intéressante!*

> *Il y a beaucoup de choses à faire ici!*

> *Villeneuve: ville fascinante!*

> *Une journée fantastique!*

> *Les gens sont super-sympa!*

Bienvenue à Villeneuve,

ville ancienne se trouvant dans le centre de la France, tout près de Clermont-Ferrand. C'est une petite ville de 2,800 habitants en pleine campagne. Il est très agréable de visiter ou d'habiter à Villeneuve – voilà pourquoi …

Pour les touristes

Il y a beaucoup de choses à faire et à voir à Villeneuve pour les touristes. Il y a une vieille église, un cinéma et un parc, et il y a aussi un vieux château du XVIIème siècle avec de beaux jardins. En été on peut voir des spectacles théâtraux dans les jardins. Une visite au château, ça vaut le coup! Il y a aussi le musée de la poste, avec une exposition fascinante sur l'histoire du courrier. À part les attractions touristiques traditionnelles, Villeneuve a beaucoup à offrir aux touristes. Il y a un centre commercial avec des magasins de

mode et de souvenirs. Le soir, il y a de nombreux petits restaurants et cafés, et à seulement 5 km il y a une boîte de nuit, qui a trois pistes différentes, un restaurant et même une piscine!

Il y a aussi beaucoup d'activités sportives: tennis, squash, badminton et volley. Puis au lac il y a du ski nautique et de la voile.

Pour les jeunes

Villeneuve est une ville agréable: pour visiter, pour habiter et pour travailler ici. Pour les jeunes, il y a beaucoup de choses à faire et il y a aussi une maison des jeunes. En plus, il y a de petits emplois: on peut travailler comme serveur de restaurant ou de café, on peut faire le guide au château, on peut trouver du travail dans les magasins et on peut faire des stages en industrie.

Venez nous visiter! Ça vaut le coup!

1 Complete these sentences about Villeneuve to provide the basic, essential information about the town.

tout près de	*very close to*
voilà pourquoi	*here's why*
ça vaut le coup!	*it's worth it!*
une exposition	*an exhibition*
à part …	*apart from …*
une piste	*a dance-floor*

1 Villeneuve se trouve … (*where?*)
2 C'est une petite ville … (*where?*)
3 Il y a …
4 On peut voir des spectacles théâtraux … (*where/when?*)
5 Il y a des magasins de mode dans … (*where?*)
6 Il y a une discothèque fabuleuse avec … (*what?*)
7 Au lac on peut faire … (*what?*)
8 Pour les jeunes il y a … (*what?*)

Entraînez-vous

2 Choose a, b or c to complete these sentences with the right adjective endings.

1 Mon village est assez petit et
  a ancien.
  b anciens.
  c ancienne.

2 Royan est une ville
  a importante.
  b important.
  c importantes.

3 Il y a une
  a vieux ruine.
  b vieille ruine.
  c vieilles ruines.

4 Il y a des magasins de mode
  a traditionnels.
  b traditionnelle.
  c traditionnelles.

5 Il y a de grands restaurants et une
  a petit piscine.
  b petite piscine.
  c petites piscines.

6 Au musée il y a une exposition
  a intéressants.
  b intéressante.
  c intéressant.

3 Write a brochure to persuade young French people to visit your own town, area or region. Use the questions below and the *Au secours!* panel to help you.

1 Où se trouve la ville? Dans le nord/le centre/le sud-ouest de l'Écosse?

2 C'est une petite ville ou une grande ville?

3 C'est à la campagne/sur la côte/à la montagne/à côté de l'autoroute?

4 C'est près d'une autre grande ville?

5 Qu'est-ce qu'il y a dans la ville/dans la région …
  a pour les touristes?
  b pour les jeunes?

6 Il y a quelles sortes d'activités sportives?

Au secours!

● The easiest thing to do is to use the brochure for Villeneuve as a model. Simply change the details in blue. If you can get tourist brochures in French about your region or town, use language from these too.

● Remember how important it is to make your written French accurate!

  – Remember to check the gender of your nouns.

  – Make sure you put an *-s* on **all** the relevant words if there is more than one thing:
  *Il y a de**s** monument**s** historique**s**.*

● Your work will look more impressive if you include some exclamations in the text as well as some speech bubbles with what tourists (might) say about your town:

Une visite au château, ça vaut le coup!

Try making your own up:

Une journée à Perth, c'est une journée fantastique!

● Try to get pictures of some of the things you have written about to make your work look even more professional. You could see if there are any pictures on the Internet you could download and use in your work – or perhaps a department in your school or college already has digital pictures of local places of interest.

● Finally, see if you can write a page to be included in the official web-site for your school or college!

Mots

C'est comment? / *What's it like?*

C'est une (grande) ville.	*It's a (big) town/city.*	agréable	*pleasant*
C'est un (petit) village.	*It's a (small) village.*	Ma ville se trouve au bord de la mer.	*My town is by the seaside.*
C'est une ville (moyenne).	*It's a (medium-sized) town.*	Mon village est situé au bord du lac.	*My village is on the lake shore.*
joli(e)	*pretty*	à la campagne	*in the countryside*
beau (belle)	*beautiful*	à la montagne	*in the mountains*
vieux (vieille)	*old*	dans les Alpes	*in the Alps*
important(e)	*important*	Dans mon village il n'y a pas de (HLM).	*In my village there are no (council flats).*
ancien(-ne)	*very old*	Dans ma ville il y a plein de (maisons mitoyennes).	*In my town there are a lot of (terraced houses).*
historique	*historic*		
animé(e)	*lively*	Dans mon quartier il y a pas mal de (maisons jumelées).	*In my area there are quite a lot of (semi-detached houses).*
magnifique	*magnificent*		
industriel(le)	*industrial*	Dans ma région il y a beaucoup de (maisons individuelles).	*In my region there are a lot of (detached houses).*
moderne	*modern*		
calme	*quiet*		
pittoresque	*picturesque*		
typique	*typical*		

En ville / *In town*

Il y a (une piscine).	*There is a (swimming pool).*	Il n'y a pas de (stade).	*There is no (stadium).*
une église	*a church*	On peut visiter (le casino).	*You can visit the casino.*
une école	*a school*	le théâtre	*theatre*
une gare	*a railway station*	le café	*café*
un château	*a castle*	le cinéma	*cinéma*
un stade	*a stadium*	le pont	*bridge*
un centre commercial	*a shopping centre*	l'office de toursime	*tourist office*
des magasins	*shops*	la mairie	*the town hall*
une cathédrale	*a cathedral*	la plage	*the beach*
un centre de recyclage	*a recycling centre*	le jardin des plantes	*botanic gardens*
un hôpital	*a hospital*	l'aquarium (*m*)	*aquarium*
un musée	*a museum*	la patinoire	*ice-skating rink*
un parc	*a park*	la place	*(main) square*
un marché	*a market*	les monuments (*mpl*)	*monuments*
un syndicat d'initiative	*a tourist information centre*	les remparts (*mpl*)	*ramparts*
un hôtel de ville	*a town hall*	les caves (*fpl*)	*wine cellars*
une zone piétonne	*a pedestrian zone*		

Les fêtes / *Celebrations*

Le matin, il y avait un défilé.	*In the morning there was a procession.*
L'après-midi, il y avait un marché.	*In the afternoon there was a market.*
Le soir, il y avait un bal.	*In the evening there was a ball.*
un concours	*a competition*
un concert	*a concert*
des feux d'artifice	*fireworks*
un match de foot	*a football match*
un spectacle	*a spectacle*
On s'est bien amusé.	*We had a good time.*
On s'est déguisé.	*We dressed up.*

Qu'est-ce qu'il y a à faire?

Il n'y a rien à faire.
Il n'y a rien ici pour les jeunes.
C'est isolé.
Il n'y a pas de centre sportif.
Il n'y a pas de maison des jeunes.
Il n'y a pas de cinéma.
Je ne me sens jamais en sécurité.
On ne peut pas sortir seul(e).
On ne peut pas se déplacer facilement.
On ne peut pas aller en boîte.

La ville et la campagne

Je préfère habiter en ville.
Il y a beaucoup de distractions.
Il y a plein de choses à faire.
On peut se déplacer facilement.
C'est très animé.
On peut sortir quand on veut.
Je préfère habiter à la campagne.
On est plus près de la nature.
Il y a moins de monde.
Il y a moins de bruit.
C'est moins pollué.
L'avantage, c'est que/qu' …
   on peut sortir seul(e).
   on peut se détendre.
L'inconvénient, c'est que/qu' …
   il n'y a pas de bus.
   il y a trop de pollution de l'air.
   il y a trop de bruit.
   il y a trop de voitures.

L'environnement

La pollution est plus importante que le matérialisme.
Le gaspillage d'énergie est plus important que l'emballage.
Les papiers par terre sont plus importants que le bruit.
Il faut acheter des produits verts.
conserver l'énergie
conserver l'eau
recycler le verre
On devrait éteindre la lumière.
utiliser les produits recyclés
On pourrait trier les déchets.
utiliser les transports en commun
Il ne faut pas gaspiller l'énergie.
jeter les papiers par terre
On ne devrait pas gaspiller l'eau.
faire trop de bruit

What is there to do?

There is nothing to do.
There is nothing here for young people.
It's in the middle of nowhere.
There is no sports centre.
There is no youth club.
There is no cinema.
I never feel safe.
You can't go out alone.
You can't get about easily.
You can't go to the night club.

Comparing town and country

I prefer living in a town.
There are a lot of entertainments.
There are plenty of things to do.
You can get about easily.
It's very lively.
You can go out when you want.
I prefer living in the country.
You're closer to nature.
There are fewer people.
There's less noise.
There's less pollution.
One advantage is that …
   you can go out on your own.
   you can relax.
One disadvantage is that …
   there isn't a bus.
   there's too much pollution.
   There is too much noise.
   There are too many cars.

The environment

Pollution is a bigger problem than materialism.
Wasting energy is a bigger problem than packaging.
Litter is a bigger problem than noise pollution.
We must buy green products.
save energy
save water
recycle glass
We should switch off lights.
use recycled products
We could separate rubbish.
use public transport
We shouldn't waste energy.
drop litter
We shouldn't waste water.
make too much noise

Aux magasins

Understanding types of shop; discussing opening hours; buying quantities of food

 1 What are they looking for? Listen and note the name of each shop in French and in English. Listen again and try to note where it is. (1–10)

Example: 1 *la pâtisserie / cake shop – opposite the bank*

la boulangerie
la charcuterie
la confiserie
la parfumerie
la pharmacie
la pâtisserie
la poste
l'épicerie
le supermarché
le tabac

2a Listen and note the correct sign. (1–5)

a *Congé annuel*

b Heures d'ouverture strictement limitées. Veuillez téléphoner au 04-08-87-00-53 pour prendre rendez-vous.

c 8h00 – 12h30
– Ouvert –
14h00 – 19h00

d *Hôtel le Vieux Moulin fermé du 23 déc. au 18 janv., jeudi midi et mercredi, d'octobre à avril.*

e Fermé le lundi

 2b In pairs. Practise these conversations. Change the underlined words to make new conversations.

Vous ouvrez à quelle heure?
Vous fermez à quelle heure?
Votre magasin est ouvert à partir de quelle heure?
Votre magasin ferme à quelle heure?

Vous ouvrez à quelle heure?
À <u>neuf heures quinze</u>.
Vous fermez à quelle heure?
À <u>six heures</u>.

Votre magasin est ouvert à partir de quelle heure?
À partir de <u>huit heures et demie</u>.
Votre magasin ferme à quelle heure?
À <u>cinq heures</u>.

3a Make appropriate phrases to describe these quantities. Use the key language.

Example: 1 *une douzaine d'œufs*

une boîte	de	soupe/carottes
une bouteille	de	lait/Coca/vin/jus d'orange
un litre	d'	eau minérale
une douzaine d'œufs		
un pot de yaourt		
un paquet	de	chips/biscuits
un sac	de	pommes de terre
un kilo	de	bananes/tomates/carottes
500 grammes		raisin/fromage

Rappel

After quantities, use **de**.

Example: a box of chocolates = *une boîte **de** chocolats*
lots of shops = *beaucoup **de** magasins*

 3b Listen. Copy and complete the grid. (1–4)

	wants	amount	also	cost
1	bananas	2 kilos	bottle of red wine	€4.90

 3c In pairs. Practise this conversation. Change the underlined details to make 3 new conversations. Use the pictures on the right.

Vendeuse: Bonjour, <u>monsieur</u>. Vous désirez?
Client: Avez-vous des <u>pommes</u>?
Vendeuse: Oui, combien en voulez-vous?
Client: Donnez-moi <u>un kilo</u>, s'il vous plaît.
Vendeuse: Voilà. Et avec ça?
Client: Je voudrais <u>un litre</u> de <u>lait</u>, s'il vous plaît.
Vendeuse: <u>Un litre</u> de <u>lait</u>, voilà. Voulez-vous autre chose?
Client: Non, c'est tout. Ça fait combien?
Vendeuse: Ça fait <u>€2.60</u>.

 4 You are preparing a buffet for your year-group disco. Write the shopping list.

Example: 6 baguettes, 2 kilos de pâté, …

5a Listen. What clothes do they want to buy? Note the item, the colour and whether the shop has it. (1–6)

Example: 1 *skirt, blue,* ✓

une jupe, une robe, une chemise, une casquette, une veste
un pantalon, un pull, un sweat, un survêtement, un bikini
des baskets, des chaussures, des chaussettes
bleu(e), vert(e), jaune, blanc/blanche, gris(e) | clair, foncé
marron, noir(e), orange, rose, rouge

Je voudrais …
Avez-vous …?
Je cherche …
Il n'y a plus de …

5b Read this advert and answer the questions in English.

1 What colours of jumper are available? *(3)*
2 What are the trainers made of? *(1)*
3 How much does it cost to buy a large bikini? *(1)*
4 How can you work out what size of trainers you need? *(1)*
5 What is the jumper made of? *(1)*
6 What colours does the baseball cap come in? *(4)*
7 Describe the tracksuit. *(4)*
8 Are the trainers suitable for inside and outside use? How do you know? *(2)*

Before you answer the questions, see how many words from the advert you can guess from English.
(Maximum score 21.)

BOUTIQUE *SPORT*

Le survêtement adulte bicolore
SANTORINI
Blouson: 2 poches zippées
Jogging: 2 poches côtés
100% polyester
€67.70

Le maillot de bain St Tropez
2 pièces avec fines bretelles
Un prix unique pour toutes les tailles
€18.30

Le sweat capuche adulte essentiel NPF
Poche kangourou. 100% coton
€43.50

La casquette N·E·W·J·O·Y
Blanc, beige, gris ou noir
€14.50

Les baskets *voucher*
Pour joueurs sérieux ou occasionnels, sur tous terrains.
Dessus cuir. Coussin d'air visible.
Commandez 1 pointure de plus que votre pointure normale.
€83

Le pull COL V
En vert clair, bleu clair ou bleu foncé
100% laine pure
€64.80

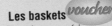

 5c **Say these sentences in French.**

Example: **1** Je voudrais un pantalon vert.

1 Say you would like .

4 Ask if they have any

2 Ask if they have any .

5 Say you would like .

3 Say you are looking for .

6 Say you are looking for

---

6 **Look at the department store information. Which floor should these customers go to?**

Example: **1** *C'est au premier étage.*

1 Je cherche une robe.
2 Où est le rayon des CD?
3 Je voudrais acheter une carte d'anniversaire.
4 Où sont les parapluies, s'il vous plaît?
5 Vous vendez des magnétoscopes?
6 Je voudrais changer des chèques de voyage.
7 Où est-ce qu'on peut acheter des provisions pour un pique-nique?
8 Je cherche un appareil-photo.

C'est …
au sous-sol.
au rez-de-chaussée.
au premier étage.
au deuxième étage.
au troisième étage.

GALERIES LAFAYETTE

Au sous-sol
alimentation

Au rez-de-chaussée
accessoires parfumerie
papeterie librairie
souvenirs

Au premier étage
vêtements pour femme
tout pour la maison
maison des cadeaux

Au deuxième étage
vêtements pour enfants
vêtements pour homme

Au troisième étage
jouets/jeux
musique
électroménager/photo
bureau de change

1 *On fait des achats*

Talking about a recent shopping trip; discussing shopping preferences

 1a Listen and read. Then answer the questions in English.

1 Véro

Quand je suis allée à New York, c'était extra. C'est la capitale du shopping et c'est pas cher. Je suis allée dans tous les grands magasins — Macy's, Sak's, Bloomingdale's. Barney's New York était mon magasin préféré, mais j'ai beaucoup aimé les petites boutiques dans le quartier de SoHo également — far out!

2 Bérénice

J'habite un tout petit village, alors quand je suis allée à Paris pour la première fois, ça m'a fait un effet. Je suis allée aux Halles avec ma mère et nous avons fait du lèche-vitrines. Nous sommes entrées dans la Fnac – une librairie immense, un magasin de chaînes hi-fi aussi, et des disques, et tout ce qui est photo. C'était impressionnant. Après, nous avons trouvé une parfumerie immense et nous avons essayé tous les parfums possibles.

3 Ousmane

Quand j'ai fait un échange scolaire, je suis allé à Berlin. J'ai beaucoup aimé comme ville, et nous sommes allés au magasin KadeWe. C'était très grand et très cher avec des produits de luxe. Quand il y avait le mur, les autorités de l'Ouest voulaient impressionner les habitants de l'Est – d'où KadeWe. Ça vaut la peine.

4 Jean-Michel

J'ai passé les vacances de Noël à Londres et j'ai fait du shopping avec ma maman, mais c'était cher. C'était surtout les vêtements qui m'intéressaient. Nous sommes allés à Carnaby Street et au grand marché à Camden. Nous avons fait les grands magasins aussi, Harrods et Selfridges et bien sûr, nous avons pris le thé à Fortnum and Mason.

5 Nathalie

Quand je suis allée au Maroc, j'ai fait les souks à Marrakech. C'était génial! Toutes ces couleurs, c'était fantastique. Il y avait de tout – des tapis, des tissus, des chaussures, des jupes, des pantoufles, des épices, des miroirs. Il fallait marchander. Sinon, on ne vous respectait pas. Moi, j'avais du mal, mais mon frère a beaucoup aimé!

1 a How does Véro describe New York? *(2)*
   b What does she say about Barney's? *(1)*
2 a Why did Paris make such an impression on Bérénice? *(1)*
   b How does she describe Fnac? *(4)*
   c What did they do in the perfume shop? *(1)*
3 a Why did Ousmane go to Berlin? *(1)*
   b How does he describe KadeWe? *(3)*
4 a When did Jean-Michel go to London? *(1)*
   b What interested him most? *(1)*
5 a Name four things Nathalie says you can buy at the souk. *(4)*
   b What do you have to do there? *(1)*

 1b Find the French for the following.

1 a I went to all the department stores.
   b I really liked the small shops.
2 a We went window shopping.
   b It was impressive.
   c We found a huge perfume shop.
3 a I did a school exchange.
   b It was very big and very expensive.
4 a I went shopping with my mum.
   b We had tea.
5 a It was great.
   b There was everything.

Rappel

The perfect tense = the present tense of *avoir* or *être* + the past participle.

Example: *j'ai fait* – I did

je suis allé(e) – I went

Je suis allé(e)	à Glasgow.
Nous sommes allé(e)s	à Londres.
	dans tous les grands magasins.
J'ai fait du lèche-vitrines.	
Nous avons trouvé …	
J'ai acheté	un jean.
Nous avons mangé	à Pizzaland/au Hard Rock café.
Il y avait …	
C'était	fantastique/cher/extra/grand.
J'ai beaucoup aimé …	

1c Write approximately 100 words about a recent shopping trip. Include where you went, what you did there and what you thought of it. Remember your opinions are important!

1d Use your writing from **1c** to prepare a presentation to your group/class.

2a Listen. What do these people think of hypermarkets? Say whether they are for (✓), against (✗) or undecided (?). (1–4)

2b Read the sentences. What do they mean? Listen again and pick out two statements for each person. (1–4)

Example: 1 *b, e*

a J'aime bien discuter avec les gens.
b Je ne sais pas, moi.
c J'ai horreur de faire la queue.
d C'est plus intime.

e Parfois je vais au marché.
f Il y a plus de choix.
g J'y vais toutes les semaines.
h Moi, j'aime bien les grandes surfaces.

2c Which do you prefer, small shops or big department stores? Use some of the phrases on the right to give your opinion.

Je préfère les grandes surfaces parce que …
Je préfère les petits magasins parce que …
  c'est plus intime.
  il y a plus de choix.
  c'est toujours rapide.
  on peut garer sa voiture facilement.
  c'est moins cher.
  on peut goûter les produits.
  c'est plus traditionnel.
  il y a beaucoup de monde.
  c'est plus humain.
  j'ai horreur de faire la queue.
  j'aime les caddies, c'est très pratique.
  le rapport qualité-prix est meilleur.

2d In groups. Compare your opinions.

Example:
● *Moi, je préfère les petits magasins. C'est plus humain.*
● *Non, je ne suis pas d'accord. Je préfère les hypermarchés. Il y a plus de choix.*
● *Moi aussi, je préfère …*

2 Les fringues

Shopping for clothes

1a Write out these speech bubbles in the right order to give a conversation in a clothes shop.

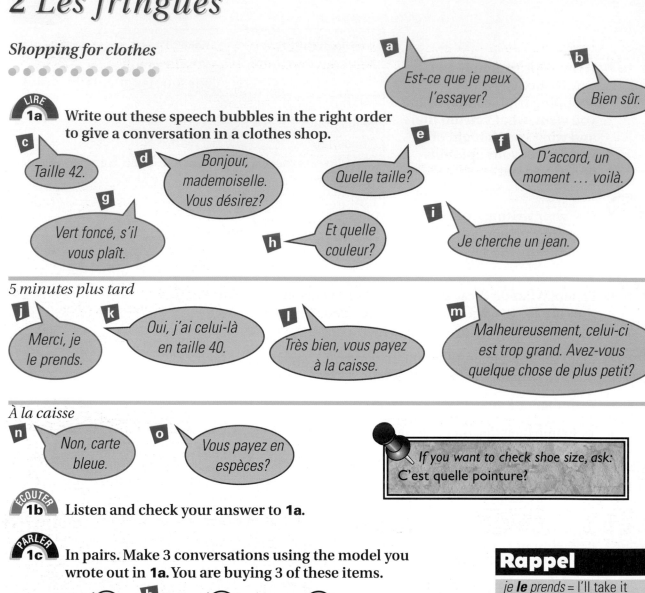

a Est-ce que je peux l'essayer?

b Bien sûr.

c Taille 42.

d Bonjour, mademoiselle. Vous désirez?

e Quelle taille?

f D'accord, un moment … voilà.

g Vert foncé, s'il vous plaît.

h Et quelle couleur?

i Je cherche un jean.

5 minutes plus tard

j Merci, je le prends.

k Oui, j'ai celui-là en taille 40.

l Très bien, vous payez à la caisse.

m Malheureusement, celui-ci est trop grand. Avez-vous quelque chose de plus petit?

À la caisse

n Non, carte bleue.

o Vous payez en espèces?

> If you want to check shoe size, ask:
> C'est quelle pointure?

1b Listen and check your answer to **1a**.

1c In pairs. Make 3 conversations using the model you wrote out in **1a**. You are buying 3 of these items.

Rappel

je **le** prends = I'll take it
je **la** prends = I'll take it
je **les** prends = I'll take them
See page 215.

Je cherche un *(jean)*.
Taille *(38)*.
Est-ce que je peux l'essayer?
Avez-vous quelque chose de plus *(petit)*?
Non, je ne les/l'aime pas.
Je ne le/la/les prends pas.
Merci, je le/la/les prends.

Je paie	en espèces.
	par carte bleue.

MODULE 6

2 In threes. You are shopping with a friend. Practise this conversation. Change the underlined words to make 2 new conversations, using the key language.

Je cherche <u>un pantalon</u>. J'aime bien <u>celui-ci en jean délavé</u>.
Non, moi, je préfère <u>celui-là en cuir</u>. Il est super.
Je peux vous aider?
Oui, je voudrais essayer <u>ce pantalon en jean délavé et celui-là en cuir</u>.
Vous faites quelle taille?
Je fais du <u>44</u>.
Où est la cabine d'essayage?
Au fond du magasin.
<u>Il</u> te va bien, <u>celui en cuir</u>?
Non, <u>il est trop petit</u>.
Dommage. Et <u>celui en jean délavé</u>?
Oui, parfait.
Alors?
Je prends celui-là.
D'accord. Vous payez en espèces?
Oui … ah non, j'ai oublié mon porte-monnaie!

en soie	en plastique
en laine	en cuir
en coton	à pois
en acrylique	à rayures
en jean délavé	

C'est trop grand/petit/court/long.
Où est la cabine d'essayage?
Je fais du 34.

3 Listen. Match the conversations to the pictures. (1–6)

Le détective

To say 'this one', 'that one', 'these' or 'those'
is easy:

masculine singular	celle	
feminine singular	celle	+ -ci
masculine plural	ceux	+ -là
feminine plural	celles	

You can be specific by saying:
Celle-ci ou celle-là? *This one or that one?*

Pour en savoir plus ➡ page 217, pt 7.10

4 With a partner or group. Write a scene entitled *Le magasin d'enfer* – the shop from hell. The sales assistant is rude, the clothes are awful … Then act it out.

Il/Elle est troué(e)/déchiré(e).
Il/Elle est trop cher/chère.
Il manque un bouton.
La fermeture éclair ne marche pas.
Il y a une tâche.
Il/Elle a rétréci.
Je peux l'échanger?
Pouvez-vous me rembourser?
Avez-vous le reçu?
Je pourrais vous donner un crédit.

These phrases will help you:
Je voudrais parler au gérant.
La robe n'est pas trop petite – vous êtes trop grosse, madame!
Vous avez déchiré cette jupe. Ce n'est pas de notre faute.
Je ne reviendrai jamais ici!

3 L'argent de poche

Talking about your pocket money

Je viens souvent en ville pour dépenser mon argent de poche. Je reçois €30 par mois de ma mère. Ce que j'aime acheter le plus, ce sont les vêtements. J'ai le droit de choisir ce que je veux, mais je dois les acheter toute seule. Ma mère m'achète des chaussures pour le collège, et c'est tout. J'achète aussi des bijoux, du maquillage, et des magazines de mode. Je fais des économies pour un portable. J'aimerais avoir un peu plus d'argent par mois, parce que les vêtements coûtent très cher.

Angélique, 15 ans

Moi, je reçois €6 par semaine de mes parents. J'achète des billets de cinéma, des CD, des jeux vidéo et plein de romans, mais pas mes vêtements. À la fin de la semaine, il me reste assez d'argent pour faire des économies. En ce moment, je fais des économies pour des cadeaux de Noël. J'ai une copine qui reçoit très peu d'argent de poche. Sa mère lui donne €10 par mois – c'est pas possible!

Audr
16 a

Mon papa me donne €20 par mois. Ça ne me suffit pas. Je dois payer tout, y compris mes vêtements. Mon père m'achète le matériel pour le collège: mes cahiers, mes livres, mes crayons et le reste. Je trouve que ce n'est pas juste. Je ne peux pas faire d'économies car je n'ai pas assez d'argent.

Yann
15 ar

1a Read the texts above. Who … ? (Some questions have more than one answer!)

1 likes buying make-up?
2 buys a lot of books?
3 gets pocket money from their dad?
4 gets the most pocket money?
5 saves?
6 is not happy with their pocket money?
7 buys magazines?
8 has to buy their own clothes?

1b Find the French for the following.

1 I am saving for a mobile phone.
2 I also buy jewellery.
3 I am left with enough money to save.
4 What I like buying most is clothes.
5 I haven't got enough money.
6 I'd like to have a bit more money each month.

1c Choose one person and summarise what they say in English.

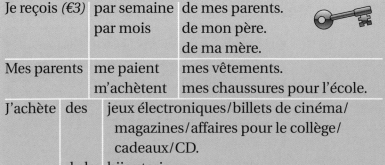

Je reçois (€3)	par semaine	de mes parents.
	par mois	de mon père.
		de ma mère.
Mes parents	me paient	mes vêtements.
	m'achètent	mes chaussures pour l'école.
J'achète	des	jeux électroniques/billets de cinéma/ magazines/affaires pour le collège/ cadeaux/CD.
	de la	bijouterie.
	du	chewing-gum/maquillage.
Je fais des économies pour	une	mobylette.
	un	portable/appareil-photo.

Le détective

Indirect object pronouns

Mon papa **me** donne €20.
*My dad gives **me** €20.*
Sa mère **lui** donne €10 par mois.
*Her mother gives **her** €10 per month.*

Pour en savoir plus ➡ page 215, pt 7.3

2a Listen. Copy and complete the grid. (1–5)

	how much	when	from whom	buys
1	€6.85	weekly	parents	electronic games/cinema tickets

1 Jacques 2 Feyrouze 3 Luc 4 Louise 5 Boris

 2b Carry out a pocket money survey.

- Tu reçois combien d'argent de poche?
- De qui?
- Quand?
- Tu penses que c'est assez?
- Qu'est-ce que tu achètes?
- Est-ce que tu fais des économies?
- Qu'est-ce que tu as acheté la semaine dernière?

Je trouve que j'ai assez d'argent de poche.
J'aimerais avoir un peu plus d'argent de poche.
Je trouve que ce n'est pas juste.

 2c Write up the results of your survey.

Example:
x personnes reçoivent entre £x and £x par semaine
x personnes dépensent leur argent en achetant …
x personnes font des économies pour …
x personnes sont satisfaites/ne sont pas satisfaites

3 Write approximately 150 words about pocket money.

Je reçois … par … de …
J'achète … et …
Mes parents paient …
Je fais des économies pour …
Je trouve que c'est …
Le week-end dernier, j'ai acheté …

Try to recycle language you have learned in other modules to make your writing and speaking more interesting. Here you could include things you do at home to earn money or what you are interested in.
Example: *Je fais la vaisselle le soir et je reçois £5 par semaine. Je collectionne les autocollants et j'en achète trois chaque semaine.*

4 À la poste et à la banque

Sending letters and parcels; exchanging money

1a Listen. Who is speaking? (1–6)

Example: 1 *Boris*

Juliette
Boris ?
Anna
Marie-Claire
Yann ?
Thomas

Est-ce qu'il y a	une	boîte aux lettres	près d'ici?
		poste	
		cabine téléphonique	
Je voudrais envoyer		une carte postale	en (*Écosse*).
		une lettre	
		un paquet	

C'est combien pour envoyer (*une carte postale*) en (*Écosse*)?
Je voudrais (*cinq*) timbres à (*46 cents*), s'il vous plaît.
Je voudrais une télécarte.

1b In pairs. Practise these conversations.

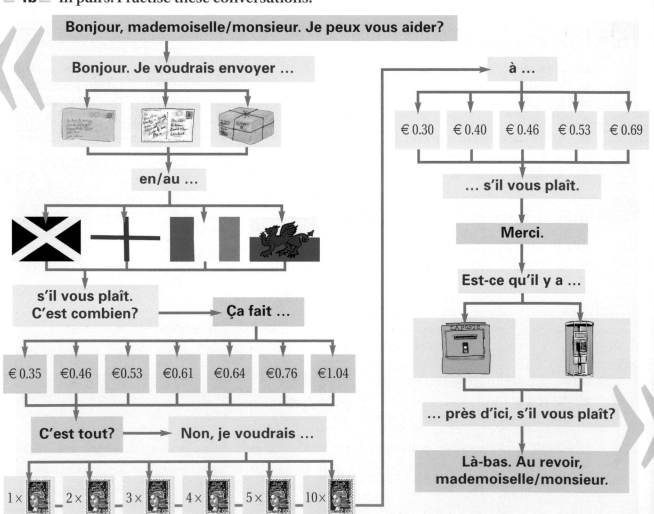

ÉCOUTER

2 Listen. Copy and complete the grid. (1–6)

	wants	problem
1	stamps	don't sell stamps

LIRE

3a You are in a bank. Match the questions and answers.

1 Je peux vous aider?

2 Avez-vous une pièce d'identité?

3 Quelle sorte de billets voulez-vous?

4 Voulez-vous de la monnaie aussi?

5 Le taux d'échange est à combien en ce moment?

a Donnez-moi des billets de € 20, s'il vous plaît.

b Voici mon passeport.

c Je veux bien, est-ce que je peux avoir quelques pièces de dix cents?

d Je voudrais changer des chèques de voyage, s'il vous plaît.

e € 1.58 pour une livre sterling.

100 cents = € 1

Je voudrais changer	des chèques de voyage. (50) livres sterling.
Voici mon passeport.	J'ai oublié mon passeport.
Le taux est à combien en ce moment?	
Donnez-moi des billets de (€10), s'il vous plaît.	
Est-ce que je peux avoir quelques pièces de dix cents?	

PARLER

3b In pairs. Practise this conversation in French.

A
- Ask if you can help.
- Ask what sort of money they would like.
- Ask for some proof of identity.
- Say it's not possible. Suggest using the cash machine.

B
- Say you want to change some travellers' cheques.
- Say you want € 20 notes and some 10 cent coins. Say you'd also like to change £50.
- Say you've forgotten your passport.
- Say thank you and goodbye.

le distributeur automatique *cash machine*

5 *Je suis perdue!*

Reporting a loss

1 Listen and read. Find the French for the expressions below.

1 Where were you?
2 Everything was in it.
3 I left it …
4 What colour was the umbrella?
5 This morning at about ten.

6 I was in the metro.
7 What have you lost?
8 I lost my handbag and my mobile.
9 I lost my case, then my camera.
10 I forgot my umbrella in a restaurant.

2 In pairs. Practise the conversation. Then use the pictures below and change the underlined words to make 3 new conversations.

Example: a

- **Je peux vous aider?**
- **Oui, j'ai perdu mon <u>appareil-photo</u>.**
- **Vous l'avez perdu où?**
- **Dans <u>le métro</u>, je crois.**
- **À quelle heure?**
- **À <u>dix heures</u>.**
- **Votre nom, s'il vous plaît?**
- **<u>Jean Aubert.</u>**
- **Et votre adresse?**
- **<u>35 rue du bois, Cognac.</u>**
- **Nous vous contacterons si nous retrouvons votre appareil-photo.**

3 Write approximately 100 words about an item you have lost. (You could adapt the long speech bubble in the story.)

Remember your tenses! To talk about events, use the perfect tense – and to describe items or where you were, use the imperfect.

| J'ai perdu | mon | appareil-photo/sac/porte-monnaie/parapluie/fils. |
| | ma | montre. |

Je l'ai laissé(e) …
J'étais (*dans le métro*).
(*Le sac*) était …
Il y avait … dedans.

Entraînez-vous

1 In pairs, ask and answer this question. Give as much information as you can. Your partner may wish to ask some of the supplementary questions.

- **Fais-moi une description de là où tu habites!**
+
- **Qu'est-ce qu'il y a et qu'est-ce qu'il n'y a pas à (*Crieff*)?**
- **Pour toi, quels sont les avantages de la vie à (*Crieff*)?**
- **Et les inconvénients?**
- **Où voudrais-tu habiter à l'avenir? Pourquoi?**

2 In pairs, interview one another about what you do to help protect the environment.

- **Quels sont les problèmes à (*Crieff*) pour l'environnement? (*Il y a la pollution, …*)**
- **Qu'est-ce qu'il faut faire? (*Il faut conserver …*)**
- **Qu'est-ce que tu fais pour protéger l'environnement? (*Je …*)**

3 You are working in your local tourist information office. A French visitor wants to know what there is to see and do in the area. Complete the answers, giving as much information as you can.

- Qu'est-ce qu'il y a à faire ici?
- Et à voir?
- Vous pouvez recommander un bon restaurant?
- Où se trouve la piscine la plus proche?
- C'est vrai qu'il y a un monstre dans le Loch Ness?

- Il y a …
- Vous pouvez aller voir …
- Oui, il y a …
- Sortez d'ici, prenez …
- !

Why not get a brochure on your local area and see how well you can explain it in French – you might well need these skills one day!

Prepared talk

La vie en ville/à la campagne

Which do you prefer – life in the town or in the country? Prepare a short talk of approximately 2 minutes justifying your choice. Include information about where you live. Remember, nothing is all good, so balance your argument with some of the disadvantages:

- introduction: *Moi, j'habite à la campagne/en ville.*
- advantages: *C'est tranquille/Il y a beaucoup de choses à faire.*
- a few disadvantages: *C'est barbant/Il y a beaucoup de bruit et de pollution.*
- conclusion: *Malgré ces inconvénients, …*

Use linking words to support your points:
En plus, et, aussi, mais …
Par contre, cependant, …
Par exemple, …
En résumé, …

1 In pairs, ask and answer this question. Your partner may wish to ask some of the supplementary questions.

- **Parle-moi de ton argent de poche.**

+

- **Tu reçois de l'argent de poche?**
- **Combien? De qui? C'est suffisant?**
- **Est-ce que tu dois faire des tâches à la maison?**
- **Comment est-ce que tu dépenses ton argent?**
- **Parle-moi des choses que tu as achetées récemment.**
- **Tu fais des économies?**
- **Qu'est-ce que tu voudrais acheter?**

2 In pairs, practise this transaction in a shoe shop.
Change the words in blue to make a new transaction.

- Bonjour monsieur/mademoiselle. Je peux vous aider?
- Oui, bien sûr, c'est quelle pointure?
- Voilà. … Ça va?

- Oui. … Ça va mieux?
- €50.
- Merci. Au revoir, monsieur/mademoiselle.

- Je voudrais essayer les chaussures rouges dans la vitrine.
- 40.
- Non, elles sont trop petites. Je peux les essayer en 42?
- Oui. C'est combien?
- Je les prends.
- Au revoir, monsieur/madame.

Notice how the same language crops up in most transactions. It's easy once you have learned the pattern! The following are useful phrases to learn.

- Bonjour, monsieur/madame, je peux vous aider?
- Oui, je voudrais …
- Voilà.
- C'est combien?
- Merci, au revoir!

Le shopping

Prepare to talk for approximately 2 minutes about a recent shopping trip. You can make up some details. Try to include the following information:

- where you went: *Je suis allé(e) à …*
- what you bought: *J'ai acheté …*
- problems you had when taking something back: *La vendeuse était très impolie.*
- where you ate: *J'ai mangé dans un restaurant.*
- what sort of shops you preferred: *J'ai préféré les grands magasins.*
- what happened when you lost something: *J'ai perdu mon porte-monnaie; je suis allé(e) au commissariat de police; on l'a trouvé.*

Remember:
- *your sentences will sound better if they are linked. Use et, mais, parce que*
- *use adverbs: malheureusement, soudain, plus tard*
- *don't forget to give your opinions: C'était (génial). J'ai trouvé (le restaurant un peu petit et le service trop lent).*

Prepared talk

Mots

Les magasins — *Shops*

la boulangerie	*the baker's*
la charcuterie	*the delicatessen*
la confiserie	*the sweet shop*
l'épicerie *(f)*	*the grocer's*
la parfumerie	*the perfume shop*
la pâtisserie	*the cake shop*
la pharmacie	*the chemist's*
la poste	*the post office*
le supermarché	*the supermarket*
le tabac	*the tobacconist's*
Vous ouvrez à quelle heure?	*What time do you open?*
Vous fermez à quelle heure?	*What time do you shut?*
Votre magasin est ouvert à partir de quelle heure?	*When is your shop open from?*
Votre magasin ferme à quelle heure?	*When does your shop shut?*
C'est au (sous-sol).	*It is on/in the (basement).*
au rez-de-chausée	*on the ground floor*
au premier étage	*on the first floor.*
au deuxième étage	*on the second floor.*
au troisième étage	*on the third floor.*

Aux magasins — *At the shops*

Avez-vous (des bananes)?	*Have you got any (bananas)?*
(Deux kilos), s'il vous plaît.	*(Two kilos), please.*
une baguette	*a baguette*
une boîte de (soupe)	*a tin of (soup)*
une bouteille de (vin)	*a bottle of (wine)*
un litre (d'eau minérale)	*a litre of (mineral water)*
un kilo de (tomates)	*a kilo of (tomatoes)*
500 grammes de (fromage)	*500 grams of (cheese)*
une douzaine d'œufs	*a dozen eggs*
(trois) pots de yaourt	*(three) yoghurts*
un paquet de (chips)	*a packet of (crisps)*
un sac de (pommes de terre)	*a bag of (potatoes)*
Non, c'est tout.	*That's all.*

On a fait des achats — *Talking about a recent shopping trip*

Je suis allé(e) à (Glasgow).	*I went to (Glasgow).*
Nous sommes allé(e)s à (Edimbourg).	*We went to (Edinburgh).*
J'ai fait du lèche-vitrines.	*I went window-shopping.*
Nous avons trouvé (une parfumerie immense).	*We found (a huge perfume shop).*
J'ai acheté (un jean).	*I bought a (pair of jeans).*
Nous avons mangé (au Hard rock café).	*We ate at (the Hard Rock café).*
Il y avait (des tapis/des vêtements/des miroirs).	*There were (rugs/clothes/mirrors).*
C'était (extra/cher/grand).	*It was (great/expensive/very big).*
J'ai beaucoup aimé (le magasin de Macy's).	*I loved (Macy's).*

Acheter des vêtements — *Buying clothes*

Je voudrais (un survêtement).	*I'd like (a tracksuit).*
Avez-vous (des baskets)?	*Have you got any (trainers)?*
Je cherche (une veste)?	*I'm looking for (a jacket).*
Il n'y a plus de (casquettes).	*We don't have any more (baseball caps).*
De quelle couleur?	*What colour?*
une jupe (rose)	*a (pink) skirt*
une robe (rouge)	*a (red) dress*
une chemise (blanche)	*a (white) shirt*
un pantalon (vert)	*a pair of (green) trousers*
un pull (blanc)	*a (white) jumper*
un sweat (bleu)	*a (blue) sweatshirt*
des baskets (noirs) *(mpl)*	*some (black) trainers*
des chaussures (gris)(*fpl)*	*some (grey) shoes*
des chaussettes (jaunes) *(fpl)*	*some (yellow) socks*
une veste	*a jacket*
un survêtement	*a tracksuit*
marron	*brown*
orange	*orange*
(bleu) foncé	*dark (blue)*
(gris) clair	*light (grey)*
en jean délavé	*faded denim*
en coton	*cotton*
en laine	*woollen*
en acrylique	*acrylic*
en soie	*silk*
en cuir	*leather*
en plastique	*plastic*
à rayures	*striped*
à pois	*spotted/with polka dots*
Quelle taille?	*What size?*
Quelle pointure?	*What size? (for shoes)*
Je fais du (34).	*I'm a size (34).*
Est-ce que je peux l'essayer?	*Can I try it on?*
Où est la cabine d'essayage?	*Where is the changing room?*
C'est trop (grand).	*It's too (big).*
petit	*small*
long	*long*
court	*short*
Avez-vous quelque chose de plus (petit)?	*Have you got anything smaller?*
Merci, je le/la/les prends.	*Thank you. I'll take it/them.*
Je ne le/la/les prends pas.	*I won't take it.*
Je paie en espèces.	*I'll pay in cash.*
Je paie par carte bleue.	*I'll pay with a credit card.*

On se plaint

Il/Elle est troué(e).
Ce jean est trop cher.
Il manque un bouton.
La fermeture éclair ne marche pas.
Il y a une tâche.
Il/Elle a rétréci.

Making complaints

It has a hole in it.
These jeans are too expensive.
There is a button missing.
The zip doesn't work.

It's got a mark on it.
It's shrunk.

Je peux l'échanger?
Pouvez-vous me rembourser?

Avez-vous le reçu?
Je pourrais vous donner un crédit.

Can I exchange it?
Can you give me my money back?

Have you got the receipt?
I could give you a credit note.

L'argent de poche

Je reçois (€8) par semaine/par mois.
J'achète des (CD).
des jeux électroniques
du maquillage
de la bijouterie
des billets de cinéma *(mpl)*
des magazines *(mpl)*
des affaires pour le collège *(mpl)*
des cadeaux *(mpl)*
Je fais des économies pour (un portable).
une mobylette
un appareil-photo
Mes parents me paient (mes vêtements).
Je trouve que j'ai assez d'argent de poche.
J'aimerais avoir un peu plus d'argent de poche.
Je trouve que ce n'est pas juste.

Pocket money

I get (€8) a week/a month.
I buy (CDs).
electronic games
make-up
jewellery
cinema tickets
magazines
things for school
presents
I'm saving up for a (mobile phone).
a scooter
a camera
My parents buy me (my clothes).
I think I get enough pocket money.
I would like to have more pocket money.
I don't think it's fair.

À la poste

Est-ce qu'il y a une (cabine téléphonique) près d'ici?
une poste
une boîte aux lettres
Je voudrais envoyer (une carte postale/lettre) (en Écosse).
C'est combien pour envoyer (un paquet)?
Je voudrais (10) timbres à (46 cents).
Je voudrais une télécarte.

At the post office

Is there a (phone box) near here?
a post office
a letter box
I'd like to send a (postcard/letter) (to Scotland).
How much is it to send (a parcel)?
I'd like (10) stamps at (46 cents).
I'd like a phone card.

À la banque

Je voudrais changer des chèques de voyage.
50 livres sterling
Voici mon passeport.
J'ai oublié mon passeport.
Le taux d'échange est à combien en ce moment?
Donnez-moi des billets de (€10), s'il vous plaît.
Est-ce que je peux avoir quelques pièces de (dix cents)?

At the bank

I'd like to change some travellers' cheques.
£50
Here is my passport.
I've forgotten my passport.
What's the current rate of exchange?
Give me (€10) notes, please.
Can I have a few (ten cent) coins?

J'ai perdu …

J'ai perdu (mon sac).
mon porte-monnaie
mon parapluie
mon appareil-photo
ma montre

I've lost …

I've lost (my handbag).
my purse
my umbrella
my camera
my watch

Je l'ai laissé(e) dans (le métro). *I left it in (the metro).*
Il y a avait (mon agenda) dedans. *(My diary) was inside it.*
Le sac était (grand) et (bleu). *The bag was a (big) and (blue).*

En vacances

Talking about different countries; talking about the weather

• •

1a Write the French for all the countries on the map, noting whether they are masculine or feminine.

Example: Great Britain = *la Grande-Bretagne*

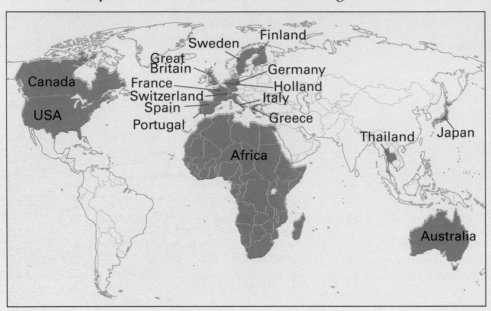

Je passe mes vacances …

en Grande-Bretagne
en Allemagne.
en Espagne.
en France.
en Grèce.
en Italie.
en Hollande.
en Suisse.
en Finlande.
en Suède.
en Afrique.
en Australie.
en Thaïlande.

au Portugal.
au Japon.
au Canada.

aux États-Unis.
aux Canaries.

1b Complete the gaps in the following sentences, using a dictionary or the *Mots* (page 126) to find the languages.

Example: 1 *En Allemagne, on parle allemand.*

1 … Allemagne, on parle …
2 … Portugal, on parle …
3 … États-Unis, on parle …
4 … Japon, on parle …
5 … Grèce, on parle …
6 … Suède, on parle …
7 … Italie, on parle …
8 … Canada, on parle …
9 … Canaries, on parle …
10 … Hollande, on parle …

Le détective

in + feminine name of country = **en**
Example: en France
in + masculine name of country = **au**
Example: au Canada
in + plural name of country = **aux**
Example: aux États-Unis

Pour en savoir plus ➡ page 218, pt 8.3

1c In pairs. Partner A writes a country name in secret. B guesses the country by asking questions. A must only answer *oui* or *non*.

Example: **B** – *C'est en Europe/Afrique/Amérique du sud/Asie? On parle français? C'est près de la France?*

1d Listen. Note the country/countries mentioned. (1–10)

Example: 1 *Germany*

2a Read the tourist guide to the weather in the south of France. Which season does the weather map show?

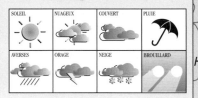

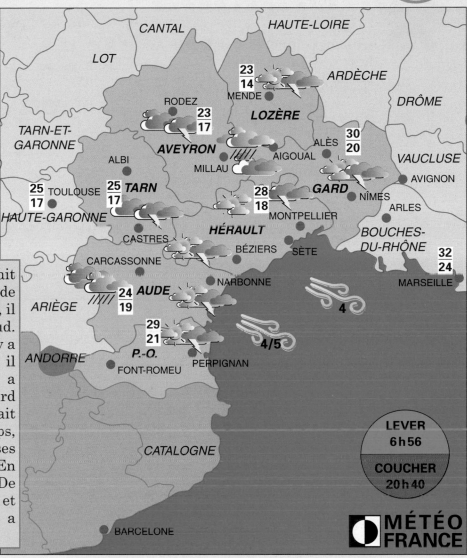

En été en France, il fait très beau. Dans le sud de la France, à Montpellier, il fait souvent trop chaud. La plupart du temps, il y a du soleil. En automne, il fait plus frais. Il y a quelquefois du brouillard mais normalement il fait assez beau. Au printemps, il y a souvent des averses et même des orages. En hiver, il fait très froid. De temps en temps, il neige et malheureusement il y a rarement du soleil.

Weather nearly always comes up in listening or reading. Make sure you know it!

2b Which seasons are being described below, according to the text in **2a**?

1 The sun hardly ever shines.
2 It's too hot in the south.
3 There are showers.
4 It's cooler.
5 The weather's quite good.
6 Sometimes, it snows.

La plupart du temps	au printemps,	il fait beau.
Normalement	en été,	il fait chaud.
D'habitude	en automne,	il fait mauvais.
Souvent	en hiver,	il fait froid.
De temps en temps		il fait du vent.
Rarement		il pleut.
		il neige.
		il y a du soleil.
		il y a du brouillard.
		il y a des nuages.

2c Write a tourist guide to the weather for each season in Scotland. Use the text in **2a** to help you.

Understanding the weather forecast;
discussing plans for different weathers

3a Read the sentences and match
them with the pictures.

Example: **1** *b*

1 Il y aura des éclaircies.
2 Il y aura des orages.
3 Le temps sera nuageux.
4 Il fera froid.
5 Il y aura du brouillard.
6 Le temps sera ensoleillé.
7 Il y aura des averses.
8 Le temps sera pluvieux.

3b Listen to these weather
forecasts. Note the region
and the weather.

Example: **B** – *rain, cloudy*

Don't worry if you
don't understand every
word. Note one detail
for each area the first
time you listen, then try
to spot more details
the second time.

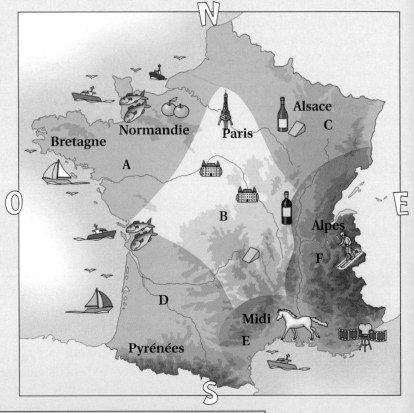

Il y aura	des	éclaircies/averses/orages/nuages.
	du	brouillard.
Le temps sera	nuageux/brumeux/variable/pluvieux.
	ensoleillé/couvert/frais.
Il pleuvra.	
Il fera	beau/mauvais/chaud/froid.
	du vent.

3c Read the weather forecast for Normandy.
Translate it into English.

> Cotentin, des averses dans le nord-est sur Barfleur, tandis
> que sur la côte ouest, il y aura des éclaircies à Carteret.
> Un peu plus bas, encore plus de soleil à Mortain, mais le
> soleil n'arrivera pas jusqu'à Granville où le temps sera
> nuageux et au Mont-Saint-Michel, la pluie s'y ajoutera!

4a Listen to this teenager talking about what her family
will do on holiday. Note each type of weather
mentioned. Listen again and note the activities.

weather	activities
raining	cinema

4b Write suitable activities for what you will do on holiday
in each type of weather. Invent answers if you like.

Example: S'il fait froid, on jouera au foot.

a S'il fait froid, …
b S'il neige, je …
c S'il fait mauvais, je …
d S'il fait très chaud, …

4c In pairs. Take turns to ask and answer
the question for each type of weather
in **4b**. Be inventive!

Example:

> Qu'est-ce
> que tu feras s'il fait
> froid?

> Je porterai
> trois pullovers!

Le détective

To say what will happen in the **future**, use
the future stem + future endings.

Example: Il fera froid, il neigera; je ferai
du ski, on jouera au foot.

Remember: if you are talking about what
you will do if the weather is good or bad,
use the present tense, followed by the
future tense, as in English.

Example: If it **rains**, I **will go** into town.
S'il **pleut**, j'**irai** en ville.

Pour en savoir plus ➡ page 207 pt 3.7

> *Don't always use je. Try to use
> on to vary what you say and write.*

S'il fait	beau, mauvais,	on ira/j'irai	au centre sportif. à la plage. aux magasins.
		on fera/je ferai	du ski. des courses. une promenade.
		on jouera/je jouerai	au tennis/football.
		on visitera/je visiterai	un château/musée.

1 L'année dernière

Saying what you did on holiday last year

●●●●●●●●●●●●●●●●●●●●●●

L'année dernière, au mois d'août, j'ai passé mes vacances au bord de la mer. On est allé à Carnac, en Bretagne, où on a loué un gîte (une

maison à la campagne). On y est resté pendant 15 jours. Il y avait un grand jardin.

J'y suis allé avec ma famille: mon père, ma mère et mes deux sœurs. Pendant la deuxième semaine, des amis de mes parents sont venus nous voir avec leur chien, Rococo. On a joué au foot ensemble.

On a fait plein d'activités. On **est allé** à la plage

tous les jours pour se baigner, car il y avait du soleil et il faisait très chaud: 25 degrés. Un jour, j'ai appris à faire de la

planche à voile, mais c'était très difficile.

On a visité le marché à Carnac où j'ai acheté des souvenirs, et on a vu les pierres levées. C'était impressionnant à voir.

J'aimerais retourner à Carnac l'année prochaine, mais cette fois-ci, avec des copains, pas avec ma famille. Passer les vacances en famille, c'est ennuyeux.

Luc

1a Read what Luc has written about his holiday and answer the questions in English.

1 When did Luc go on holiday? *(2)*
2 Where exactly did he go? *(3)*
3 Where did he stay? *(2)*
4 How long did he stay? *(1)*
5 Who did he go on holiday with? *(3)*
6 Who came to join them on holiday? *(2)*
7 What did they do together at the beach? *(1)*
8 What was the weather like? *(2)*
9 Who would he like to go on holiday with? *(1)*
10 What is his opinion of his holiday? *(1)*

Le détective

To describe what things **were** like, use the **imperfect tense**.

c'était = *it was*   il y avait = *there was*

The imperfect is used for description or to talk about an action continuing in the past. It is formed by taking the **nous** form of the present tense, removing the -**ons** and adding the endings below. **Example:** faire = ***to make, to do*** → nous **fais**ons

je	fais**ais** = *I was making*	nous	fais**ions**
tu	fais**ais**	vous	fais**iez**
il/elle/on	fais**ait**	ils/elles	fais**aient**

Pour en savoir plus ➡ page 206, pt 3.5

1b Copy and complete the grid in English. Listen once and try to complete the first 3 columns. Then listen again and complete the last 3 columns. (1–6)

	where	who with	stayed in	how long	weather	opinion
1	Belgium	friends	gîte/country house	1 week	very nice	brilliant

2a In pairs. Make up some holidays and talk about them. Try to include lots of details.

Quand?
l'année dernière
au mois de juillet
le week-end dernier

Où?
aux États-Unis | au bord de la mer
en Écosse | à la montagne
en Irlande | à la campagne
en Espagne | dans un petit village
| dans le Midi

Avec qui?
ma famille
mes grands-parents
mes copains
tout(e) seul(e)

Pendant combien de temps?
8 jours
15 jours
trois semaines
un mois
tout le mois d'août

les vacances passées

Logé où?
dans un hôtel 4 étoiles
dans un gîte
dans un appartement
dans un village de vacances
chez mon/ma correspondant(e)

Le voyage?
fatigant | 10 heures en avion
ennuyeux | 24 heures en bateau

Opinion?
extra   ennuyeux
génial affreux
nul

Le temps?
Il faisait…
très beau
soleil
froid

Combien de fois?
un jour
tous les jours
tous les soirs

Activités?
ski
ski nautique
visite de monuments
concerts
randonnées

Example:

- *Où est-ce que tu as passé les vacances l'année dernière?*
- *L'année dernière, je suis allé(e) en Angleterre.*
- *Où as-tu logé?*
- *J'ai passé mes vacances dans un petit hôtel au bord de la mer.*
- *Tu es parti(e) pendant combien de temps?*

- *Je suis parti(e) avec ma famille pendant 15 jours, c'était affreux.*
- *Qu'est-ce que tu as fait le soir?*
- *Un soir on est allé à un concert de musique classique, c'était nul.*
- *Tu as voyagé comment?*
- *J'ai voyagé en voiture. Le voyage a duré 12 heures, c'était barbant. En plus, il faisait un temps affreux. Il pleuvait tous les jours.*

2b Write about 100 words on your holidays last year. Include details such as accommodation, travel, weather, etc.

By now, in your writing, you should be able to:
- *express opinions in the past tense (c'était fantastique, etc.)*
- *join sentences with linking words (mais, et, parce que …)*
- *use different tenses (e.g. say if you would like to go back to France: je voudrais …)*

L'année dernière je suis allé(e) (*en France*).
J'ai passé mes vacances (*chez mon/ma correspondant(e), dans un gîte/hôtel/ camping/appartement*).
Je suis parti(e) avec (*ma famille/mes copains/ mes camarades de classe*).
J'ai voyagé en (*voiture/avion/bateau*).
Le voyage a duré (*5 heures*).
C'était affreux/génial/super/nul.
Il faisait beau/mauvais/froid/chaud.

2 Au syndicat d'initiative

Asking for information at the tourist office

●●●●●●●●●●●●●●●●●●●●●●●

1a Listen. What is there to do in these towns? (1–5)

Example: 1 *j, n*

1b Write sentences about 10 of the above activities.

Example: **c** *On peut visiter la cathédrale.*

2a Listen to this conversation at the tourist office. Fill the blanks with the items from the key language box below.

On peut	louer des vélos/des pédalos/des canoës-kayaks.
	visiter le lac/la cathédrale/le château.
	faire une promenade en bateau.
	aller à la plage/à la patinoire/au bowling/au parc Astérix.
	jouer au volley/au ping-pong.
	faire du camping/du ski nautique/de la planche à voile.

Touriste: Bonjour, madame. Pouvez-vous me renseigner? Je voudrais **a** , s'il vous plaît.

Employée: Oui, voilà. C'est gratuit. Je vous donne **b** sur notre ville, aussi, et **c** de la région.

Touriste: Qu'est-ce qu'il faut voir?

Employée: Il ne faut pas manquer le château – il est merveilleux.

Touriste: Avez-vous **d** , madame? Et pouvez-vous recommander un bon restaurant?

Employée: Oui, voilà. Il y a **e** là-dedans aussi.

Touriste: Merci beaucoup, madame. Qu'est-ce qu'on peut faire ici?

Employée: Il y a **f** dans cette brochure.

Touriste: Est-ce qu'on peut faire des excursions dans la région?

Employée: Bien sûr, je vais vous donner une liste.

Touriste: Est-ce qu'on peut jouer au golf?

Employée: Oui, il y a un terrain de golf à 5 kilomètres!

Touriste: Qu'est-ce on peut faire le soir?

Employée: Eh bien, il y a le casino et beaucoup de boîtes aussi.

Touriste: Ah, oui, j'ai failli oublier, avez-vous **g** ?

Employée: Voilà! Bonnes vacances!

Je voudrais …
une carte.
une liste de restaurants.
un horaire des bus et des trains.
un plan de la ville.
une liste de distractions.
un dépliant.
une liste d'hôtels.

2b In pairs. Practise the conversation in **2a**, then try changing any details you can.

Bienvenue à Royan: La Perle de l'Océan

Visitez Royan en Charente-Maritime, station balnéaire sur la côte Atlantique qui attire chaque été des milliers de vacanciers.

Histoire de Royan

Au début du Moyen Âge, Royan était un petit port de pêche qui bordait l'estuaire de la Gironde.

Au XIXe siècle, Royan attirait de plus en plus de monde, surtout quand le chemin de fer a réduit le voyage entre Paris et Royan à quelques heures. Personnalités et artistes parisiens ont rendu la ville à la mode, et les casinos se sont multipliés.

En 1944, les bombardements alliés ont ruiné la ville. Sa reconstruction, sur des bases modernistes, lui a donné une nouvelle vie. Et aujourd'hui, Royan est la capitale de la Côte de Beauté.

À voir, à visiter...

Musée de Royan – Hôtel de Ville.
  Visites: *mardi–vendredi de 14h à 18h*
Centre Marin – Place Foch. Ouverture: *toute l'année sauf dimanche et jours fériés*
Le zoo de la Palmyre – 6 avenue de Royan, La Palmyre. *Ouvert du 1/4 au 30/9 de 9h à 19h.*

Sports et Loisirs

Il existe beaucoup de possibilités sportives pour ceux qui passent leurs vacances à Royan, y compris tennis, squash, piscines, golf, équitation, plongée, parachutisme et aviation, et planche à voile (location d'équipement sur place).

3a Read the tourist guide to Royan and answer these questions.

1 What was Royan like in the Middle Ages? *(3)*
2 In the 19th century, what invention made Royan more accessible? *(1)*
3 What happened to the town in 1944? *(1)*
4 When is the museum open? *(2)*
5 Which sports are available? *(9)*
6 When is the Centre Marin closed? *(2)*
7 If you go windsurfing, do you need to have all the equipment yourself? *(1)*
8 When can you visit the zoo? *(2)*

— ☐ ✕

Write a tourist guide to your town or the nearest big town. Use the internet to research its tourist attractions and any sports facilities it has. What is there in your region: des lochs, des distilleries, des châteaux, des montagnes? Use the example below, changing the underlined words, but add further details if you can.

Royan se trouve au bord de la mer dans l'ouest de la France. C'est un port de pêche et une station balnéaire. À voir et à visiter sont: le musée de Royan, le Centre Marin et le zoo de la Palmyre. Il y a aussi un grand centre sportif et on peut jouer au tennis, au squash et au golf, on peut louer des planches à voile et on peut faire de l'équitation.

3b Listen to these tourists in Royan. Answer *oui* or *non* to their questions. *(1–8)*

3 À l'hôtel

Booking in at a hotel

● ● ● ● ● ● ● ● ● ● ●

1a Read and listen to the conversation below and find the French for the following phrases.

1 Can we see the room?
2 Is there a restaurant?
3 How much is it per night?
4 Have you got a room free?
5 What time is breakfast?
6 I'd like a room for 2 people with a bathroom.

Cliente:	**Avez-vous une chambre de libre, s'il vous plaît?**
Employé:	**Ah non, je regrette, nous sommes complets. … Attendez …, quelle sorte de chambre voulez-vous?**
Cliente:	**Je voudrais une chambre pour deux personnes avec salle de bains et un grand lit. Il nous faut un grand lit.**
Employé:	**C'est pour combien de nuits?**
Cliente:	**C'est pour trois nuits.**
Employé:	**Ah non, je regrette. Je peux vous offrir deux nuits et c'est tout.**
Cliente:	**Ah, je ne sais pas … On peut voir la chambre?**
Employé:	**Avec plaisir …**
Cliente:	**Et … c'est combien par nuit?**
Employé:	**C'est € 28,70 par nuit.**
Cliente:	**Très bien. C'est bon. Est-ce qu'il y a un restaurant?**
Employé:	**Oui, au rez-de-chaussée.**
Cliente:	**S'il vous plaît, le petit déjeuner est à quelle heure?**
Employé:	**Le petit déjeuner est servi au restaurant à partir de 7h30 jusqu'à 10h.**
Cliente:	**D'accord.**

Je voudrais …
une chambre pour 2 personnes …

avec	un grand lit	pour	trois nuits.
	deux petits lits		une semaine.
	salle de bains		
	douche/W-C		
	vue sur la mer		
	balcon		

C'est combien par nuit?
Le (*petit déjeuner*) est à quelle heure?
Est-ce qu'il y a (*un restaurant/une piscine/un parking/un ascenseur*)?

1b Listen. Note the correct details for each conversation. (1–4)

1 la sorte de chambre **2** ce qu'il y a dans la chambre **3** la durée du séjour **4** ce qu'ils veulent à l'hôtel

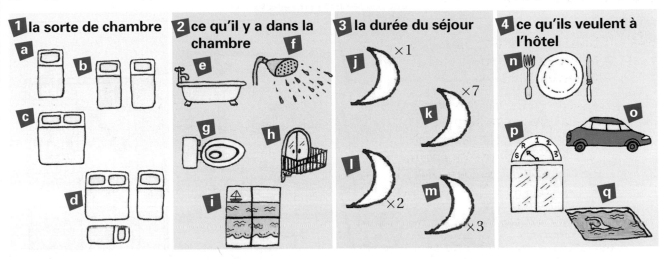

1c In pairs. Use conversation **1a** as a model for these conversations.

2 Write two letters to reserve rooms, changing the underlined words in the letter to fit the details in the pictures below.

Monsieur,

Je vous écris pour réserver des chambres dans votre hôtel.

Je voudrais réserver <u>deux chambres: une chambre pour deux personnes</u> avec <u>un grand lit et une salle de bains</u>, et <u>une chambre pour deux personnes</u> avec <u>deux petits lits et une douche</u>. Nous voudrions rester pour <u>deux</u> nuits, du <u>29</u> au <u>31 juillet</u>.

Est-ce qu'il y a <u>un restaurant</u> à l'hôtel?

Voudriez-vous bien confirmer ma réservation, s'il vous plaît. Nous espérons arriver à l'hôtel <u>vers 20h, le 29 juillet</u>.

Je vous prie d'agréer l'expression de mes sentiments distingués.

Janet McPherson

4 Ça ne marche pas!

Talking about accommodation problems

L'Hôtel Chaos!

1a Match the problems to the numbered details in the picture.

Il n'y a pas de cintres.	Il y a un problème avec le robinet.
Il n'y a pas de serviettes.	La lampe ne marche pas.
Il n'y a pas assez de couvertures.	Il y a de l'eau par terre dans la salle de bains.
Il n'y a pas de savon.	Le bidet ne marche pas.
Le mini-bar est vide.	Il y a trop de bruit.
La chambre est sale.	La chambre donne sur la rue.
Les W-C ne marchent pas.	Le téléphone ne marche pas.
La douche ne marche pas.	

un cintre   *a coathanger*

1b Listen to this hotel guest's complaints.
Write the picture numbers in the right order.

PARLER
1c In pairs. Complete this conversation, making as many complaints as possible.

A

- Oui, je peux vous aider?
- Oh, je suis désolé(e).
- Oh, c'est affreux.
- Oh, là là.
- Je vais vous rectifier cela.
- Je peux vous offrir une autre chambre?

B

- Oui, je voudrais me plaindre. Ma chambre est …
- Et en plus, il n'y a pas assez de …
- Et en plus, il y a des …
- Et en plus, …
- Et en plus, …

LIRE
2a Read the letter and choose the right answers.

1 M. Lenôtre veut
   a porter plainte.
   b féliciter l'hôtel.
   c réserver une chambre.

2 Le personnel était
   a poli.
   b impoli.
   c accueillant.

3 Sa chambre était
   a satisfaisante.
   b sale.
   c trop petite.

4 La salle de bains était
   a propre.
   b parfaite.
   c en désordre.

5 Son addition était
   a incorrecte.
   b correcte.
   c à suivre.

Rappel

A lot of these complaints are in the imperfect tense, describing the state of the room.
To revise the imperfect see page 206.

Paris, le 3 août 2003

Monsieur/Madame,

Je vous écris pour me plaindre de mon séjour dans votre hôtel au mois de juillet cette année.

D'abord, le personnel. À la réception, l'accueil n'était pas chaleureux. Les serveurs dans le restaurant étaient impolis aussi.

Ma chambre n'était pas propre. Il n'y avait pas de lampe et la télévision ne marchait pas. La salle de bains était en désordre, et quand j'ai demandé de nouvelles serviettes, on ne me les a pas données!

Il y avait aussi une erreur dans l'addition.

Je serais curieux de connaître votre avis sur mon expérience.

Dans l'attente de vous lire dans les meilleurs délais, je vous prie d'agréer, Monsieur/Madame, l'expression de mes sentiments distingués.

Benjamin Lenôtre

ÉCRIRE
2b Write a letter complaining about your stay in a hotel. Use the letter in **2a** as a model.

Look carefully at the expressions you can use. Then look at what you want to say and which bits to change. Make sure you start and finish a formal letter correctly.

5 Découverte vacances

Discussing different types of holiday

●●●●●●●●●●●●●●●●●●●●●

1a Read these 3 holiday adverts and complete the sentences with one of the places.

1 Si vous aimez voyager en bateau, vous irez en ▰▰▰▰.
2 Si vous aimez le chemin de fer, vous partirez en ▰▰▰▰.
3 Si vous voulez découvrir les belles villes de Delhi, Agra et Jaïpur, vous irez en ▰▰▰▰.

Croisière des fleuves d'Allemagne

Rhin/Neckar/Main/Moselle/Sarre
Vous partirez tranquillement à la recherche des nombreux châteaux et villages médiévaux et vous vous laisserez glisser au fil de l'eau vers le site légendaire de la Loreley.

1b Answer these questions in English.

1 List 5 reasons for visiting India. *(5)*
2 How long does the trip round India last and what towns would you visit? *(4)*
3 How would you be travelling in Switzerland and what would you see on the trip? *(5)*
4 What sort of holiday is suggested in Germany? *(1)*
5 What might you see on your travels there? *(3)*

2 Listen and note the sort of holiday each person likes. Note any reasons if you can. (1–5)

Example: 1 *guided tours (likes travelling by coach)*

Découverte de l'Inde du Nord
Inde €1177

Circuit 9 jours/7 nuits de Paris avec la Cie Air India

Partir en Inde:
C'est profiter de son histoire, de ses traditions et de sa culture. C'est profiter de sa cuisine délicieuse, de son artisanat riche et vivant, de son hospitalité légendaire.

● Entre montagnes et plaines, parcourez le Nord de l'Inde le temps d'un circuit inédit de 8 jours et découvrez notamment les trois plus belles cités de la région: Delhi, Agra et Jaïpur.

● Nos itinéraires, nos étapes et nos hôtels ont été sélectionnés avec soin. Vous serez accueillis dans des hôtels confortables, de qualité et de caractère. Ainsi vous ferez un voyage agréable et bien rythmé.

● Nos guides indiens parlent couramment français. Compétents, efficaces et très attachés à leur pays, ils vous le feront découvrir merveilleusement.

Glaciers SUISSES

Vous découvrirez, au cœur de la Suisse, une nature à l'état pur. En Italie à Tasch et à St Moritz, deux célèbres trains sympathiques et confortables vous feront traverser des paysages fabuleux de montagnes et de glaciers. Vous passerez sur de nombreux ponts et à travers plusieurs tunnels par le col de la Bernina culminant à 2.254m.

J'aime les visites guidées.
J'aime voyager en autocar.
Je suis à la recherche d'expériences différentes.
Je veux apprendre à connaître une culture différente.
J'aime rester sur place.
J'aime faire des croisières.
J'aime les grandes aventures.
J'aime me bronzer.
J'ai horreur des vacances à la plage.
J'aime rester dans des auberges de jeunesse.
J'aime rencontrer des gens.

3 Read what Pierre says about the holidays he likes and answer the questions in English.

> J'aime bien partir en vacances en Europe. Et je préfère ne pas visiter les grandes villes. Quand je suis en vacances, je veux me décontracter, et ça, ce n'est pas possible en ville – il y a trop de circulation, de gens et de bruit. Je n'arriverais jamais, moi, à m'amuser en ville. J'aime bien la nature à l'état pur: les montagnes, les rivières et les vallées. Mais j'aime bien les jolis petits villages à la campagne; c'est agréable et reposant.
>
> Je ne suis pas à la recherche d'une grande aventure, mais plutôt à la recherche de paix et de tranquillité. J'aime bien rencontrer des gens d'autres cultures, qui ont eu des expériences de la vie un peu différentes des miennes, je suis une personne sociable, abordable, mais je n'aime pas partir en vacances en groupe. J'ai horreur des vacances organisées avec des excursions et des repas inclus. Je préfère décider moi-même quand et où je vais.
>
> En fin de compte, je suis très romantique. J'aime visiter les châteaux, mais ils doivent être déserts. Je ne suis pas attiré par les pays exotiques. L'Inde m'intéresse, mais je ne veux pas trop y aller. J'ai tant de choses près de chez moi.
>
> *Pierre*

1 Where does Pierre like to go on holiday? *(1)*
2 Where does he not like to go? *(1)*
3 Why not? *(4)*
4 What does he particularly like in the countryside? *(4)*
5 What does he look for in a holiday? *(2)*
6 What does he say about meeting people? *(2)*
7 What does he think of package tours? *(2)*
8 What sort of castles does he like? *(1)*
9 Why won't he go to India? *(2)*

4a Write about 150 words on the sort of holiday you prefer. Remember to give opinions and reasons for them – and to make comments!

4b Learn what you have written and give a presentation, either to your group or on a tape. You may use short notes to remind you of your talk.

> This is your big chance to show off what you have learned so far. Remember to:
> ● express opinions (à mon avis … , je crois que …)
> ● use different tenses (the present for opinions, the conditional for what you would do, the future for what you will do, the perfect for what you did last year, and the imperfect for describing what the weather, scenery, and so on was like)
> ● use time phrases to say 'how often' (normalement, de temps en temps) and linking words (cependant, pourtant, parce que).
> You can also use what Pierre has written to help you: J'aime bien partir en vacances en …

Les grandes vacances

DANIELLE

1ère semaine

Pendant la première semaine des grandes vacances, je suis restée à la maison. Mes copains Sophie et Marc étaient en vacances avec leurs parents, donc c'était assez ennuyeux. Il faisait froid et il pleuvait. Je n'avais pas du tout envie de sortir. J'ai regardé beaucoup de télé, j'ai lu et j'ai bien rangé ma chambre, tellement je m'ennuyais!

2ème semaine

Lundi après-midi, Sophie et Marc sont revenus. Il faisait toujours assez froid mais il faisait soleil. J'ai joué au tennis avec eux et nous avons fait un pique-nique ensemble. C'était vraiment super de revoir mes copains!

3ème et 4ème semaines

Nous avons passé quinze jours en Espagne, mes parents, mon petit frère et moi. Nous sommes allés à Malaga dans le sud de l'Espagne. Il faisait très chaud et on a passé beaucoup de temps à la plage. J'ai fait de la natation et j'ai joué au volley sur la plage avec un groupe de jeunes espagnols qui étaient très sympa. Un jour on est allé en famille à un très grand parc de loisirs. C'était fantastique mais mon petit frère était un peu casse-pieds – il avait peur, il avait faim, il avait chaud, et moi, j'en avais marre! Aussi en Espagne j'ai fait du shopping. J'ai acheté des vêtements: un beau pantalon et une ceinture, et j'ai trouvé des t-shirts marrants comme cadeaux pour Sophie et Marc.

5ème semaine

Toute la semaine, j'ai travaillé comme réceptionniste dans le bureau de mon oncle. J'ai répondu au téléphone, j'ai parlé aux clients et j'ai fait des litres de café pour mon oncle! C'était assez intéressant, et il m'a bien payé, mais dehors il faisait soleil, et moi, je voulais être à la plage!

6ème semaine

Pendant la dernière semaine de mes vacances, j'ai essayé de réviser mes leçons. Ce n'était pas facile! Il y avait toujours beaucoup d'autres choses à faire. Mais il faisait mauvais, donc j'ai fait un effort. Trop vite, c'était la rentrée scolaire et la fin des vacances. Quel dommage!

1 Each week, Danielle writes about the weather (in yellow in the text). Match the pictures to the descriptions of the weather for each week.

Example: **a** *week 6: Il faisait mauvais.*

2 Each paragraph starts with a time phrase (in blue). Find out what each phrase means and write it in French and in English.

Example: 1 *Pendant la première semaine des grandes vacances – in the first week of the summer holidays*

3 What does Danielle say she did in each paragraph? The verb phrases are in green. Write them in French and English.

Example: **week 1** *Je suis restée à la maison (I stayed at home), j'ai regardé la télé (I watched TV)*

4 What does she say other people did? Look for other pronouns (*nous, on, il*), as well as for actual people (*mes copains, mon petit frère*). Write these verb phrases in French and in English.

Example: *Mes copains Sophie et Marc étaient en vacances. – My friends Sophie and Marc were on holiday.*

5 Write an account of your summer holidays. They can be holidays you have actually experienced, or you can make them up! Use the *Au secours!* panel to help you.

Au secours!

- **Structure**
  Notice how Danielle has structured each of her paragraphs: she says **when** she did things (in blue in the text), **what** she did (in green), what the **weather** was like (in yellow) and makes a **comment** (in red).

- The rest of what she has written is about what she did with other people:
Nous avons fait un pique-nique.	We had a picnic.
On est allés en famille.	We went as a family.

  or what other people did:
Il avait peur.	He was frightened.
Mes copains étaient en vacances.	My friends were on holiday.

- When you write your account, try to say things about **when**, **what**, the **weather** and to **comment**, and remember you will get better marks if you can write about other people too!

- **Opinions**
  It's easy to write opinions about something in the past. Use *c'était* + adjective:
  (negative) *c'était nul, c'était dégoûtant*   (positive) *c'était fantastique, c'était délicieux.*

  Make your opinions in the past more impressive by starting with:
  Je pensais que …/Je croyais que …

- **Accuracy**
  Make sure you choose language that you really know you will be able to remember accurately.

Mots

Les pays / Countries

Je passe mes vacances (en Afrique). *(f)*	*I spend my holidays in (Africa).*	en Italie *(f)*	*in Italy*
en Allemagne *(f)*	*in Germany*	en Suède *(f)*	*in Sweden*
en Australie *(f)*	*in Australia*	en Suisse *(f)*	*in Switzerland*
en Espagne *(fpl)*	*in Spain*	en Thaïlande *(f)*	*in Thailand*
en Finlande *(f)*	*in Finland*	au Canada *(m)*	*in Canada*
en France *(f)*	*in France*	aux Canaries *(f)*	*in the Canaries*
en Grande-Bretagne *(f)*	*in Great Britain*	au Japon *(m)*	*in Japan*
en Grèce *(f)*	*in Greece*	au Portugal *(m)*	*in Portugal*
en Hollande *(f)*	*in Holland*	aux États-Unis *(mpl)*	*in the United States*

Les nationalités/ Les langues / Nationalities/ Languages

allemand(e)	*German*	français(e)	*French*
américain(e)	*American*	grec(que)	*Greek*
anglais(e)	*English*	gallois(e)	*Welsh*
belge	*Belgian*	hollandais(e)	*Dutch*
britannique	*British*	irlandais(e)	*Irish*
canadien(ne)	*Canadian*	italien(ne)	*Italien*
écossais(e)	*Scottish*	portugais(e)	*Portuguese*
espagnol(e)	*Spanish*	suisse	*Swiss*

Le temps / The weather

La plupart du temps …	*Mostly …*	Il fait du vent.	*It's windy.*
Normalement …	*Normally …*	Il pleut.	*It's raining.*
D'habitude …	*Usually …*	Il neige.	*It's snowing.*
Souvent …	*Often …*	Il y a du soleil.	*It's sunny.*
De temps en temps …	*From time to time …*	Il y a du brouillard.	*It's foggy.*
Rarement …	*Rarely …*	Il y a des nuages.	*It's cloudy.*
Il fait beau.	*It's nice.*	au printemps	*in the spring*
Il fait mauvais.	*It's awful.*	en été	*in summer*
Il fait chaud.	*It's hot.*	en automne	*in the autumn*
Il fait froid.	*It's cold.*	en hiver	*in winter*

La météo / The weather forecast

Il fera beau.	*It will be nice.*	des averses	*showers*
Il fera mauvais.	*It will be awful.*	des orages	*thunderstorms*
Il fera chaud.	*It will be hot.*	des nuages	*clouds*
Il fera froid.	*It will be cold.*	du brouillard	*fog*
Le temps sera nuageux.	*The weather will be cloudy.*	Il pleuvra.	*It will rain.*
Le temps sera brumeux.	*The weather will be misty.*	S'il fait beau, j'irai (à la plage).	*If it's nice, I'll go (to the beach).*
Le temps sera pluvieux.	*The weather will be rainy.*		
Le temps sera variable.	*The weather will be changeable.*	S'il pleut, on fera (des courses).	*If it rains, we'll (do some shopping).*
Le temps sera ensoleillé.	*The weather will be sunny.*	S'il fait chaud, je jouerai (au tennis).	*If it's hot, I'll play (tennis).*
Le temps sera couvert.	*The weather will be dull.*		
Le temps sera frais.	*The weather will be cool.*	S'il pleut, on visitera (un musée).	*If it rains, we'll visit (a museum).*
Il y aura (des éclaircies).	*There will be (sunny intervals).*		

L'année dernière / Last year

Au mois de juillet …	*In July …*	à la montagne	*to the mountains*
Je suis allé(e) (en France).	*I went to (France).*	à la campagne	*to the country*
au bord de la mer	*to the seaside*	dans un petit village	*to a little village*

dans le Midi	*to the south of France*	avec mes copains	*with my friends*
J'ai passé mes vacances (dans un gîte).	*I stayed in a (holiday home).*	avec mes camarades de classe	*with my class*
dans un hôtel	*in a hotel*	tout(e) seul(e)	*all by myself*
dans un camping	*on a camp-site*	J'ai voyagé (en voiture).	*I travelled (by car).*
dans un appartement	*in an appartment*	en avion	*by plane*
dans un village de vacances	*in a holiday village*	en bateau	*by boat*
chez mon/ma correspondant(e)	*at my penfriend's*	Le voyage a duré (16 heures).	*The journey lasted (16 hours).*
Je suis parti(e) avec (ma famille).	*I went with (my family).*	Il faisait (beau/mauvais).	*The weather was (fine/bad).*
avec mes grands-parents	*with my grandparents*	Il faisait (chaud/froid).	*The weather was (hot/cold).*
		C'était (génial/affreux).	*It was (great/terrible).*

Activités — *Activities*

On peut (aller à la plage).	*You can (go to the beach).*	jouer au ping-pong	*play table tennis*
aller à la patinoire	*go the ice-skating rink*	louer des pédalos	*hire pedalos*
aller au bowling	*go to the bowling alley*	louer des vélos	*hire bicycles*
aller au Parc Astérix	*go to the Asterix theme park*	louer des canoës-kayaks	*hire canoes*
faire du camping	*go camping*	visiter le lac/le château/ la cathédrale	*visit the lake/castle/cathedral*
faire de la planche à voile	*go windsurfing*	visiter la cathédrale	*visit the cathedral*
faire du ski nautique	*go water-skiing*	visiter le château	*visit the castle*
faire une promenade en bateau	*go for a boat trip*		
jouer au volley	*play volleyball*		

Au syndicat d'initiative — *At the tourist office*

Je voudrais (une carte de la région).	*I would like a (map of the region).*	une liste d'hôtels	*list of hotels*
un dépliant	*leaflet*	une liste de distractions	*list of entertainments*
un horaire des bus et des trains	*bus and train timetable*	une liste de restaurants	*list of restaurants*
		un plan de la ville	*town plan*

À l'hôtel — *At the hotel*

Je voudrais une chambre pour (deux) personnes.	*I would like a room for (two) people.*	pour (trois) nuits	*for (three) nights*
une chambre de famille	*a family room*	pour une semaine	*for a week*
avec un grand lit	*with a double bed*	C'est combien par nuit?	*How much is it per night?*
avec deux petits lits	*with two single beds*	Le (petit déjeuner) est à quelle heure?	*What time is (breakfast)?*
avec salle de bains	*with a bathroom*	Est-ce qu'il y a (un ascenseur)?	*Is there a (lift)?*
avec douche	*with shower*	un parking	*a car park*
avec vue sur la mer	*with a view of the sea*	une piscine	*a swimming pool*
avec balcon	*with a balcony*		

Ça ne marche pas! — *It's not working!*

Il n'y a pas de (cintres/serviettes/savon).	*There isn't/aren't any (coat hangers/towels/soap).*	La douche/La lampe/Le téléphone ne marche pas.	*The shower/lamp/telephone isn't working.*
Il n'y a pas de serviettes.	*There aren't any towels.*	La chambre est sale.	*The room is dirty.*
Il n'y a pas de savon.	*There isn't any soap.*	Il y a un problème avec (le robinet).	*There's a problem with the (tap).*
Il n'y a pas assez de couvertures.	*There aren't enough covers.*	Il y a de l'eau par terre.	*There is water all over the floor.*
Les W-C ne marchent pas.	*The toilet doesn't work.*	Il y a trop de bruit.	*There's too much noise.*

Découverte vacances — *Different types of holiday*

J'aime (faire des croisières).	*I like (going on cruises).*	J'ai horreur (des visites guidées).	*I hate (guided tours).*
les grandes aventures	*adventure holidays*		
me bronzer	*getting a tan*	des vacances organisées	*package tours*
rencontrer des gens	*meeting people*	de voyager en autocar	*travelling by coach*
rester dans les auberges de jeunesse	*staying in youth hostels*	de rester sur place	*staying in the same place*
		des vacances à la plage	*beach holidays*

Bienvenue en France!

Exchanging greetings; talking about your house or flat

la veille	*the day before*

1a Which bubble belongs to each situation?

1 C'est l'anniversaire de votre ami.
2 C'est vendredi soir.
3 C'est la veille des vacances.
4 Votre ami va partir en voyage.

5 La réceptionniste à l'hôtel vous dit:
6 Le matin, votre père vous dit:
7 Le premier janvier, on vous dit:
8 Avant un examen, on vous dit:

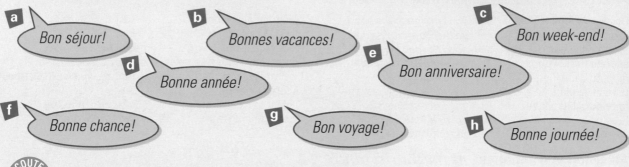

a *Bon séjour!*

b *Bonnes vacances!*

c *Bon week-end!*

d *Bonne année!*

e *Bon anniversaire!*

f *Bonne chance!*

g *Bon voyage!*

h *Bonne journée!*

1b Listen. Put the speech bubbles below in the right order, then match each one to a picture.

a *As-tu faim?*

b *Entre, et assieds-toi! Es-tu fatiguée?*

c *Voici ta chambre. Bonne nuit!*

d *As-tu soif?*

e *As-tu besoin d'une serviette, de savon ou de dentifrice?*

f *Bonjour, et bienvenue en France! Le voyage s'est bien passé?*

g *Je te présente ma mère, Catherine, et mon père, René.*

2a Copy and complete the letter with the words in the box.

> cuisine   salle
> pièces   Lyon   maison
> manger   premier
> bonjour   trois

1 ▮▮▮▮▮, j'habite à 2 ▮▮▮▮▮ dans une petite 3 ▮▮▮▮▮. Mon adresse, c'est le numéro 53, rue de la Poste. Dans ma maison, il y a sept 4 ▮▮▮▮▮. Au rez-de-chaussée, il y a le salon, la salle à 5 ▮▮▮▮▮, et la 6 ▮▮▮▮▮. Au 7 ▮▮▮▮▮ étage, il y a 8 ▮▮▮▮▮ chambres et la 9 ▮▮▮▮▮ de bains.

Sam

 2b Using the letter in **2a** as a model, write approximately 50 words about your house or flat.

> J'habite à …
> J'habite une maison/un appartement.
> Il y a (7) pièces.
> Au rez-de-chaussée, il y a le salon, la salle de séjour, la salle à manger, la cuisine, les W-C.
> Au premier étage, il y a (3) chambres et une salle de bains.

 3 In pairs. Practise this conversation, then replace the underlined words with your own details to make a new conversation.

Quelle est ton adresse?
<u>6, rue de l'Hermitage.</u>
Comment ça s'écrit?
<u>H … E … R … M … I … T … A … G … E.</u>
Tu habites dans une maison ou un appartement?

J'habite dans <u>une maison</u>.
Il y a combien de pièces?
Il y en a <u>huit</u>.
Quelles sont les pièces?
Il y a <u>une cuisine, un salon, une cave, trois chambres et deux salles de bains</u>.

 4a Listen. Put the pictures in the right order. (1–5)

a   b   c   d   e

 4b Listen again. Copy and complete the grid. Note any extra details. (1–5)

	where	likes (✓/✗)	other detail(s)
1	village	✓	big garden, house quite big

une (*petite*) maison individuelle	en banlieue
un bungalow	en ville
un appartement	au bord de la mer
un vieux bâtiment	
un immeuble	

Rappel

près de = near to → *J'habite près du parc.*
loin de = far from → *J'habite loin d'un lac.*
C'est près d'ici? On habite loin du centre.
C'est loin? Je n'habite pas très loin de la mer.

Giving details about rooms in a house

 In pairs. Practise these conversations. Change the underlined words to make a new conversation.

Rappel

Depuis … + present tense

J'habite à Londres depuis cinq ans. = I have been living in London for 5 years.

Où habites-tu?

↓

J'habite dans un appartement/dans une maison en ville.

À quel étage?

↓

Au <u>troisième</u> étage.

Il y a combien d'étages?

↓

Il y en a <u>dix</u>.

Où exactement?

↓

Rue <u>Gambetta</u>.

Quel numéro?

↓

Numéro <u>six</u>.

Depuis combien de temps est-ce que tu y habites?

↓

Depuis <u>deux</u> ans.

 Listen. Copy and complete the grid. (1–5)

	no. of bedrooms	no. of bathrooms	other details
1	3	1	sitting room, dining room, big kitchen

En haut, il y a (*trois chambres*).

En bas, il y a (*une cave*).

Dehors, il y a (*un jardin avec une pelouse, des arbres, des fleurs*).

Dans le salon/la cuisine, il y a de la moquette, un canapé, un frigo/congélateur, une cuisinière à gaz, une douche, un fauteuil, un four à micro-ondes, un lave-vaisselle, un lavabo, une machine à laver, une télévision, le buffet, la baignoire, un miroir, une chaîne hi-fi.

 You are an estate agent. Describe each of these properties to your partner.

Example:

L'appartement a une grande cuisine, un salon et une salle à manger …

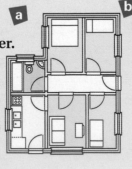 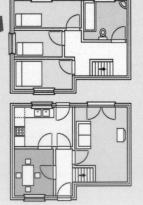 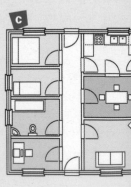

6a Read Émilie's letter. Make a list of all the rooms and furniture/appliances mentioned.

Example: *Pièces: le salon, … Meubles: un canapé, …*

Chère maman, cher papa,

Ici en Écosse, ça va bien. Les Davidson sont très gentils et le travail d'au pair est super!

Je vous envoie une photo de la maison. C'est une maison moyenne qui se trouve dans une rue tranquille près du centre-ville. C'est une maison jumelée à deux étages. Il y a neuf pièces: en bas, il y a le salon, la salle à manger, la cuisine et des W-C. Il y a aussi un petit bureau. En haut, il y a la salle de bains, et quatre chambres – la chambre de M. et Mme Davidson, la chambre de David (4 ans), la chambre de Lucy (6 mois) et ma chambre. J'ai une très grande chambre avec un canapé, une télévision et un lavabo.

Ce qui est bizarre, c'est qu'il y a de la moquette partout dans la maison, même dans l'entrée et l'escalier! Mais il n'y a pas de cave ni de lave-vaisselle. Je dois aider à faire la vaisselle à la main . . . Je fais un peu de cuisine aussi — la cuisinière à gaz est très compliquée!

Il y a un joli jardin derrière la maison où il y a une pelouse, des fleurs et des arbres. Mais on ne mange pas dehors, parce qu'il fait trop froid le soir. Il y a aussi un garage. Le congélateur est dans le garage.

Vous voyez, j'ai de la chance! Je suis très contente!

Grosses bises

Émilie

6b Write a summary of Émilie's letter in English (about 50 words).

7a Make a note of what is in each picture. Then listen. Which item in each room does the speaker not mention?

Example: **a** *the chairs*

7b Describe one of these pictures to your partner.
Your partner says which one you are describing.

1 *Voici ma chambre*

Describing your room

 1a Read what Alain says about his room. Draw a plan and mark the position of the different items.

la porte

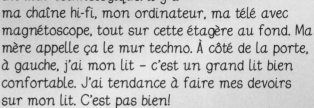

Ben, voici ma chambre ... comme vous voyez, elle est très grande. J'ai de la chance, je le sais. J'ai tout ce qu'il faut. En face de la porte tout un mur technologique: il y a ma chaîne hi-fi, mon ordinateur, ma télé avec magnétoscope, tout sur cette étagère au fond. Ma mère appelle ça le mur techno. À côté de la porte, à gauche, j'ai mon lit – c'est un grand lit bien confortable. J'ai tendance à faire mes devoirs sur mon lit. C'est pas bien!

Ce que j'adore, c'est la lampe fluo sur la table à côté de la porte à droite. Je trouve ça génial. C'est mon père qui me l'a offerte. En face du lit, il y a la fenêtre. Les rideaux sont verts, et la moquette aussi. Je mets des posters aux murs, mais je les change régulièrement. Finalement, les choses matérielles ne sont pas importantes pour moi.

1b True or false?

1 Alain doit partager sa chambre.
2 Alain est technophobe.
3 Alain travaille dans sa chambre.
4 Alain n'affiche jamais de posters.
5 Alain aime les choses matérielles.

technophobe	*frightened of technical things*

Rappel

Prepositions

dans	*in*	en face de	*opposite*
devant	*in front of*	sur	*on*
derrière	*behind*	sous	*under*
à côté de	*next to*		

 2a Listen. Choose the right answers.

1 Max pense qu'il pourrait
   a facilement partager sa chambre.
   b difficilement partager sa chambre.
   c partager sa chambre avec quelqu'un de son âge.

2 Josette
   a est d'accord avec Max.
   b partage sa chambre avec son frère.
   c aime bien partager sa chambre.

3 Mohammed est
   a mécontent.
   b satisfait.
   c très heureux.

4 Carmen voudrait
   a trouver un appartement avec sa sœur.
   b trouver un appartement pour elle toute seule.
   c trouver un appartement pour sa sœur.

5 Tristan s'entend
   a bien avec ses parents.
   b mal avec ses parents.
   c bien avec Carmen.

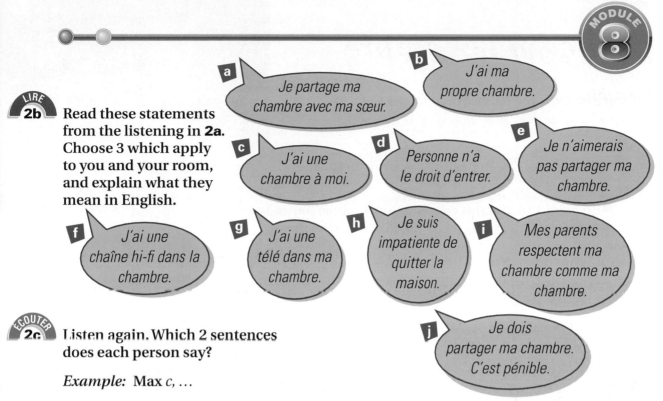

2b Read these statements from the listening in **2a**. Choose 3 which apply to you and your room, and explain what they mean in English.

a Je partage ma chambre avec ma sœur.

b J'ai ma propre chambre.

c J'ai une chambre à moi.

d Personne n'a le droit d'entrer.

e Je n'aimerais pas partager ma chambre.

f J'ai une chaîne hi-fi dans la chambre.

g J'ai une télé dans ma chambre.

h Je suis impatiente de quitter la maison.

i Mes parents respectent ma chambre comme ma chambre.

j Je dois partager ma chambre. C'est pénible.

2c Listen again. Which 2 sentences does each person say?

Example: Max *c*, …

3 In pairs. Practise this conversation. Change the underlined words to make a new conversation.

Tu as ta propre chambre?
<u>Non, je partage ma chambre avec ma sœur</u>.
Tu aimes ça?
<u>Oui, on aime bien être ensemble</u>.
Qu'est-ce qu'il y a dans ta chambre?
<u>J'ai un lit et un bureau à côté de mon lit. À gauche du bureau, j'ai une commode et en face de la commode, j'ai une armoire</u>.

Tu as une télévision?
<u>Oui, et une chaîne hi-fi</u>.
Tu aimes ta chambre?
<u>Oui</u>, c'est <u>super</u>.
Tu as acheté des choses pour ta chambre récemment?
Oui, j'ai acheté <u>des posters et ma mère m'a acheté une nouvelle moquette</u>.

4a Describe your room in approximately 100 words, showing how the items in it reflect your personality and interests.

> Use Alain's description to help you use some more sophisticated phrases:
> J'ai tout ce qu'il faut.
> Don't just say simple things, give more detail:
> C'est un grand lit bien confortable.

4b Make a presentation of approximately 2 minutes to your group/class about your bedroom.

Ma chambre est (*très*) grande/petite.		
En face de … , À côté de … , À gauche/droite de …,	il y a …	une chaîne hi-fi/lampe. un magnétoscope/lit. des posters aux murs.
La moquette est (*verte*). Les rideaux sont (*bleus*). Je trouve ça (*génial*).		

2 *On sort manger*

Eating out with friends and colleagues

1a Listen. Note each person's order from the menu below, in English. (1–5)

1b In pairs. Practise this conversation. Change the underlined words to order what you would like from the menu.

crudités   *raw vegetables with di*

Bonjour, monsieur. Vous avez choisi?

Oui. Je prends le menu à €12.

Qu'est-ce que vous prenez comme hors-d'œuvre?

Je prends <u>les fruits de mer</u>.

Et comme plat principal?

Je prends <u>le poulet rôti</u>, s'il vous plaît.

Et comme boisson?

<u>De l'eau minérale.</u>

Merci, monsieur. … L'addition, s'il vous plaît.

Comme hors-d'œuvre,	je prends …
Comme plat principal,	je voudrais …
Comme dessert,	
Comme boisson,	

● **Restaurant des Jongleurs** ●

MENU à prix fixe €12

● **HORS-D'ŒUVRES** ● ● ● ● ● ● ●
Assiette de saucisson sec
Crudités
Fruits de mer

● **PLATS PRINCIPAUX** ● ● ● ● ●
Plat du jour
Poulet rôti et haricots verts
Bœuf bourguignon au riz

● **DESSERTS** ● ● ● ● ● ● ● ● ●
Glace
Mousse au chocolat
Pâtisserie maison

● **BOISSONS** ● ● ● ● ● ● ● ● ●
Carafe de vin blanc/rouge …. €5,50
Eau minérale …………. €2,50
Bière ……………… €2,80

Service et boissons non compris

2a Match the questions and answers.

1 *Quel est le plat du jour?*

2 *C'est quoi exactement?*

3 *Avez-vous des frites?*

4 *On peut avoir encore un peu de pain, s'il vous plaît?*

5 *Où est le téléphone?*

6 *Je peux avoir l'addition, s'il vous plaît?*

a *Oui, mais nos pommes de terre à la vapeur sont très bonnes, vous savez.*

b *Oui, avez-vous bien mangé?*

c *Aujourd'hui, c'est la ratatouille.*

d *Bien sûr, je vais vous en chercher.*

e *C'est au sous-sol, près de la sortie.*

f *C'est une sorte de ragoût de légumes. Il y a des tomates, des courgettes et des aubergines dedans.*

2b Listen. Which dish is it? (1–6)
Listen again and note any details.

3a In pairs. Practise and learn this conversation.

Vous avez choisi?

Non. 'Garlic mushrooms', qu'est-ce que c'est?

Ce sont des champignons à l'ail.

Je déteste les champignons. Je prends le melon. Et 'lemon sole', c'est quoi exactement?

C'est une sorte de poisson.

Je prends le lemon sole alors. 'Cheese', c'est du fromage?

Oui, c'est ça.

Je n'aime pas tellement le fromage. Je prendrai la tarte aux pommes.

3b You are in a Scottish restaurant with a colleague who doesn't speak English. Explain the menu on the right to them in French. Use the words below and the key language to help you.

les champignons à l'ail	la tarte aux pommes
du potage	de la crème anglaise
du bifteck	du fromage
du poulet	

C'est quoi exactement?			
C'est	du poisson	dans une sauce,	servi avec …
	de la viande/volaille	en croûte,	
	un légume	garni,	

C'est une specialité écossaisc/anglaise.
C'est un dessert …
C'est une sorte de … avec …

Soup of the day
Melon cocktail
Garlic mushrooms

━━▶◉◀━━

Lemon sole
Steak and kidney pie
Chicken in white wine sauce

━━▶◉◀━━

All served with vegetables and
potatoes or chips

━━▶◉◀━━

Apple pie and custard
Fruit salad and cream
Selection of cheeses with oatcakes

3 *On se plaint*

Complaining at a restaurant

1 Match each situation to a sentence in the key language.

Je n'ai pas de fourchette.
Ma cuillère est sale.
L'addition n'est pas juste.
Mon potage est froid.
Ce couteau n'est pas propre.
On n'a pas de sel ou de poivre sur cette table.
Je n'ai pas de verre.

2a Listen and note the problem. (1–4)

Example: **1** *no reservation made, restaurant full*

Remember! *When you are listening to French, don't panic if you don't understand every word. Think in advance of the vocabulary you are likely to hear and concentrate on the words you do understand when you listen.*

Je regrette …
il n'y a pas de réservation.
le restaurant est complet.
il n'y a plus de (*poulet*).
il y a une erreur ici.

LIRE
2b Explain these sentences in English.

1 Ça ne va pas!

2 Je voudrais parler au gérant.

3 C'est incroyable!

4 Il y a une erreur ici.

5 Il y a une mouche dans mon potage!

6 Ce poisson est avarié!

7 Les fruits sont pourris.

8 Le garçon/la serveuse est impoli(e).

9 C'est la dernière fois que je dîne ici!

10 Je suis vraiment désolé(e).

11 Le potage est trop salé.

12 Ça ne m'est jamais arrivé avant.

PARLER
2c In groups. Devise a sketch using some of the phrases in **1**, **2a** and **2b**. Practise using the model first.

Example:
● *Garçon!*
● *Oui, madame?*
● *Mon potage est froid!*
● *Je suis désolé.*
● *Et je n'ai pas de cuillère!*
● *Pardon, madame.*
● *Et la nappe est sale – je voudrais parler au gérant!*
● *Le gérant est malade, madame – d'une intoxication alimentaire …*

la nappe	*table cloth*
le gérant	*manager*
une intoxication alimentaire	*food poisoning*

ÉCRIRE
3 You have had an unfortunate experience while dining with colleagues in a French restaurant. Changing the underlined words, write a letter of complaint to the manager.

> 7, rue del'Abbaye
> le 7 mai, 2002
>
> Monsieur/Madame,
>
> J'ai dîné dans votre restaurant avec des collègues <u>vendredi dernier</u>. Le repas était très cher mais j'étais très déçu(e) de la qualité de la nourriture et du service. <u>Le potage était froid et trop salé, le poisson était avarié et les fruits étaient pourris</u>. En plus, <u>le garçon était impoli et le gérant était absent</u>.
>
> En attendant votre réponse dans les meilleurs délais, je vous prie d'agréer, Monsieur/Madame, l'assurance de mes sentiments distingués.
>
> *Kate Bennett*

4 Les médias

Talking about books, magazines, and films

1a Andrew and Alice have written about the last books they read. Write a summary in English of what they say.

> il s'agit de …   *it's about …*

Fichier Édition Affichage Insertion

Le dernier livre que j'ai lu était 'Angela's Ashes' par Frank McCourt. Le héros est un petit garçon et il s'agit de son enfance aux États-Unis et en Irlande. Je l'ai trouvé très intéressant — je l'ai dévoré — mais c'était très triste aussi. Je peux le recommander — si tu veux avoir ma copie, je peux l'envoyer!
Alice

Fichier Édition Affichage Insertion

Le dernier livre que j'ai lu était un roman d'aventures — 'The Lord of the Rings' par Tolkien. Je l'ai trouvé super, mais très long. Il s'agit d'un hobbit qui doit vaincre les forces du mal. Je peux le recommander — mais en français pour toi, car le langage est assez compliqué.
Andrew

1b Listen. Copy and complete the grid. (1–5)

	genre	hero(es)/heroine(s)	opinion
1	adventure	young boy – nice	sad

> | C'est | un roman d'aventures/une bande dessinée/un roman policier. |
> |---|---|
> | | une histoire de guerre/un livre de science-fiction. |
>
> C'est triste/super/génial/intéressant.
> Le héros/L'héroïne est cool/courageux (-euse)/comique.

1c Write an e-mail in French to a friend about a book you have read recently. Write approximately 50 words.

2 Use the information in this graph to complete the text on the next page.

> Le dernier livre que j'ai lu était …
> Le héros/L'héroïne était …
> Il s'agit de … qui …
> Je l'ai trouvé …
> Je peux le recommander/Ça ne vaut pas la peine.
> Je peux l'envoyer.

Graph data:
- les articles sur le skate — 9%
- les pages consacrées à la musique — 18%
- le courrier du cœur — 6%
- les pages de mode — 12%
- l'horoscope — 7%
- les pages info-vedettes — 12%
- les articles sur le football — 20%
- les conseils beauté — 6%
- les jeux — 5%
- les sondages — 2%
- les mots-croisés — 3%

The survey on magazine articles produced the following results: the most popular types of article amongst teenage readers were 1⬚ and 2⬚, the least popular being 3⬚ and 4⬚. 5% of readers like 5⬚ and on 6% were 6⬚ and 7⬚. Slightly more popular, with 7%, were 8⬚, followed by 9⬚ with 9%. Both popular with readers, with 12%, were 10⬚ and 11⬚.

 3a Listen to these people talking about a visit to the cinema. Copy and complete the grid. (1–5)

	genre	opinion	other detail(s)
1	comedy	funny	great actors

 3b In pairs, take turns to ask and answer the questions. Use the phrases in the key language box.

Quel est le dernier film que tu as vu?
  (J'ai vu …)
C'est quelle sorte de film?
  (C'est …)
C'était comment?
  (C'était …)
Comment étaient les acteurs?
  (Ils étaient …)
Qui était ton acteur préféré?
  (Mon acteur/actrice préféré(e) était …)
Comment était la réalisation?
  (C'était …)

Quel est le dernier film que tu as vu?
J'ai vu …
C'était très émouvant/très romantique/nul/
  impressionnant.

| C'est | une comédie/histoire d'amour. |
| | un drame psychologique/film de science-fiction/western. |

| C'est un film qui | m'a touché. |
| | ne m'a fait aucun effet. |

L'histoire était …
Les acteurs étaient superbes/bons/nuls.
La réalisation était parfaite/ennuyeuse.
J'aime les films qui me font rire/pleurer/peur.

la réalisation   *direction*

● *Remember to use linking words – d'abord, ensuite, mais, et, cependant.*
● *Remember to use the perfect and imperfect tenses when you are talking about something in the past.*

 3c Imagine you are a film critic. Write an article about the last film you saw (about 100 words). Write about the genre, the story, the actors, the location and – very importantly – your opinion.

Un film que j'ai beaucoup aimé, c'est …
Il s'agit de …
C'est un film qui …
Je l'ai trouvé …

Rappel

Qui and **que** are very useful link words which impress examiners. See page 217.

5 *La télé*

Discussing TV

●●●●●●●●●

1a List in French all the kinds of programmes mentioned in the text. Find a British example for each kind.

Example:

les émissions de musique • Top of the Pops

1b Answer these questions.

1 What kind of programmes does Émilie like? *(2)*
2 What does she think of the ads? *(1)*
3 Why does Paul like the Simpsons? *(1)*
4 Name two types of film he likes. *(2)*
5 What does Geneviève watch every evening? *(2)*
6 What does she dislike? *(1)*
7 What does she actually prefer to the television? Why? *(2)*
8 Is Auguste going to watch TV this evening? Why? *(2)*
9 What does Auguste dislike? *(2)*

1c Listen. Identify the British TV programmes. (1–6)

Émilie Ce soir, je vais regarder *M comme Musique* car j'adore les émissions de musique. J'aime aussi les documentaires sur la nature, parce que j'aime beaucoup les animaux. La publicité, moi, je trouve ça bête.

Paul J'adore les dessins animés et les films policiers. J'aime aussi les films d'horreur et de science-fiction. Ce soir, je vais regarder mon émission préférée, *Les Simpson*, parce que ça me fait rire. Mais je ne vais pas regarder les informations: ça, c'est barbant.

Geneviève Dubois Comme tous les soirs, je vais regarder le télé-journal, et peut-être un film, parce que j'aime les films d'amour. Mon film favori est *Titanic*, parce que je pense que les acteurs sont formidables. Je trouve qu'il y a trop de séries américaines et anglaises à la télévision française, et je déteste cette sorte d'émission. À vrai dire, je préfère écouter la radio, parce que j'aime beaucoup la musique classique.

Auguste Dubois Je ne vais pas regarder la télé ce soir, car je préfère les émissions de sport, et il n'y en a pas ce soir. Je verrai mon émission préférée, *Sport matin*, demain à 10 heures. Je n'aime pas les jeux télévisés, *Qui Veut Gagner des Millions* par exemple. Je les trouve ennuyeux. Je n'aime pas non plus les feuilletons.

What do young people watch in France? Find out and then ask your French assistant or penpal what he/she thinks of the programmes.

J'aime	les films (policiers),			ça me fait rire.
J'aime beaucoup	les informations,	parce que	c'est	intéressant.
	le télé-journal,			amusant.
	les jeux,			passionnant.
Je n'aime pas tellement	les séries,			barbant.
	les documentaires,			bête.
Je déteste	les émissions	de sport,		
		de musique,		
	les feuilletons,			
	les dessins animés,			
	la publicité,			

2a Do we watch too much TV? Read the opinions below and decide whether you agree, disagree or don't know.

	agree	disagree	don't know
1			

1 *Je pense qu'on regarde trop la télé de nos jours. Les gens discutent moins. Ils sont tout le temps devant la télé.*

4 *Il y a trop de publicité, ça m'énerve!*

3 *Zapper tout le temps, c'est débile. La télé n'est bonne ni pour la société, ni pour la santé.*

6 *Il y a trop de violence à la télé, j'ai horreur de ça. Les petits enfants regardent des choses horribles.*

2 *La télé est dangereuse, les gens sortent moins, ils sont passifs. Moi, je regarde seulement les documentaires.*

5 *La télé, c'est après tout une forme d'éducation. Il faut sélectionner les émissions, c'est tout.*

2b Summarise in English the opinions you agree with.

3 Read the article. Answer the questions below in English.

Enfants de la pub!

Aujourd'hui, la publicité a beaucoup d'influence. Les grandes entreprises, les annonceurs veulent faire de la publicité pour leurs produits. Ils veulent vendre!

La publicité coûte cher à la télé. Les spots populaires sont très convoités.

La publicité doit encourager les gens à acheter un produit. Ce sont les agences qui fabriquent les annonces.

Certains produits n'ont pas le droit de faire de pub à la télé, par exemple l'alcool et le tabac.

L'impact de la pub sur les gens est énorme. Les slogans sont très importants, surtout pour les grandes marques.

1 According to the article, why do companies use advertising? *(1)*
2 Who makes advertisements? *(1)*
3 Which products are not allowed to advertise on the TV? *(2)*
4 For whom are slogans particularly important? *(1)*

4 Prepare a presentation about your favourite TV programme.

Il s'agit de la vie personnelle de …
C'est (*une série*) qui existe depuis … ans.
Il/Elle a lieu (*en Australie*).
Le présentateur est …
Les acteurs sont …
C'est très populaire.
J'aime cette émission parce que …

Don't forget to use your common sense in exams. You don't have to understand everything to get the answers right!

1 Answer these questions and practise this conversation with a partner.

- Tu préfères les vacances en Écosse ou à l'étranger? Pourquoi?
- Qu'est-ce que tu fais pendant les vacances de Noël?
- Quels sont tes passe-temps préférés quand tu es en vacances?
- Qu'est-ce que tu as fait l'année dernière?
- Qu'est-ce qu'il y a d'intéressant pour les touristes en Écosse?
- Quels pays est-ce que tu voudrais visiter? Pourquoi?
- Qu'est-ce que tu vas faire l'année prochaine?

- Je préfère …
- Je passe les vacances de Noël ..
- J'aime faire de la natation …
- Je suis allé(e) …
- Il y a le paysage, les châteaux ..
- Je voudrais aller … parce que .
- Je vais aller …

2 In pairs, practise this transaction in a hotel. Then adapt it to make a new conversation.

- Avez-vous une chambre de libre, s'il vous plaît?
- Je voudrais ⬚/⬚/⬚ avec ⬚/⬚/⬚
- 🌙×3 / 🌙×7
- C'est combien par nuit?
- Parfait. Merci, madame/monsieur.

- Oui, quelle sorte de chambre voulez-vous?
- C'est pour combien de nuits?
- Oui, d'accord.
- C'est €30/€40/€42.

Prepared talk

Mes dernières vacances

Prepare a talk on a past holiday. Try to include the following information:

- where you went: *Je suis allé(e) à …*
- who with: *Je suis parti(e) avec …*
- where you stayed: *On a logé …*
- how long you stayed there: *On est resté …*
- exactly what you did: *On a/J'ai/Nous avons …*
- what it was like: *C'était …*
- whether you would like to go back: *Je …*
- what the weather was like: *Il faisait …*
- where you will go this summer: *Je vais aller/J'irai à …*
- what you will do if the weather isn't good: *Je ferai …*

- *This is the kind of talk that would benefit from photos, postcards and brochures. Try to build them into your talk.*
- *Remember to use linking words such as et, ensuite, après, mais – they will improve your fluency:* Je suis allé(e) à un musée **mais** c'était barbant. J'ai visité un château **et ensuite**, je suis allé(e) aux magasins.
- *To achieve a better grade, use the future tense to say where you'll be going next year, or the conditional to say where you'd like to go:* Je vais aller … Je voudrais aller …

1 In groups of four. You are introducing a business colleague to the others in your office. Practise your conversation, then adapt it to suit your group.

Bonjour et bienvenue!
Merci.
Est-ce que je peux vous présenter mon collègue, Alain.
Bonjour, Alain.
Bonjour!
Et ma collègue, Françoise.

Bonjour!
Bonjour, Françoise. Enchanté(e).
Asseyez-vous! Vous avez soif?
Oui, un peu.
Une tasse de thé, peut-être?
Oui, je voudrais bien, merci.

2 In groups, prepare to act out a scene in a restaurant, following the prompts below.

- Bonsoir, monsieur/madame.
- Vous désirez quelque chose à boire?
- Qu'est-ce que vous prenez, monsieur/madame?
- Vous désirez autre chose?
- Il y a un problème?
- Je suis désolé(e), monsieur/madame. Je vais chercher le gérant.

- Ask for a table.
- Order drinks.
- Order a starter, main course and dessert.
- Ask for the bill.
- Complain when something goes wrong.

> *Remember to give opinions and reasons:*
> J'aime le rock parce que c'est vivant.
> J'aime la danse écossaise – il est important, à mon avis, de préserver les traditions.

Prepared talk

Les médias

Prepare a talk of approximately 2 minutes, on TV and the media. Try to include the following information:

- what you like and why:
- what books you like – mention the last one you read:
- what films you like – talk about what films you have seen recently:
- what music you like:

J'aime regarder/lire …

J'aime les livres romantiques. J'ai lu 'Bridget Jones's Diary' – c'était amusant.

J'aime les films amusants. La semaine dernière, J'ai vu 'American pie 2'.
J'aime la dance et le rock.

Mots

À la maison / At home

J'habite (une maison).	I live in (a house).
un appartement en ville	a flat in town
un immeuble en banlieue	a block of flats in the suburbs
un vieux bâtiment	an old building
un bungalow au bord de la mer	a bungalow by the sea
J'habite à (76 rue de la Paix).	I live at (76 rue de la Paix).
Il y a (4) étages.	There are (4) floors.
J'habite au (troisième) étage.	I live on the (third) floor.
Il y a (7) pièces.	There are (7) rooms.
Au rez-de-chaussée, il y a (le salon …).	On the ground floor, there is (the lounge …).
la salle de séjour	the living-room
la salle à manger	the dining-room
la cuisine	the kitchen
les W-C	the toilet
Au premier étage, il y a (la salle de bains …).	On the first floor, there is (the bathroom …).
En haut, il y a (3 chambres).	Upstairs, there are (3 bedrooms).
En bas, il y a (une cave …).	Downstairs, there is (a cellar …).
Dehors, il y a (un jardin).	Outside, there is a (garden).
J'habite à (Londres) depuis (3 ans).	I have been living in London for (3 years).

Les meubles / Furniture

Dans la cuisine, il y a (un frigo …).	In the kitchen, there is (a fridge …).
un congélateur	a freezer
une cuisinière (à gaz)	a (gas) cooker
un four à micro-ondes	a microwave
un lave-vaisselle	a dishwasher
une machine à laver	a washing machine
Dans le salon, il y a (un canapé …).	In the lounge, there is a (sofa …).
de la moquette	a carpet
un fauteuil	an armchair
une télévision	a television
un buffet	a sideboard
une chaîne hi-fi	a hi-fi system
Dans la salle de bains, il y a (une douche …).	In the bathroom, there is (a shower …).
un lavabo	a washbasin
une baignoire	a bath
un miroir	a mirror

Ma chambre / My bedroom

J'ai ma propre chambre.	I have my own room.
Je partage ma chambre avec (mon frère).	I share a room with (my brother).
Ma chambre est (très) grande/petite.	My room is (very) big/small.
(En face de) la porte, il y a (une chaîne hi-fi).	(Opposite) the door, there is (a hi-fi system).
(À côté de) la chaîne hi-fi, il y (une télé avec magnétoscope).	(Next to) the hi-fi system, there is a (television and video).
À droite, il y a (une lampe).	On the right, there is (a lamp).
À gauche, il y a (une armoire).	On the left, there is (a wardrobe).
Il y a des posters aux murs.	There are posters on the walls.
La moquette est (bleue).	The carpet is (blue).
Le rideaux sont (blancs).	The curtains are (white).
Je trouve ça génial.	I think it's fantastic.

On sort manger / Eating out

Je prends le menu à (€12.00).	I'll have the menu at (€12).
Comme (hors-d'oeuvre), je prends (les champignons à l'ail).	For a (starter), I'll have (garlic mushrooms).
Comme (plat principal), je voudrais (du poulet rôti).	For (main course), I'll have (chicken).
Comme (dessert), je prends (une glace).	For (dessert), I'll have (an icecream).
Comme (boisson) je prends (un Coca).	To (drink) I'll have (a Coke).
C'est quoi exactement?	What is it exactly?
C'est (un légume garni).	They're (vegetables with garnish).
C'est (de la viande en croûte).	It's (meat baked in a crust).
C'est (du poisson), servi avec …	It's (fish), served with …
C'est (une specialité écossaise).	It's a (Scottish) speciality.
C'est un dessert.	It's a dessert.
C'est une sorte de (légume).	It's a sort of (vegetable).

On se plaint — *Making complaints*

Je n'ai pas de (fourchette).	*I don't have a (fork).*
Ce (couteau) n'est pas propre.	*This (knife) isn't clean.*
une cuillère	*a spoon*
(La nappe) est sale.	*This (glass) is dirty.*
Mon (potage) est froid.	*My (soup) is cold.*
Il y a une mouche dans mon potage.	*There is a fly in my soup.*
Le potage est trop salé.	*The soup is too salty.*
Les fruits sont pourris.	*The fruit is rotten.*
Le poisson est avarié.	*The fish is off.*
On n'a pas de sel ni de poivre sur cette table.	*We don't have salt or pepper on the table.*
Il y a une erreur ici.	*There is a mistake here.*
L'addition n'est pas juste.	*There's a mistake in the bill.*
Je voudrais parler au gérant.	*I'd like to see the manager.*

Les livres — *Books*

C'est (un roman policier).	*It's (a detective story).*
un roman d'aventures	*an adventure story*
une bande dessinée	*a cartoon*
une histoire de guerre	*a story about war*
un livre de science-fiction	*a science-fiction book*
Le héros/L'héroïne est/était (cool).	*The hero/heroine is/was (cool).*
courageux(-euse)	*brave*
comique	*funny*
C'est (triste).	*It's (sad).*
super	*superb*
génial	*wonderful*
intéressant(e)	*interesting*
Le dernier livre que j'ai lu était (Angela's Ashes).	*The last book I read was (Angela's Ashes).*
Il s'agit de (l'enfance d'un petit garçon).	*It's about (a little boy's childhood).*
Je l'ai trouvé (intéressant mais triste).	*I found it (interesting but sad).*
Je peux le recommander.	*I can recommend it.*
Ça ne vaut pas la peine.	*It's not worth reading.*

Les films — *Les films*

Quel est le dernier film que tu as vu?	*What was the last film you saw?*
J'ai vu (le Seigneur des Anneaux).	*I saw (Lord of the Rings).*
C'est (une histoire d'amour).	*It's a (love story).*
un western	*a western*
une comédie	*a comedy*
un drame psychologique	*a psychological drama*
un film de science-fiction	*a science fiction film*
C'était (émouvant).	*It was (moving).*
impressionnant	*impressive*
romantique	*romantic*
nul	*awful/boring*
C'est un film qui m'a touché(e).	*It's a film that moved me.*
C'est un film qui ne m'a fait aucun effet.	*It's a film that didn't make any impression on me.*
Les acteurs étaient superbes/bons/nuls.	*The actors were superb/good/terrible.*
La réalisation était parfaite/ennuyeuse.	*The direction was perfect/boring.*
L'histoire était (passionnante).	*The story was (exciting).*
J'aime les fims qui me font rire.	*I like films that make me (laugh).*
qui me font pleurer	*that make me cry*
qui me font peur	*that make me scared*

La télé — *Television*

J'aime (les séries).	*I like (series).*
les films (policiers)	*detective films*
les jeux	*quizzes*
les documentaires	*documentaries*
J'aime beaucoup (les feuilletons).	*I very much like (soaps).*
les émissions de sport	*sports programmes*
les dessins animés	*cartoons*
Je n'aime pas tellement (les informations).	*I'm not very keen on (the news).*
le télé-journal	*the TV news*
les émissions de musique	*music programmes*
Je déteste (la publicité).	*I hate (adverts).*

En bonne forme

Talking about meal times and your daily routine

● ●

LIRE 1 Read the article and answer the questions below in as much detail as you can.

En France, en général, on prend le petit déjeuner de bonne heure, puisque le collège commence à huit heures. Les Français aiment manger des tartines ou des croissants, même des pains au chocolat. Ils boivent du café, du thé ou du chocolat chaud.

Le déjeuner est un repas important en France. La plupart des magasins sont fermés entre midi et deux heures pour le déjeuner. On prend le dîner entre 19 heures et 21 heures, ça dépend de la famille.

Les enfants prennent souvent un petit goûter vers 4 heures de l'après-midi, par exemple des biscuits, des tartines, du chocolat chaud, etc. Les Français ont une certaine renommée pour leur cuisine. On prétend que certaines nationalités 'mangent pour vivre', tandis que les Français 'vivent pour manger'!

1 Describe a French breakfast.
2 When do people have lunch and dinner?
3 What do children have for their *goûter*?
4 Translate the phrase *les Français vivent pour manger*.

ÉCOUTER 2a Listen.
Who's speaking? (1–8)

Example: **1** *Laure*

Marie
petit déjeuner 8h
déjeuner 12h45
dîner 19h30

Suzanne
petit déjeuner 7h15
déjeuner 12h30
dîner 20h45

Laure
petit déjeuner 6h30
déjeuner 13h15
dîner 20h

PARLER 2b In pairs. Take the part of one of the people in **2a**, and say when you have your meals. Your partner says who you are.

Example:
● *Je prends le petit déjeuner à huit heures, je prends le déjeuner à douze heures quarante-cinq, et je prends le dîner à dix-neuf heures trente.*
● *Tu es Marie.*

Je prends	le petit déjeuner	à (20) heures.
	le déjeuner	
	le goûter	
	le dîner	

3a Read the text and answer the questions below in French.

Example: 1 *Il se lève à six heures et demie.*

a D'habitude, je me lève à six heures et demie.

b Je me lave et je me brosse les dents à sept heures moins le quart dans la salle de bains.

c Je prends le petit déjeuner dans la cuisine.

d Je quitte la maison vers sept heures et demie, et je vais au collège en car.

e J'arrive au collège à huit heures moins le quart.

f J'ai cours de huit heures à midi.

g À l'heure du déjeuner, je mange à la cantine.

h L'après-midi, je passe mon temps à dormir en classe.

i Je rentre à la maison vers seize heures trente.

j Je me couche à vingt-deux heures en semaine, et le week-end je fais la grasse matinée.

1 À quelle heure est-ce qu'il se lève?
2 Où est-ce qu'il se lave?
3 À quelle heure est-ce qu'il part de chez lui?
4 Comment va-t-il au collège?
5 Où est-ce qu'il prend son déjeuner?
6 Est-ce qu'il préfère travailler ou dormir l'après-midi?
7 À quelle heure est-ce qu'il va au lit pendant la semaine?

Je me lève à …	Je vais au collège en …
Je me lave.	J'arrive au collège à …
Je me brosse les dents.	Je rentre à la maison à …
Je quitte la maison à …	Je me couche à …

faire la grasse matinée *to have a long lie*

3b Use the model above to describe your daily routine. Write 100–150 words.

Rappel

se laver = to get washed

je **me** lave	nous **nous** lavons
tu **te** laves	vous **vous** lavez
il/elle **se** lave	ils/elles **se** lavent

Talking about daily routine in the present and past

4a Listen. Copy and complete the sentences about this French Olympic athlete.

1 À 6h, elle se …
2 À 6h30, elle va …
3 À 8h30, elle …
4 À 9h, elle …

5 Elle travaille de … à …
6 À 18h, elle …
7 À 20h30, elle …
8 Vers 22h, elle …

4b Read this text about Fabien Barthez. Choose the correct ending for each sentence.

1 Fabien Barthez est de nationalité anglaise/française.
2 Il est buteur/gardien de but.
3 En 1998, il jouait pour Marseille/Monaco.
4 Il est venu habiter en Angleterre en 1996/2000.
5 Il prend le petit déjeuner à 7h30/7h45.
6 Il va au gymnase en voiture/en bus.
7 Il prend le déjeuner à la maison/au gymnase.
8 Il va au stade pour voir les fans/s'entraîner.
9 Il s'entraîne pendant 2 heures/3 heures.
10 Après l'entraînement, il se lave/se repose.
11 En général, il va au lit à minuit/midi.

www.fabien_bz.com

Gardien de but de l'équipe nationale de France pour la Coupe du monde en 1998 et la Coupe d'Europe en 2000, Fabien Barthez est le numéro un des gardiens du monde.

Ancien joueur avec Marseille (1992-1995) et Monaco (jusqu'à 2000), il a quitté la France pour habiter en Angleterre quand il est devenu membre de l'équipe de Manchester United.

Pour être footballeur professionnel, il faut être en forme. Fabien se lève vers 7h30 tous les jours, et un quart d'heure plus tard il prend le petit déjeuner. Ensuite, il conduit au gymnase où il passe deux heures à s'entraîner seul. Rentré à la maison, il prend un déjeuner léger, et il se repose un peu. Vers midi, il va au stade où il rencontre ses collègues et leur coach. Après trois heures d'entraînement, il se douche, puis il rentre à la maison pour manger, ou il sort avec des amis pour une soirée en ville. Il se couche vers 24h normalement, mais la veille d'un match, il va au lit à 21h.

la veille *the day before*

5a Listen and answer the questions in English.

1 How does Thomas get to school? *(1)*
2 When does he leave the house? *(1)*
3 How long does it take Gilles to get to school? *(1)*
4 How does he get there? *(1)*
5 How does Benoît get to school? *(1)*
6 What affects the time it takes? *(1)*
7 Why does Liliane cycle? *(3)*
8 How does Maude get to school? *(1)*
9 Why does she not like it? *(3)*
10 When does she have to leave home? *(1)*

5b In pairs. Interview each other.

A

- Comment est-ce que tu viens au collège?
- Tu mets combien de temps pour venir?
- À quelle heure est-ce que tu quittes la maison?
- À quelle heure est-ce que tu arrives?

B

- Je viens au collège …
- Je mets …
- Je quitte la maison …
- J'arrive …

 5c Write up the results of your interview.

X vient au collège … Il/Elle met … pour venir, …

 6a In pairs. Read this interview about what someone did yesterday, then change the details to talk about yourself.

À quelle heure est-ce que tu t'es levé(e)?
Je me suis levé(e) à sept heures et demie.
Qu'est-ce que tu as fait après?
Je me suis douché(e) et je me suis brossé les dents. Ensuite, j'ai pris mon petit déjeuner.
À quelle heure est-ce que tu as quitté la maison?
J'ai quitté la maison à sept heures et demie.
Comment est-ce que tu es allé(e) au collège?
Je suis allé(e) en bus.
À quelle heure est-ce que tu es rentré(e)?
Je suis rentré(e) à quatre heures et demie.
Et à quelle heure est-ce que tu t'es couché(e)?
Je me suis couché(e) à dix heures.

Je me suis levé(e) à …
Je me suis lavé(e)/douché(e).
Je me suis brossé les dents.
J'ai pris mon petit déjeuner à …
J'ai quitté la maison à …
Je suis allé(e) au collège en …
Je suis arrivé(e) au collège à …
Je suis rentré(e) à la maison à …
Je me suis couché(e) à …

 6b Using the perfect tense, describe what you did yesterday. Remember the rules for *être* verbs!

Example: *Hier, je me suis levé(e) à …*

 6c Describe what Luc did yesterday, using the perfect tense. Use the information given in activity **3a**.

Example: *Hier, il s'est levé à …*

RAPPEL

Reflexive verbs form the perfect tense with *être*.

Example: *Je me suis levé(e) à …*

To revise these and the perfect tense of other verbs, see pages 204–205.

1 Avez-vous la pêche?

Talking about healthy eating

 1a What are these food groups? Match the pictures with the names.

1 pain/céréales
2 nourritures grasses
3 viandes/protéines
4 produits laitiers
5 fruits/légumes
6 produits sucrés

 1b Match each food group with its functions.

Example: a *3*

sorte de nourriture	fonction
a produits laitiers	**1** source de cholestérol
b pain/céréales	**2** donnent de l'énergie, mais contiennent beaucoup de calories
c fruits/légumes	**3** source de calcium, de protéines et de vitamine D
d produits sucrés	**4** contiennent des fibres et de la vitamine C
e nourritures grasses	**5** apportent des protéines et des vitamines, mais attention aux matières grasses
f viandes/protéines	**6** donnent des vitamines, des fibres et de l'énergie

 1c Listen and check your answers to **1b**.

 1d Give 2 items in French which belong to each food group.

Example: produits laitiers: yaourt, …

le pain	le beurre
la confiture	la salade
les crudités	le bifteck
le poisson	les haricots verts
un yaourt	les pommes de terre
une glace	le potage
les pâtes	un chocolat chaud
un hamburger	les frites
une omelette	le sel
un gâteau	les œufs
une pizza	les chips
un Coca	

2a Copy the grid. Listen and note what Sarah and Thomas have for each meal. Is their diet healthy or unhealthy?

	breakfast	lunch	dinner	healthy? (✓/✗)
Sarah				
Thomas				

> C'est sain/malsain. — *It's healthy/unhealthy.*
> C'est bon/mauvais pour la peau. — *It's good/bad for the skin.*

 2b Try the test!

TEST-SANTÉ

1 Qu'est ce qui contient le plus de matières grasses?
 a un grand hamburger
 b une portion de frites
 c une omelette

2 Combien de cuillerées de sucre est-ce qu'il y a dans une boîte de Coca?
 a 2
 b 6
 c 9

3 Le calcium et le fluor sont bons pour:
 a les cheveux et les yeux
 b les os et les dents
 c les muscles

4 Quelle est la nourriture la plus importante pour le corps?
 a l'eau
 b le sel
 c le pain

5 Quelle est la meilleure source de fibre parmi ces trois?
 a des cornflakes
 b des biscuits
 c du raisin

6 Les calories dans un paquet de chips sont l'équivalent des calories dans:
 a deux œufs
 b une baguette
 c 61 carottes

Réponses 1 a 2 c 3 b 4 a 5 c 6 c

3 Prepare a radio advert to encourage people to eat healthily. Use the phrases on the right.

> Chers écouteurs!
> Pour être sain/en bonne santé …
> Il faut manger plus de …
> Il faut manger beaucoup de …
> Il faut manger moins de …
> Il faut aussi choisir des produits bio.
> Les fruits et légumes, c'est une source de …

4 What are the advantages and disadvantages of fast food? Give your opinion in 75–100 words.

Ce n'est pas bon pour la santé.
C'est bien, le service est rapide.
C'est mauvais pour l'environnement.
C'est pratique, on peut manger quand on veut.
Les restos ne sont pas confortables.
Je préfère les restaurants traditionnels.
Il y a très peu de choix pour les végétariens.
Le fast-food n'est pas cher.
C'est très sucré.
J'essaie de manger des produits bio.
Il y a trop d'emballage, c'est pas nécessaire.

RAPPEL

To say 'you must do' something in French, use *il faut* + infinitive (literally 'it is necessary to…'):
il faut manger … = you/one must eat …
il faut faire … = you/one must do …

Use what you have done in 3 to prepare a website encouraging people to eat more healthily.

2 La cuisine et les habitudes

Talking about food preferences

1a Listen and read, then note the key points these young people mention about school meals. (1–4)

Example: 1 *never eats in the canteen, hates it, …*

> **1** Je ne mange jamais à la cantine – j'ai horreur de ça. Il faut faire la queue et attendre longtemps, et il n'y a que des frites! Le café à côté est meilleur.

> **2** Moi, je trouve sympa de manger à la cantine. On mange tous ensemble en famille et la nourriture est bonne. J'aime bien.

> **3** Je n'aime pas manger à la cantine. Il n'y a pas beaucoup de choix – je préfère apporter un casse-croûte.

> **4** Je n'aime pas manger à la cantine, il y a trop de monde. Je préfère apporter des sandwichs. Je les prépare le soir avant de me coucher, comme ça ils sont faits. Je n'aime pas la bouffe à la cantine.

1b Look at the opinions in the key language box. Write them out in two lists: for and against school meals.

La nourriture est bonne.	
La nourriture est affreuse.	J'aime manger à la cantine.
Il y a beaucoup de choix.	Je ne mange jamais à la cantine.
Il n'y a pas de choix.	Il faut faire la queue.
C'est cher.	Il n'y a que des frites.
Ce n'est pas cher.	On mange tous ensemble.
C'est rapide.	Je préfère apporter un casse-croûte.
Il faut attendre.	Il y a trop de monde.

2a Listen. Note in French the type of food these people like. (1–5) Then listen again and select a phrase from the key language below for each person.

Example: 1 *indienne – C'est piquant et épicé.*

Rappel

Don't forget that there are more negatives than just *ne … pa...*

ne … jamais = never

ne … que = only

See pages 211–212.

2b In pairs. What kind of food do you prefer and why?

Example:

- *Tu aimes la cuisine indienne?*
- *Non, je ne l'aime pas parce que c'est trop épicé.*

la cuisine chinoise	C'est facile à faire!
la cuisine italienne	J'aime les sauces différentes.
la cuisine marocaine	C'est piquant et épicé.
la cuisine thaïlandaise	C'est très sucré!
la cuisine indienne	C'est différent et ça change
la cuisine française	de la cuisine française.

3 Read this article and answer the questions below in English.

Les images stéréotypées

Beaucoup d'Écossais aiment manger le 'fish and chips', ou poisson-frites, emballé dans un journal. Ils mangent de la confiture avec de l'agneau et leur pain ressemble à un bout de plastique!

Moi j'habite à Paris, mais le week-end dernier, je suis allé rendre visite à ma grand-mère qui habite à Cancale. Elle avait une surprise pour moi. Elle avait préparé la barbue à la cancalaise. Elle était allée le matin même au marché où elle avait acheté des poissons, des huîtres et des légumes. C'était délicieux – quelle belle surprise!

Les Français mangent des escargots et des cuisses de grenouille tous les jours. Ils aiment manger de la viande crue aussi. Ils n'aiment pas les choses épicées en général.

Il y a beaucoup de spécialités régionales en France. Par exemple, les tripes à la mode de Caen, le cassoulet toulousain, la choucroute alsacienne, les grenouilles frites à la mode de Lyon: la liste est longue!

1 What 3 things does the article say about Scottish people?
2 What is in *barbue à la cancalaise*?
3 The article mentions 3 things French people like to eat and one they don't. What are they?
4 Do you agree with this article?

4 Write an article on food (100 words or more). Use the model below (on the right) to help.

You could mention:
● what kind of food you like and why
● what foods you don't like
● whether you like school meals and what you think of them
● where you like to eat
● when you have your meals
● a recent memorable meal.

By this stage you should remember to include in your writing:
● *at least 2 or 3 different tenses*
● *opinions (je trouve que …, à mon avis)*
● *linking and qualifying words (mais, cependant, surtout).*

Le détective

The pluperfect tense translates as **had …** in English:
Elle **avait préparé** la barbue à la cancalaise.
*She **had prepared** brill in the cancalaise style.*

Elle **était allée** le matin même au marché.
*She **had gone** to the market that very morning.*

Pour en savoir plus ➡ page 208, pt 3.9

Moi, je préfère la cuisine tunisienne, comme le couscous. Je déteste le fast-food. Je le trouve cher et malsain. Je prends le déjeuner à la cantine au collège. Il faut faire la queue mais ça ne me dérange pas. Il y a toujours beaucoup de choix et ce n'est pas cher.

Chez moi on prend le dîner assez tôt, à 18h30. Le soir nous mangeons quelquefois dans un bon restaurant indien, et je trouve ça extra. C'est très épicé! Récemment j'ai aussi mangé dans un restaurant thaïlandais, mais la cuisine était moins délicieuse que dans le restaurant indien!

3 Ça ne va pas

Talking about illnesses and accidents

1a Match the pictures to the problems in the key language box.

Example: **a** *J'ai très froid.*

Key language box

J'ai très chaud.
J'ai très froid.
Je n'ai pas faim.
Je me sens très fatigué(e).
Je suis malade.
J'ai mal au cœur.
J'ai la grippe.
Je suis enrhumé(e).
Je me suis blessé(e) à la jambe.
J'ai pris un coup de soleil.
Il/Elle est blessé(e).
J'ai de la fièvre.
J'ai vomi.
Je tousse.

Rappel

Some French expressions use the verb **avoir** where English uses **to be**.

Example:

J'ai chaud = I'm hot (in French, I have hot)

avoir chaud	avoir soif	avoir faim
avoir froid	avoir … ans	avoir peur

1b Listen to these conversations in a chemist's. (1–6) Note the problem (use your answers for **1a** a–n) and the action suggested – there may be more than one!

	problem	action
1	h	Reposez-vous. Prenez ces comprimés.

Prenez	ces	comprimés.
		pastilles.
	ce sirop.	
	rendez-vous chez le médecin.	

Reposez-vous.
Buvez beaucoup d'eau.

2a Copy and complete this conversation with the words on the right.

Médecin:	Bonjour, entrez et 1_____. Qu'est-ce qui ne va pas?
Malade:	Oh docteur, je ne 2_____ pas très bien. J'ai mal à la 3_____, je suis 4_____, et j'ai très 5_____. Pendant la nuit, je ne peux pas 6_____.
Médecin:	Est-ce que je peux vous 7_____?
Malade:	Oui, bien sûr.
Médecin:	Ouvrez la 8_____. Dites 'Aaah'. Mmmm. Vous avez la 9_____. Je vous donne une ordonnance pour du 10_____ et des 11_____ pour la gorge. Reposez-vous au 12_____ pour deux ou trois 13_____.
Malade:	Merci, docteur. Au 14_____!

gorge
revoir
pastilles
jours
examiner
soif
asseyez-vous
vais
grippe
bouche
enrhumé
dormir
sirop
lit

2b Listen. Copy and complete the grid. (1–4)

	symptoms	doctor's advice
1	earache/sore throat	take cough mixture

J'ai mal	à la gorge/tête.
	au ventre/dos/cou.
	aux oreilles.

2c In pairs. Practise the conversation in **2a** three times, changing the problem and the doctor's advice each time.

3a Listen and read the text, then answer the questions.

Garçon:	Pouvez-vous m'aider? Il y a eu un accident. Mon ami est blessé.
Monsieur:	Ah non, c'est grave?
Garçon:	Je ne sais pas. Il saigne …
Monsieur:	Je vais téléphoner pour une ambulance. Il est où exactement?
Garçon:	Dans le jardin en face.
Monsieur:	D'accord. Va le rejoindre, l'ambulance va bientôt arriver.

1 What is the problem? *(2)*
2 Is it serious? *(2)*
3 Where is the injured person? *(2)*
4 What does the gentleman do? *(1)*

3b Find the French for …

1 My friend is injured.
2 Is it serious?
3 I'm going to ring for an ambulance.
4 Go back to him.

4 Ça vaut le risque?

Talking about smoking and alcohol

 1a Read the speech bubbles and write them in 2 lists – positive and negative.

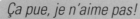

C'est adulte de fumer.

Ça pue, je n'aime pas!

Si on fume à proximité des enfants, c'est pas bon.

Ahmed

Alicia

Sylvie

Je fume pour me détendre.

Hervé

Elsa

C'est jeter l'argent par les fenêtres.

Sabrina

Élodie

Les cigarettes me donnent confiance en moi.

Si on fume, on risque d'avoir un cancer du poumon.

Yolande

On est vite dépendant! Après, c'est difficile de laisser tomber!

François

C'est agréable de fumer une clope avec ses copains.

| une clope | *a fag* |
| une maladie cardiaque | *heart disease* |

RAPPEL

on is a very useful word.

Literally it means 'one' but is used frequently in French to mean 'you', 'we', 'they' and even 'I', depending on the context.

On est vite dépendant! = You become dependant quickly!

On y va? = Shall we go?

On dit que … = They say that …

 1b Listen to these young people's opinions and decide who from **1a** is speaking. (1–9)

Example: 1 *Ahmed*

 1c Do you smoke? Why/why not? Prepare a short talk for your class.

Remember to:
- *use link words*
- *add a couple of sentences which show you can use the past tenses:* Je fumais quand j'avais quatorze ans. J'ai essayé une clope une fois – c'était dégueulasse!
- *say what you think:* à mon avis; je pense que …

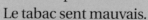

Je suis pour/contre les cigarettes.
On a l'air plus adulte.
Le tabac sent mauvais.
On risque le cancer et les maladies cardiaques.
Ça me détend.
Si on s'habitue au tabac, on ne peut pas s'arrêter.
Les cigarettes coûtent très cher.
J'ai plus de confiance en moi.
L'odeur du tabac cause des problèmes pour les autres.

1d You have seen these pictures in a magazine. What do you think? Write to the magazine in French. Answer these questions.

> Pourquoi est-ce que les jeunes fument?
> Est-ce que vous fumez? Pourquoi? Pourquoi pas?
> Décrivez une soirée récente où beaucoup de gens fumaient.

2a Listen to these radio adverts. Match each one with a campaign poster. (1–4)

2b Read the text and answer the questions.

Quel est le risque le plus grave pour notre santé au 21ème siècle?

Pour moi, c'est fumer. Les jeunes connaissent les risques du cancer, il y a même une annonce sur les paquets de cigarettes, mais ils s'en fichent, parce qu'ils pensent que c'est cool de fumer. Il faut être comme ses copains. À mon avis, c'est plutôt stupide.
Manon, 16 ans

Je pense que l'alcool est très dangereux. C'est une drogue, mais tout le monde en boit, même les parents à la maison. On ne sait pas ce qu'on fait quand on a trop bu, et ça, c'est très mauvais.
Ludo, 15 ans

Quand j'avais seize ans, je fumais vingt clopes par jour. Je buvais presque tous les jours aussi, une ou deux bières, le vendredi soir du whisky-coca ou du cidre. Je faisais ça pour impressionner les autres. Au bout d'un moment, je me suis rendu compte que je fumais trop et que je devais arrêter. J'ai donc évité le cancer du poumon.
Daniel, 27 ans

Surtout parmi les jeunes filles, les maladies comme l'anorexie et la boulimie sont pénibles. Les magazines et la télé insistent qu'il faut être à la mode, populaire, et mince. Beaucoup de jeunes souffrent à cause de ça.
Marie-Jo, 15 ans

Who thinks that:
1 the media encourage eating disorders?
2 he used to smoke to impress others?
3 if you drink too much, you don't know what you are doing?
4 people smoke to look cool?
5 parents influence people to drink alcohol?
6 friends influence people to smoke?

Rappel

The imperfect tense can also be used to mean 'used to':

Je buvais presque tous les jours.

I used to drink nearly every day.

Je fumais vingt clopes par jour.

I used to smoke 20 fags per day.

See page 206.

2c Choose 2 letters and summarise their points in English.

5 *Vivre sainement*

Discussing healthy lifestyles

1 **Which sites could these people visit? There may be more than one!**

1 Khadija voudrait avoir des conseils sur son régime.
2 Cindy voudrait se protéger des rayons du soleil.
3 Gaetan voudrait perdre du ventre.
4 Julien voudrait faire travailler ses muscles.
5 Amélie recherche un poste comme esthéticienne.

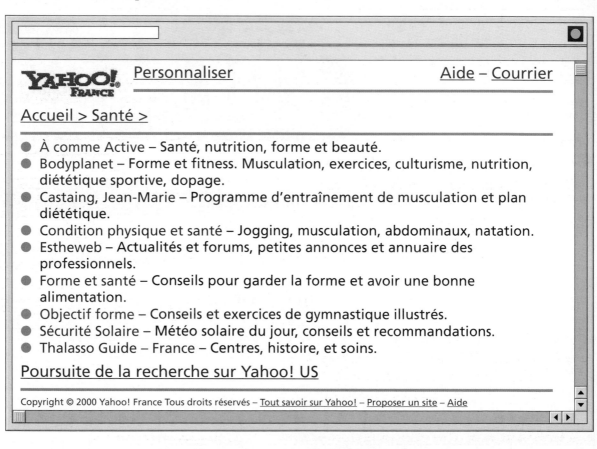

YAHOO! FRANCE   Personnaliser   Aide – Courrier

Accueil > Santé >

- À comme Active – Santé, nutrition, forme et beauté.
- Bodyplanet – Forme et fitness. Musculation, exercices, culturisme, nutrition, diététique sportive, dopage.
- Castaing, Jean-Marie – Programme d'entraînement de musculation et plan diététique.
- Condition physique et santé – Jogging, musculation, abdominaux, natation.
- Estheweb – Actualités et forums, petites annonces et annuaire des professionnels.
- Forme et santé – Conseils pour garder la forme et avoir une bonne alimentation.
- Objectif forme – Conseils et exercices de gymnastique illustrés.
- Sécurité Solaire – Météo solaire du jour, conseils et recommandations.
- Thalasso Guide – France – Centres, histoire, et soins.

Poursuite de la recherche sur Yahoo! US

Copyright © 2000 Yahoo! France Tous droits réservés – Tout savoir sur Yahoo! – Proposer un site – Aide

2 **Work out what these sentences mean. Then listen and correct any that are wrong.**

1 Il ne faut pas fumer trop de cigarettes.
2 Il faut boire trop d'alcool.
3 Il faut éviter de boire trop de caféine.
4 Il faut boire dix litres d'eau par jour.
5 Il faut encourager la drogue.
6 Il faut manger les matières grasses – beaucoup de frites, mes enfants!
7 Il faut faire travailler ses jambes tous les jours – oubliez la voiture et l'ascenseur!
8 Il faut prendre des vitamines et dormir moins.
9 Il faut serrer les fesses, rentrer le ventre, sortir la poitrine et marcher tête haute.
10 Il faut garder la forme en faisant de l'exercice aérobic deux fois par semaine pendant au moins vingt minutes.

3 Read the text and answer the questions below in French.

Objectif forme

Pour rester en forme tout au long de l'année, voici quelques exercices simples et rapides … ainsi que certaines règles de vie.

De façon générale

Boire de l'eau, boire de l'eau, boire de l'eau … cela remplit et élimine les toxines. Ne sautez pas un repas. Buvez beaucoup d'eau avant de passer à table.

Plutôt que de craquer sur un gâteau à la moindre sensation de faim, préférez un grand verre d'eau, un yaourt nature ou une pomme. À l'apéritif, prenez un verre de jus de fruit et oubliez les chips. Lorsque vous passez à table, prenez le temps de manger.

De façon générale, la respiration et la digestion se feront dans les meilleures conditions si vous ne portez pas de vêtements comprimant la taille. Faites un petit peu d'exercice chaque jour, plutôt qu'un gros effort une fois de temps en temps.

1 Pourquoi faut-il boire beaucoup d'eau?
2 Est-ce bien de sauter un repas?
3 Si on a une petite faim, qu'est-ce qu'il faut manger?
4 À l'apéritif, qu'est-ce qu'il faut éviter?
5 Une fois à table, qu'est-ce qu'il faut faire?
6 Quelle est la meilleure façon de prendre de l'exercice?

l'apéritif   *a drink before a meal to whet one's appetite*

4 In pairs. Prepare an interview for a magazine. Use the questions below. (You don't have to tell the truth!)

Qu'est-ce que tu aimes manger?

Qu'est-ce que tu évites de manger et pourquoi?

Quelle est ta routine journalière?

Est-ce que tu fumes?

Est-ce que tu bois beaucoup d'alcool?

Qu'est-ce que tu aimes comme nourriture?

Qu'est-ce que tu fais pour garder la forme?

Que penses-tu des végétariens?

If you need to revise sport and leisure activities, look at Module 3, page 40.

RAPPEL

Qu'est-ce que = What
Combien = How many
Comment = How
Quand = When

Prepare a questionnaire on healthy living and e-mail it to a friend.

À L'ÉCRIT — *En bonne forme*

Salut Jean-Luc!

J'ai bien reçu ton e-mail. Nous venons te chercher à l'aéroport lundi prochain.

J'ai quelques petites questions à te poser:

– Qu'est-ce que tu prends au petit déjeuner?

– Qu'est-ce que tu aimes manger?

– Tu aimes le fast-food?

– Tu as des allergies ou il y a des choses que tu n'aimes pas manger?

– Est-ce que tu fumes?

– Est-ce que tu bois de l'alcool?

J'attends lundi avec impatience!

John

---

1 Find out what the 9 phrases in blue mean in English.

Example: 1 *des tartines – bread/toast with butter (and jam)*

2a How does Jean-Luc answer each of John's questions?

Example: *Qu'est-ce que tu prends au petit déjeuner? – Je prends des tartines.*

2b Answer John's questions with your own information.

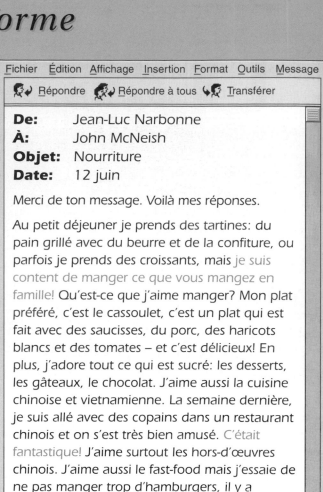

Fichier   Édition   Affichage   Insertion   Format   Outils   Message

Répondre   Répondre à tous   Transférer

De: Jean-Luc Narbonne
À: John McNeish
Objet: Nourriture
Date: 12 juin

Merci de ton message. Voilà mes réponses.

Au petit déjeuner je prends des tartines: du pain grillé avec du beurre et de la confiture, ou parfois je prends des croissants, mais je suis content de manger ce que vous mangez en famille! Qu'est-ce que j'aime manger? Mon plat préféré, c'est le cassoulet, c'est un plat qui est fait avec des saucisses, du porc, des haricots blancs et des tomates – et c'est délicieux! En plus, j'adore tout ce qui est sucré: les desserts, les gâteaux, le chocolat. J'aime aussi la cuisine chinoise et vietnamienne. La semaine dernière, je suis allé avec des copains dans un restaurant chinois et on s'est très bien amusé. C'était fantastique! J'aime surtout les hors-d'œuvres chinois. J'aime aussi le fast-food mais j'essaie de ne pas manger trop d'hamburgers, il y a toujours le danger de la vache folle, tu sais. Je n'ai pas d'allergies, mais j'ai horreur des carottes. C'est peut-être un peu bizarre, mais je ne peux pas supporter le goût. Est-ce que je fume? Alors, oui, je dois l'admettre, je fume de temps en temps. Cela fait mal à la santé, oui, mais ici en France tous mes copains fument. Un jour je vais renoncer au tabac peut-être. Quant à l'alcool, oui, je bois du vin et de la bière, mais je n'aime pas trop les alcools plus forts comme le vodka ou le whisky.

J'espère que j'ai répondu à toutes tes questions, et que nous nous verrons à l'aéroport comme prévu lundi prochain.

Vivement lundi!

Jean-Luc

---

quant à …	*as for …*
vivement …	*I can't wait till …*

3 Now write about 200 words on the subject of food. You can use your answers to John's questions, but make sure you write at least 2 more sentences after each answer. Use the *Au secours!* panel to help you. Try to include:

- a description of a local speciality
- at least 3 different tenses
- lots of comments and exclamations.

Au secours!

- Remember to build longer sentences following this pattern:

when	what	where/who with	comment
Hier,	j'ai mangé une pizza	dans un restaurant italien.	C'était délicieux!

- In a letter like this, which is about facts and opinions (present tense), you should try to have at least one section which uses past tenses:

   La semaine dernière, je suis allé avec des copains dans un restaurant chinois et on s'est très bien amusé. C'était fantastique!

when	what	where/who with	comment
Hier,	j'ai mangé	chez McDo.	C'était délicieux!
Il y a une semaine,	j'ai bu trop de cidre	à une boum.	C'était dégoûtant!

- You should also try to say at least one thing using the future ('I will') or the conditional ('I would') tense:

   Un jour, je vais renoncer au tabac peut-être.

when	what	where/who with	comment
La semaine prochaine,	je vais manger	chez McDo.	Ce sera délicieux!
Demain,	je vais faire le régime.		Ce sera dégoûtant!

- Comments and exclamations (in green in the text) make your work look more interesting. Notice how Jean-Luc adds explanations to most of his comments to make them longer. You will get a better grade if you can do this too!

   C'était fantastique parce que j'adore la cuisine chinoise.
   Cela fait mal à la santé, oui, mais ici en France tous mes copains fument.

- Asking yourself questions (in red in the text) is also a good way to make your writing more impressive. Don't forget to change the verb from the *tu* form to the *je* form:

   *Qu'est-ce que **tu** prends ... ?* ➡ *Qu'est-ce que **je** prends ... ?*

Mots

La routine | ## Meal times and daily routine

Je me lève à (sept heures et demie).	*I get up at (half-past seven).*
Je me lave.	*I get washed.*
Je me brosse les dents.	*I brush my teeth.*
Je prends le petit déjeuner à (huit heures).	*I have breakfast at (eight o'clock).*
Je quitte la maison à (huit heures et demie).	*I leave home at (half-past eight).*
Je vais au collège (en bus).	*I go to school (by bus).*
J'arrive au collège à (neuf heures).	*I arrive at school at (nine o'clock).*
Je prends le déjeuner à (midi et demie).	*I have lunch at (half-past twelve).*
Je rentre à la maison à (quatre heures).	*I go home at (four o'clock).*
Je prends le goûter à (quatre heures et demie).	*I have a snack at (half-past four).*
Je prends le dîner à (dix-neuf heures).	*I have supper at (7 pm).*
Je me couche à (vingt-deux heures).	*I go to bed at (10 pm).*
Je me suis levé(e) à (sept heures).	*I got up at (seven o'clock).*
Je me suis lavé(e).	*I got washed.*
Je me suis douché(e).	*I had a shower.*
Je me suis brossé les dents.	*I brushed my teeth.*
J'ai pris (mon petit déjeuner).	*I had (breakfast).*
J'ai quitté la maison à (huit heures et demie).	*I left home at (half-past eight).*
Je suis allé(e) au collège (en bus).	*I went to school (by bus).*
Je suis arrivé(e) au collège à (neuf heures).	*I arrived at school at (nine o'clock).*
Je suis rentré(e) à la maison à (quatre heures).	*I got home at (four o'clock).*
Je me suis couché(e) à (vingt-deux heures).	*I went to bed at (10 pm).*

Manger sainement | ## Healthy eating

Pour être en bonne santé …	*In order to be healthy …*	une glace	*an ice-cream*
il faut manger plus de (protéines).	*you should eat more (protein).*	un hamburger	*a hamburger*
il faut manger beaucoup de (fruits et légumes).	*you should eat plenty of (fruit and vegetables).*	les haricots verts *(mpl)*	*green beans*
		les œufs *(mpl)*	*eggs*
Il faut manger moins de (produits sucrés).	*you should eat less (sweet food).*	les pâtes *(fpl)*	*pasta*
		le pain	*bread*
Il faut aussi choisir des (produits bio).	*you should also choose (natural products).*	le poisson	*fish*
		les pommes de terre *(fpl)*	*potatoes*
C'est sain/malsain.	*It's healthy/unhealthy.*	la salade	*salad*
le bifteck	*steak*	le sel	*salt*
les chips *(fpl)*	*crisps*	le yaourt	*yoghurt*
la confiture	*jam*	une omelette	*an omlette*
le beurre	*butter*	la pizza	*pizza*
les crudités *(fpl)*	*raw vegetables*	un Coca	*a Coke*
les frites *(fpl)*	*chips*	le potage	*soup*
un gâteau	*a cake*	un chocolat chaud	*a hot chocolate*

Manger à la cantine | ## School meals

J'aime manger à la cantine.	*I like eating in the cantine.*	Il faut faire la queue.	*You have to queue.*
Je ne mange jamais à la cantine.	*I never eat in the cantine.*	Il faut attendre.	*You have to wait.*
La nourriture est bonne/affreuse.	*The food is good/awful.*	Il n'y a que des frites.	*They only serve chips.*
Il y a beaucoup de choix.	*There's a lot of choice.*	On mange tous ensemble.	*Everyone eats together.*
Il y n'a pas de choix.	*There's not much choice.*	Il y a trop de monde.	*There are too many people.*
C'est cher.	*It's expensive.*	Je préfère apporter un casse-croûte.	*I prefer to bring a packed lunch.*
Ce n'est pas cher.	*It's not expensive/good value.*		
C'est rapide.	*It's quick.*		

La cuisine internationale — *International cuisine*

Tu aimes (la cuisine chinoise)?	*Do you like (Chinese food)?*
la cuisine française	*French food*
la cuisine indienne	*Indian food*
la cuisine italienne	*Italian food*
la cuisine marocaine	*Moroccan food*
la cuisine thaïlandaise	*Thai food*

C'est facile à faire!	*It's easy to make!*
C'est piquant et épicé.	*It's hot and spicy.*
C'est très sucré.	*It's very sweet.*
J'aime les sauces différentes.	*I like the different sauces.*
C'est différent et ça change de la cuisine française.	*It's different and makes a change from French cooking.*

Les maladies — *Ailments*

Je suis malade.	*I'm ill.*
J'ai très chaud.	*I am very hot.*
J'ai très froid.	*I am very cold.*
Je n'ai pas faim.	*I've no appetite.*
Je me sens très fatigué(e).	*I feel very tired.*
J'ai la grippe.	*I have flu.*
J'ai de la fièvre.	*I have a fever.*
Je suis enrhumé(e).	*I have a cold.*
Je me suis blessé(e) à la jambe.	*I've hurt my leg.*
Il/Elle est blessé(e).	*He/She is hurt.*
J'ai pris un coup de soleil.	*I've got sunburnt.*
J'ai vomi.	*I have been sick.*
Je tousse.	*I have a cough.*
J'ai mal au cœur.	*I feel sick.*
J'ai mal (au dos).	*I've got (backache).*
mal à la gorge	*a sore throat*
mal à la tête	*a headache*
mal au ventre	*stomach ache*
mal au cou	*a sore neck*
mal aux oreilles	*earache*
Prenez ces comprimés/pastilles.	*Take these tablets/cough sweets.*
Prenez ce sirop.	*Take this cough mixture.*
Prenez rendez-vous chez le médecin.	*Make an appointment with the doctor.*
Reposez-vous.	*Get some rest.*
Buvez beaucoup d'eau.	*Drink plenty of water.*

Ça vaut le risque? — *Smoking and alcohol*

Je suis pour/contre les cigarettes.	*I am for/against cigarettes.*
Le tabac sent mauvais.	*Cigarettes don't smell nice.*
On risque le cancer et les maladies cardiaques.	*You risk getting cancer and heart disease.*
Si on s'habitue au tabac, on ne peut pas s'arrêter.	*Once you start smoking, you can't stop.*
L'odeur du tabac cause des problèmes pour les autres.	*The smell of cigarette smoke isn't nice for other people.*
Les cigarettes coutent très cher.	*Cigarettes are very expensive.*
On a l'air plus adulte.	*It makes you look more grown-up.*
Ça me détend.	*It helps me relax.*
J'ai plus de confiance en moi.	*I feel more self-confident.*

MODULE 10

Le transport

Talking about transport; giving directions

• •

ÉCRIRE
1 Describe these trips in French.

Example: 1 *Je vais au collège en car.*

Je vais …	
au stade	en auto/voiture.
au collège	en autobus/car.
au cinéma	en métro.
au marché	à vélo.
à la piscine	à pied.
en France	en train.
en Angleterre	en avion.
en Espagne	en bateau.
	en taxi.

ÉCOUTER
2a Look at the plan. Listen and note whether the directions are right (✔) or wrong (✘). (1–7)

Example: 1 ✔

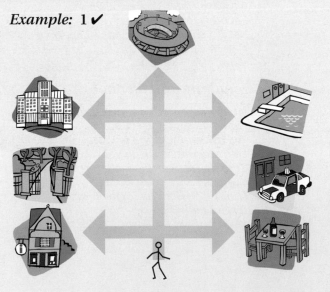

RAPPEL

How to say 'to/to the …' with places:

- masculine: *au* – *au collège, au cinéma, au marché*
- feminine: *à la* – *à la piscine*
- words starting with vowel sound: *à l'* – *à l'hôpital*
- plural words: *aux* – *aux magasins*
- 'to' with countries: generally *en* – *en Espagne* (see page 110)
- 'to' with towns: *à* – *à Londres*
- 'to town': *en ville*

Pour aller …
au camping?
au château?
au commissariat?
au parc?
au supermarché?
au syndicat d'initiative?
au restaurant?
au stade?
à l'hôpital?
à la banque?
à la boulangerie?
à la gare?
à la piscine?

PARLER
2b In pairs. Ask a question and listen to your partner's answer. Is it true or false?

Example:
- *Pour aller au commissariat?*
- *Prenez la deuxième rue à gauche.*
- *Faux!*

3a Read these directions and note in French where they lead to.

1   Montez la rue jusqu'aux feux, puis tournez à droite, et c'est à votre gauche.
2   Tournez à droite, puis tournez à gauche aux feux. Continuez tout droit, et traversez le pont. C'est un peu plus loin, à droite.
3   Tournez à gauche. Ensuite, prenez la première rue à droite. Montez la rue jusqu'au carrefour, et c'est au coin, à gauche.
4   Allez tout droit. Traversez les feux, puis tournez à gauche. Au rond-point, tournez à droite, et c'est en face de vous.
5   Tournez à droite, puis continuez tout droit. C'est juste après la deuxième rue, à droite.

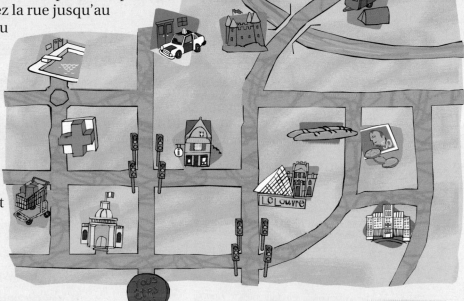

3b Find the French for:

1   go up the road
2   to the lights
3   to the crossroads
4   it's at the corner
5   at the lights
6   go through the lights
7   cross the bridge
8   at the roundabout
9   it's on your left
10   continue straight on
11   it's opposite you
12   it's just after the second road

3c Listen to these directions. Where do they lead to? (1–5)

3d In pairs. Give directions. Your partner says where they lead to.

Le détective

When you are telling somebody what to do, you need the **imperative**.
If you are using **vous** (**Example:** for a stranger in the street), your verbs end in **-ez**:

   tournez   montez   allez

Pour en savoir plus ➡ page 208, pt 3.10

Prenez la	première/deuxième/troisième rue	à droite.
		à gauche.
Allez/Continuez tout droit.		
Montez la rue	jusqu'aux	feux.
	jusqu'au	carrefour/rond-point.
Traversez	le pont/les feux.	
C'est	à gauche/à droite/au coin.	
	en face de vous.	

Asking for information

● ● ● ● ● ● ● ● ● ● ● ●

4a Listen to these conversations and read the text each time. Note in French the missing details for each conversation. (1–4)

Touriste	Pardon, madame/monsieur. **a** , c'est près d'ici?
Passant(e)	Ah non, c'est assez loin. C'est à **b** d'ici.
Touriste	Pour y aller, s'il vous plaît?
Passant(e)	Prenez **c** , et descendez à la/au **d** .
Touriste	Le trajet dure combien de temps?
Passant(e)	Eh bien, **e** environ.
Touriste	Merci, madame/monsieur. Au revoir.

Le détective

Y *(pronouned [ee]) means 'there'.*
It comes before the verb in a sentence.
Example:
Pour y aller, s'il vous plaît?
= *How do I get there, please?*
Elle y va le lundi.
= *She goes there on Mondays.*

Pour en savoir plus ➡
page 216, pt 7.4

4b In pairs. Adapt the conversation using the details below.

1
a
b 4 km
c
d station 'gare du Nord'
e (3 minutes)

La cathédrale/Le musée/La plage/La gare (routière)/L'auberge de jeunesse/L'hôtel … c'est près d'ici?
Le trajet dure combien de temps?
Prenez le métro/le bus (*ligne 5*)/un taxi.
Descendez │ au terminus/à la place.

2
a
b 8 km
c
d
e (20 minutes)

3
a Hotel GAMBETTA
b 10 km
c TAXI
d Hotel GAMBETTA
e (15 minutes)

Watch out for these **key phrases** *which pop up all the time in the listening and speaking exams. All the sentences in the next exercise use one of these key functions.*

Je voudrais …   Est-ce qu'on peut …?
Avez-vous …?   … à quelle heure?
Est-ce qu'il y a …?   …, c'est combien?
Où est …?
Est-ce qu'il faut …?

PARLER

5a **Make up sentences. The missing words are underneath.**

1 Ask if there is …   **a**   **b**   **c**

2 Find out where …   **d**   **e**   **f**

3 Ask if you can …   **g**   **h**   **i**

4 Say you would like …   **j**   **k**   **l**

5 Ask if they have …   **m**   **n**   **o**

6 Ask if you must …   **p**   **q**   **r**

7 Ask how much for …   **s**   **t**   **u**

8 Find out when …   **v**   **w**   **x**

un bus pour le stade	un billet	le stade
être coiffeur	des toilettes	ma règle
des maillots de bain	une nuit	manger un chewing-gum
un plan de la ville	un livre	le prof
une table pour deux personnes	avoir un nouveau cahier	le film finit
le train arrive	réserver	prendre le bus
payer un supplément	une réduction pour les étudiants	une glace
parler français	un billet pour 'Titanic'	tu te lèves

ÉCRIRE

5b **Write out one version of each sentence 1–8 from 5a.**

Example: **1** *Est-ce qu'il y a des toilettes?*

1 *Pardon, madame ...*

Asking about journeys and discussing modes of transport

ACCUEIL

1a Listen to these enquiries about exotic or unusual holidays. Copy and complete the grid in English.

Je voudrais visiter <u>le Japon</u>, qu'est-ce que vous me proposez?

Alors, vous pouvez visiter <u>Tokyo et Kyoto. Vous voyagez en avion et vous passez trois jours à Tokyo et quatre jours à Kyoto</u>.

Le vol dure combien de temps?

<u>10</u> heures approximativement.

Et le prix?

€ <u>1095</u>, monsieur/madame.

	destination	transport	journey lasts	price
1	Japan			
2	China			
3	Nice			
4	Egypt			

> Je voudrais visiter (*la France*), qu'est-ce que vous me proposez?
> Le vol dure combien de temps?
> Et le prix?

1b In pairs. Practise the dialogue in **1a**. Change the underlined details to talk about these new holidays. Then try making up your own details!

1
Le Canada
Le Québec et le Mont Sainte-Anne, capitale de la neige
14 heures
€ 800

2
La Norvège
Les Fjords et la Baltique
2 heures
€ 550

2a Read the advertisements on the next page. Find the French for the following.

1 a it's fast
   b it's entertaining
   c Do you prefer to be able to talk?
   d there's only one choice

2 a a quick flight
   b and above all cheap
   c reservations can be made from home
   d a reasonable price

2b What reasons do the adverts suggest for using these modes of transport?

1 TGV (high-speed train) *(7)*
2 plane *(3)*

Choisir le *TGV*, c'est choisir la *liberté*:

— c'est *rapide*
— c'est *confortable*
— c'est *amusant!*

Préférez-vous voyager en toute liberté?

Préférez-vous pouvoir discuter, jouer aux cartes, même faire un petit tour ou aller prendre un café, tout en voyageant vers votre destination?

Alors, il n'y a qu'un choix:

le *TGV* – le transport du confort.

AVIONS DE L'AVENIR

Pour un vol rapide et surtout bon marché, ne quittez pas la maison ou le bureau!

Les réservations se font chez vous en utilisant Internet!

Un vol raisonnable à un prix raisonnable.

www.avionsdelavenir.co.fr

3a Copy these lists and add at least one item to the list of advantages and disadvantages for each type of transport. Use the phrases in the key language box.

	les avantages	les inconvénients
la voiture	c'est pratique c'est plus rapide que l'autobus	il y a trop de circulation
le train (le TGV)	on peut jouer aux cartes on peut …	il faut changer de train
l'avion	c'est … c'est …	c'est souvent cher
le vélo	c'est bon pour l'environnement c'est …	c'est …

C'est	moins cher/ennuyeux. plus lent/rapide.
Ça me rend malade.	
On peut	discuter. jouer aux cartes.

Il y a des prix raisonnables.
Il n'y a pas assez de (*parkings*).
C'est bon/mauvais pour l'environnement.

3b Listen to the Soubeyran family discussing how to get to the South of France. Note how each of them wants to travel and the reason. What is their final decision?

Sarah   M. Soubeyran   Mme Soubeyran

3c In pairs. Take turns to choose a means of transport and give reasons for using it. Your partner disagrees with you and gives the disadvantages.

Example:
- *La voiture, c'est plus rapide que l'autobus.*
- *Mais non, je ne suis pas d'accord, en ville la voiture est nulle. Il n'y a pas assez de parkings.*
- *Mais c'est très pratique.*
- *Non, mais ce n'est pas vrai. Pour de longs voyages, l'avion, c'est beaucoup mieux.*

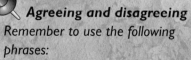

Agreeing and disagreeing
Remember to use the following phrases:
- *agreeing:* oui, d'accord; je suis d'accord avec toi; oui, c'est vrai
- *disagreeing:* mais non; je ne suis pas d'accord; ce n'est pas vrai

3d Choose a means of transport and write about its advantages and disadvantages. Write about 60 words.

2 À la gare et ailleurs

Buying tickets and getting around at the station

 1a Where would you go?

Example: 1 *h*

1 pour attendre le train en tout confort?
2 pour quitter la gare en cas d'urgence?
3 pour retrouver quelque chose qu'on a perdu?
4 pour réserver un billet à l'avance?
5 pour laisser ses sacs et aller visiter la ville?
6 pour manger un sandwich?
7 pour entrer dans la gare?
8 pour prendre le train?
9 pour acheter un billet?
10 pour enregistrer ses bagages pour un long voyage?
11 pour composter son billet?

a Consigne automatique
b Entrée
c Sortie de secours ➡
d Buffet
e Réservations
f GUICHET
g QUAIS
h Salle d'attente
i Bagages
j Objets Trouvés
k Compostage

 1b Listen and make notes in English. (1–6)

a What are they looking for?
b Where is it?

Example:

> 1 **a** ticket office **b** opposite the toilets

C'est où?		
C'est	en face	du quai (*numéro 3*).
	près	de la sortie de secours.
	à côté	des réservations.
		du bar.
		de la grande porte.

 2a Complete this conversation at the ticket office, using the words in the box. Then listen to see if you were right.

deuxième	15h40
quatre	Calais
trente minutes	€ 35
non-fumeurs	
aller-retour	13h20

Employé Bonjour, je peux vous aider?

Voyageur Je voudrais un **a** pour **b** , s'il vous plaît.

Employé Bien sûr, en quelle classe?

Voyageur En **c** classe, s'il vous plaît, et dans la section **d** . C'est combien?

Employé Voilà, ça fait **e** , s'il vous plaît.

Voyageur Le prochain train part à quelle heure?

Employé Il y a un train toutes les **f** . Le prochain train part à **g** .

Voyageur Merci, et il arrive à quelle heure?

Employé Il arrive à **h** .

Voyageur Et quel est le numéro du quai?

Employé C'est le quai numéro **i** .

Je voudrais	un aller simple	pour
	un aller-retour	Paris.
Le prochain train part à quelle heure?		
Il arrive à quelle heure?		
En première classe,	fumeurs.	
En deuxième classe,	non-fumeurs.	
Quel est le numéro du quai?		

2b In pairs. Adapt the conversation from **2a**, using the details below.

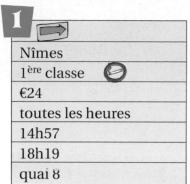

1
Nîmes
1ère classe
€24
toutes les heures
14h57
18h19
quai 8

2
Lille Europe
2ème classe
€42
toutes les 30 minutes
16h50
19h13
voie Z

3
Antibes
1ère classe
€73
toutes les heures
18h56
22h10
quai 5

3 Read the information about the Paris metro and answer the questions.

1 What is a *carnet*? *(1)*
2 What must you memorise when you look at the metro map? *(3)*
3 How do you work out the direction you want to travel in? *(1)*
4 Is the metro system difficult to use? *(1)*

On prend le métro

Le métro est très simple, si on comprend bien le système. On achète son ticket (les tickets se vendent en carnet de dix) et on descend sur le quai. MAIS, chose très importante, il faut regarder le plan et mémoriser le numéro de la ligne que vous voulez, et la couleur, et la direction que vous voulez prendre. La direction n'est pas 'nord 'ou 'est', elle est déterminée par la station qui se trouve à la fin de la ligne. Si vous avez compris tout cela, c'est très simple! Bonne chance!

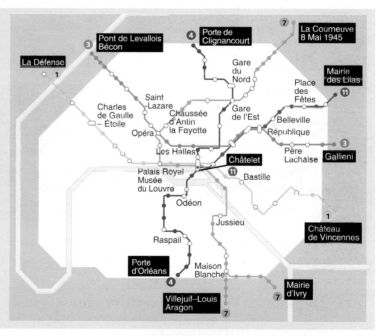

What other cities have an underground system? Find out and write a short guide to one of them in French, using the text in 3 as a model.

Le détective

Quel means 'which' or 'what'.

	masculine	feminine
singular	quel quai?	quelle classe?
plural	quels trains?	quelles places?

Pour en savoir plus ➡ page 211, pt 4.3

cent soixante et onze **171**

3 En panne!

Discussing breakdowns and traffic problems

1a Match the pictures to the phrases in the key language box.

a

b

c

d

e

f

Je suis en panne.	
J'ai un pneu crevé.	
Pouvez-vous m'envoyer quelqu'un?	
Je n'ai pas de roue de secours.	
J'ai un problème avec	la batterie.
	la roue.
	le volant.
	les freins.
	les phares.
Je suis sur la route nationale 10 à côté d'Auchan.	

g

h

i

j

1b Listen. Copy and complete the grid. (1–3)

	road	problem	car make + colour	registration	time to wait?
1	N150				

Think of all the information a garage will need to know to find you and sort out your problem:
- *where you are (sur la route nationale … , à côté de …)*
- *what your car looks like (c'est une Ford Focus blanche/ Renault Mégane bleu clair)*
- *your registration number (le numéro d'immatriculation).*

1c Your car has broken down. Telephone the garage. Explain where you are and what the problem is.

Example:

Allô, oui, je suis tombé(e) en panne, j'ai un problème avec la batterie, pouvez-vous m'aider?

Chère Brigitte,
Me voilà à Glasgow! Je suis arrivée samedi soir. C'est une très grande ville industrielle avec beaucoup de circulation et de pollution. Que d'embouteillages à 5 heures! Mais il y a aussi de beaux parcs et pas mal de transports en commun pour se déplacer. Le métro est vraiment drôle – beaucoup plus petit que le métro à Paris, tu sais!
Grosses bises
Aurélie

Cher Marc,
Le nord de l'Écosse est vraiment joli, si pittoresque! En été il y a beaucoup de touristes et de voitures, mais en mai c'est très calme et tranquille. Nous avons loué des vélos pour voir un peu plus du paysage. Il n'y a pas de pistes cyclables, mais il n'y a pas beaucoup de circulation non plus!
À bientôt!
Jean-Luc

2a Read the postcards above and make two lists: positive and negative statements.

positive	negative

2b Think of your nearest big town. Are these statements true or false?

1 Il y a trop de circulation en ville.
2 Il y a un grand nombre d'embouteillages.
3 Il y a peu de pollution.
4 Il y a beaucoup de transports en commun.
5 Il y a assez de zones piétonnes.
6 Il n'y a pas assez de pistes cyclables.

By now, you should always try to include a range of tenses in your writing:
● say what things used to be like (use the imperfect: il y a 5 ans, il n'y avait pas tant de voitures …)
● recount an incident that happened last week/month (use the perfect: une voiture a brûlé un feu rouge …)
● give opinions on the current situation (use the present: Dans ma ville c'est affreux. Je pense que …)
● say what you would do (use the conditional: Moi, je conseillerais de construire plus de …)

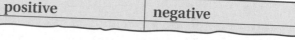

Write about 100 words on the traffic in your area, answering the questions below. Use the phrases in the key language box and the blue text in the postcards. Have your work checked and make on-screen corrections.

Trop de voitures en ville?
Trop de bruit?
Trop de pollution?
Que faut-il faire?

À mon avis,			
il y a	peu trop beaucoup	de/d'	circulation. embouteillages.
il n'y a pas	assez beaucoup		transports en commun. zones piétonnes. pistes cyclables. pollution.

2c Learn your corrected ICT task text to give a presentation to your group.

4 Trop de voitures?

Talking about accidents

● ● ● ● ● ● ● ● ● ● ● ●

1a Read the text. Find the French for the following.

1 right in the middle of the town centre
2 the pavement
3 there was a lot of traffic
4 the rush hour
5 at high speed
6 a traffic jam
7 overtake the queue
8 seriously injured

> en avoir marre de quelque chose
> *to have had enough of something*

1b Match the sentences to the pictures of accidents. Which is the picture of the accident in **1a**?

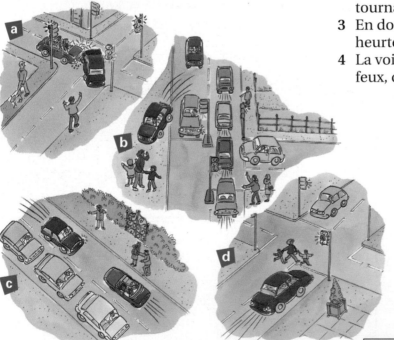

AGRESSIVITÉ AU VOLANT

Accident hier soir **en plein centre-ville**: trois blessés graves.

C'était **l'heure d'affluence** à La Rochelle, et comme d'habitude à 18h30 **il y avait beaucoup de circulation**. Au feu rouge au supermarché Leclerc, on faisait la queue pour tourner à gauche. Mais les voitures continuaient à venir de la direction opposée. Bref, **un embouteillage**: on attendait avec patience.

Soudain, Thierry Duault, 22 ans, en a eu marre. À **toute vitesse**, il a essayé de **doubler la queue** pour continuer tout droit. Mais pas sur la route. Il est monté sur **le trottoir** à 50 kilomètres à l'heure. Désastre: une jeune mère de famille s'y promenait avec ses deux enfants.

Résultat? La jeune femme, un de ses enfants et le chauffeur sont hospitalisés, et **grièvement blessés**.

1 La voiture est montée sur le trottoir.
2 La voiture a brûlé un feu rouge et puis est entrée en collision avec une voiture qui tournait à gauche.
3 En doublant la queue, la voiture s'est heurtée contre une voiture qui approchait.
4 La voiture allait trop vite pour s'arrêter aux feux, quand une famille traversait la rue.

Le détective

Present participle
This often corresponds to the English form -ing:

en entendant *hearing*
en courant *running*
en voyant *seeing*

Pour en savoir plus ➡
page 209, pt 3.12

2 Listen. Copy and complete the grid in English. (1–5)

	problems	other details
1	big traffic jam	overturned lorry

un bouchon	*traffic jam*
une rafale de vent	*strong gust of wind*
une inondation	*flood*
une chute de neige	*snow fall*
les travaux	*roadworks*

LIRE

3a Read the French text. Then copy the translation and fill in the blanks.

I was driving slowly near a pedestrian crossing and I had a **1**▬▬▬ in my **2**▬▬▬. Suddenly, I **3**▬▬▬ my cigarette and it began to **4**▬▬▬ the seat. Then another car **5**▬▬▬ with me. The road was **6**▬▬▬ and the other car must have skidded. It was **7**▬▬▬ **8**▬▬▬, there was a lot of **9**▬▬▬. I was **10**▬▬▬, but not **11**▬▬▬. I hurt my **12**▬▬▬ and my **13**▬▬▬ **14**▬▬▬. The other driver **15**▬▬▬ **16**▬▬▬ and he was taken to **17**▬▬▬. He's **18**▬▬▬ now. One thing is **19**▬▬▬, I won't **20**▬▬▬ in my car any more.

Constat d'accident

Je roulais au pas près du passage clouté et j'avais une cigarette dans la bouche. Soudain, j'ai laissé tomber ma cigarette et elle a commencé à brûler la siège.

Puis, une autre voiture est entrée en collision avec moi. La route était glissante et l'autre voiture a dû déraper. C'était très dangereux, il y avait beaucoup de circulation. J'ai été blessé, mais pas grièvement. Je me suis fait mal à la tête et à la jambe gauche. L'autre chauffeur a perdu connaissance et on l'a transporté à l'hôpital. Il va bien maintenant. Une chose est sûre, je ne fumerai plus dans ma voiture.

Jean-Marc Bousseau

PARLER

3b In pairs. Describe an accident and make notes to present your account to your group.

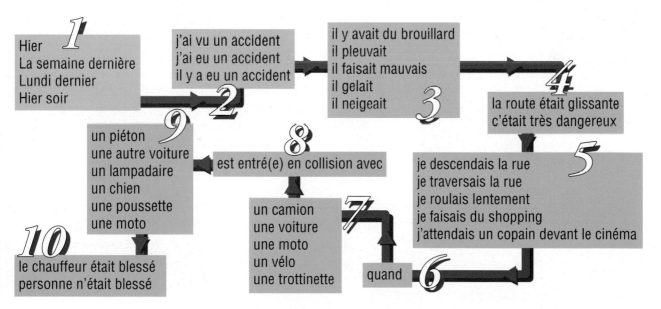

1
Hier
La semaine dernière
Lundi dernier
Hier soir

2
j'ai vu un accident
j'ai eu un accident
il y a eu un accident

3
il y avait du brouillard
il pleuvait
il faisait mauvais
il gelait
il neigeait

4
la route était glissante
c'était très dangereux

5
je descendais la rue
je traversais la rue
je roulais lentement
je faisais du shopping
j'attendais un copain devant le cinéma

6 quand **7**

8 est entré(e) en collision avec

un camion
une voiture
une moto
un vélo
une trottinette

9
un piéton
une autre voiture
un lampadaire
un chien
une poussette
une moto

10
le chauffeur était blessé
personne n'était blessé

ÉCRIRE

3c Write a report of the accident, using the notes in **3b** to help you.

RAPPEL

The imperfect is used to describe what was happening.

Example: *Je traversais la rue quand ...* I was crossing the road when ...

1 Practise this conversation with a partner. Change the words in **blue** to make a new conversation.

gras	*fatty*

- Qu'est-ce que tu aimes manger?
- J'aime **le poisson**.
- Oui, je l'adore. Et toi?
- Qu'est-ce que tu prends au petit déjeuner?

- Qu'est-ce que tu as pris hier?

- Je préfère **la pizza**. Et toi?
- Tu aimes **le fast-food**?
- Non, je le déteste – c'est trop gras.
- Je prends **du pain grillé** et je bois **du chocolat**.
- J'ai pris **des œufs** et j'ai bu **un café**.

2 In pairs, ask and answer this question. Your partner may wish to ask some of the supplementary questions.

- **Qu'est-ce que tu as fait hier?**

+

- **Tu t'es levé(e) à quelle heure?**
- **Qu'est-ce que tu as mangé à midi?**
- **Tu es sorti(e) le soir? Où? Avec qui? C'était comment?**

La vie saine

Prepare to talk for approximately 2 minutes on what you do to stay healthy. Try to include the following information:

- what food you like/don't like: *J'aime … Je déteste … Je suis allergique à …*
- whether you eat healthily or not: *J'aime le fast-food/Je mange beaucoup de légumes.*
- what you think of school meals: *Je vais à la cantine tous les jours – c'est pas mal.*
- what you ate recently at a restaurant: *Vendredi dernier, j'ai mangé au restaurant avec mon petit copain. Nous avons choisi …*

- whether you smoke and what you think about it: *Je fume/Je ne fume jamais; c'est dégoûtant/c'est reposant.*

- *Try to make your talk longer and more detailed by including other relevant information; for example your thoughts on alcohol, what sports/exercise you do to keep fit.*
- *Remember to plan your talk so it has a clear beginning, middle and end. Group together all the information that belongs together.*
- *Remember also:*
  - *accuracy*
  - *tenses – and*
  - *opinions!*

À L'ORAL

MODULE 10

1 Discuss different means of transport with your partner including how you get to school, to town, to your clubs, etc. Start off with the conversation below:

- Je vais au collège en voiture, c'est plus rapide.

- Moi, j'y vais à pied – c'est pratique parce que j'habite près du centre-ville.

- Non, je ne suis pas d'accord. J'y vais à vélo, c'est bon pour l'environnement. Je vais en ville en autobus. Et toi?

- L'année dernière, pour aller en vacances, j'ai voyagé …

2 In pairs, complete the sentences. Practise asking for and giving these directions.

- Pour aller à ?
- Pour aller au ?
- Pour aller au ?
- Pour aller à ?

3 In pairs, practise this transaction at the station. Then change the words in blue to make several new transactions.

- Bonjour, je peux vous aider?
- En quelle classe?
- €30, s'il vous plaît. Voilà.
- À dix heures vingt.
- C'est le quai numéro 4.

- Je voudrais un aller-retour pour Nantes, s'il vous plaît.
- En deuxième classe. C'est combien?
- Le prochain train part à quelle heure?
- Et quel est le numéro du quai?
- Merci!

Prepared talk

Le transport

Prepare to talk for approximately 2 minutes on transport problems in your town. Try to include the following information:

where you live:	J'habite à …
what transport you use:	Je vais à Glasgow en train.
any problems there are:	Il n'y a pas assez de bus pour aller au centre-ville.
what the traffic is like:	Il y a beaucoup de circulation, surtout en été.
what the effects are:	Il est très difficile de garer la voiture.
recent accidents:	J'ai lu dans le journal qu'il y avait un accident grave la semaine dernière. Un camion est entré en collision avec …
possible solutions:	Il faut interdire les véhicules au centre-ville. Je voudrais voir plus de zones piétonnes.

By now, to get a better result, you should be always trying to:
- include a range of tenses (present, perfect, imperfect, future, conditional)
- express opinions: à mon avis/je pense que c'est/c'était …; j'aime/j'adore/je n'aime pas du tout …

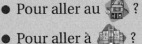

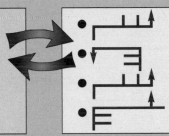

Mots

Le transport — *Transport*

Je vais au stade (à vélo).	*I go to the stadium by (bike).*	en autobus/car	*by bus/coach*
en auto/voiture	*by car*	Je vais en Espagne (en avion).	*I go to Spain (by plane).*
en métro	*by metro*	en bateau.	*by boat.*
en taxi	*by taxi*	en train.	*by train.*
Je vais à la piscine (à pied).	*I go to the swimming pool on foot.*		

Les directions — *Directions*

Pour aller (au commissariat)?	*How do you get to the (police station)?*	Prenez la (troisième) rue à droite.	*Take the (third) street on the right.*
au camping	*to the campsite*	Allez/Continuez tout droit.	*Go straight ahead.*
au château	*to the castle*	Montez la rue jusqu'aux feux.	*Go up the road as far as the lights.*
au parc	*to the park*		
au supermarché	*to the supermarket*	Montez la rue jusqu'au carrefour.	*Go up the road as far as the crossroads.*
au syndicat d'initiative	*to the tourist office*		
au restaurant	*to the restaurant*	Montez la rue jusqu'au rond-point.	*Go up the road as far as the roundabout.*
à la gare	*to the railway station*		
à l'hôpital	*to the hospital*	Traversez le pont.	*Cross the bridge.*
à la banque	*to the bank*	Traversex les feux.	*Go through the lights.*
à la boulangerie	*to the bakery*	C'est (à gauche/à droite).	*It's on your (left/right).*
à la piscine	*to the swimming pool*	C'est au coin.	*It's on the corner.*
Prenez la (première) rue à gauche.	*Take the (first) street on the left.*	C'est en face de vous.	*It's in front of you.*
Prenez la (deuxième) rue à droite.	*Take the (second) street on the right.*		

Les renseignements — *Asking for information*

(La gare routière), c'est près d'ici?	*Is the (coach station) near here?*	Le trajet dure combien de temps?	*How long does the journey last?*
la cathédrale	*the cathedral*	Est-ce qu'il y a (des toilettes)?	*Are there any (toilets)?*
le musée	*the museum*	Où est (l'auberge de jeunesse)?	*Where's (the youth hostel)?*
la plage	*the beach*	Est-ce qu'on peut (prendre le bus)?	*Can you (catch the bus)?*
l'auberge de jeunesse	*the youth hostel*		
l'hôtel	*the hotel*	Est-ce qu'il faut (payer un supplément)?	*Do you have to (pay a supplement)?*
Prenez (le métro).	*Take the (metro).*		
Prenez (le bus).	*Take the (bus).*	(Le train arrive) à quelle heure?	*What time does (the train arrive)?*
Prenez (un taxi).	*Take (a taxi).*		
Descendez (au terminus).	*Get off at the (terminus).*	(Un billet), c'est combien?	*How much is (a ticket)?*
Descendez (à la place).	*Get off at the (square).*		

Les voyages et les moyens de transport — *Journeys and different means of transport*

Je voudrais visiter (la Norvège), qu'est-ce que vous me proposez?	*I'd like to visit (Norway), what do you suggest?*
Le (vol) dure combien de temps?	*How long does the (flight) last?*
Et le prix?	*And how much is it?*
(La voiture), c'est moins cher que (le train).	*(Cars) are less expensive than (trains).*
(L'avion), c'est plus rapide que (le train).	*(Planes) are faster than (trains).*
(Le vélo), c'est plus lent que (la voiture).	*(Bikes) are slower than (cars).*
(L'avion), c'est moins ennuyeux que (la voiture).	*(Planes) are less boring than (cars).*
On peut discuter.	*You can talk.*
On peut jouer aux cartes.	*You can play cards.*
Ça me rend malade.	*That makes me feel ill.*
Il y a des prix raisonnables.	*The prices are reasonable.*
Il n'y a pas assez de (parkings).	*There aren't enough (parking spaces).*
C'est bon pour l'environnement.	*It's good for the environment.*
C'est mauvais pour l'environnement.	*It's bad for the environment.*

À la gare

(La consigne automatique), c'est où?	Where are the (left-luggage lockers)?
la sortie de secours	emergency exit
l'entrée	entrance
le buffet	restaurant/snack bar
le guichet	ticket office
les réservations	reservations
la salle d'attente	waiting room
les quais	the platforms
les bagages	left luggage
les objets trouvés	lost property
compostage	ticket stamping machine
C'est où?	Where is it?
C'est en face (du quai numéro 2).	It's opposite (platform 2).
C'est près (des réservations).	It's near the (booking office).
C'est à côté (de la sortie de secours).	It's next to the (emergency exit).
Je voudrais un aller simple pour (Lyon).	I'd like a single ticket to (Lyon).
Je voudrais un aller-retour pour (Paris).	I'd like a return for (Paris).
En deuxième classe, fumeurs.	Second class, non-smoking.
En premier classe, non-fumeurs.	First class, smoking.
Le prochain train part à quelle heure?	What time does the next train leave?
Il arrive à quelle heure?	What time does it arrive?
Quel est le numéro du quai?	What is the platform number?

En panne!

Breakdowns and traffic problems

Je suis en panne.	I've broken down.
Je suis (sur la route nationale 10 à côté d'Auchan).	I'm (on the RN 10 near Auchan).
Pouvez-vous m'envoyer quelqu'un?	Could you send someone out?
J'ai un problème avec (la roue).	I've got a problem with (the wheel).
la batterie	the battery
le volant	the steering wheel
les freins	the brakes
les phares	the headlights
J'ai un pneu crevé.	I've got a burst tyre.
Je n'ai pas de roue de secours.	I haven't got a spare wheel.
À mon avis, il y a (trop d')embouteillages.	In my opinion, there are (too many) hold-ups.
(trop de) pollution	(too much) pollution
(beaucoup de) circulation	(a lot of) traffic
(peu de) pistes cyclables	(very few) cycle tracks
À mon avis, il n'y a pas (assez de) zones piétonnes.	In my opinion, there aren't (enough) pedestrian zones.
(beaucoup de) transports en commun.	(a lot of) public transport.

Un accident

A traffic accident

Hier (soir)/La semaine dernière ...	Yesterday (evening)/Last week ...
j'ai vu un accident.	I saw an accident.
il y a eu un accident.	there was an accident.
Il y avait du brouillard.	It was foggy.
Il pleuvait.	It was raining.
Il gelait.	It was icy.
Il neigeait.	It was snowing.
Il faisait mauvais.	The weather was bad.
La route était glissante.	The road was slippery.

C'était très dangereux.	It was very dangerous.
(Un camion/Une moto/Une trottinette) est entré(e) en collision avec (un piéton/un lampadaire).	(A lorry/A motorcycle/A child's scooter) collided with (a pedestrian/a street lamp).
Le chauffeur était blessé.	The driver was injured.
Personne n'était blessé.	No one was injured.
Je descendais la rue quand ...	I was walking down the road, when ...
Je roulais lentement quand ...	I was driving slowly, when ...

MODULE ÉTUDES

À toi! A

La vie scolaire en France est très différente de la vie scolaire en Écosse. Un élève français de mon âge a normalement six ou sept heures de cours par jour, tandis que nous ne travaillons que cinq heures. La journée scolaire commence plus tôt en France, normalement à huit heures, et l'école ne finit qu'à cinq heures.

Nous faisons à peu près les mêmes heures de devoirs tous les soirs.

La façon d'enseigner est différente aussi. En France, c'est surtout le professeur qui parle, et qui distribue les informations. C'est ce qu'on appelle un cours magistral. Chez nous, pourtant, on fait beaucoup de travail en groupe et de travail pratique.

Les classes de bac sont souvent plus grandes que chez nous.

 LIRE **1a** Read the text. Then copy out this English version and fill in the blanks.

 LIRE **1b** Here are translations for the phrases in blue in the text, which are useful for comparing things. Note the French phrases with their English translations.

1 whereas
2 earlier
3 bigger than
4 however
5 different from
6 only (*2 phrases*)
7 the same
8 this is known as

School life in France is very **1**▬ from **2**▬ in Scotland. A French **3**▬ my age generally has 6 or 7 hours of classes a day, whereas we only **4**▬ for 5 hours. The school day starts **5**▬ in France, usually at 8.00, and school only finishes at 5.00.

We do roughly the same amount of **6**▬ every evening.

7▬ methods are different, too. In France it's mostly the teacher who talks and who gives out information. This is known as a 'cours magistral' (lecture). Here, however, we do a lot of **8**▬ work and **9**▬ work.

The 'bac' (Higher) classes are often **10**▬ than they are here.

ÉCRIRE **2** Write 100 words or more comparing a French student's school life with your own. Use the information below and on pages 14–17 to help you.

La vie scolaire en France		
En France à l'école on travaille	6/7	heures par jour.
On étudie	7/8	matières jusqu'au bac (18 ans).
On passe	1	examen à l'âge de 15 ans (le brevet).
On passe	6/7	examens à l'âge de 18 ans (le bac).
On a	2 heures	de devoirs par jour.
Normalement il y a	30	élèves en classe jusqu'au bac (18 ans).
On ne porte pas d'uniforme.		
On a le droit de fumer dans la cour.		

À toi! B

Le collège … chacun en a fait l'expérience, chacun a son opinion … partout dans le monde

Samuel – J'habite à Basse-Terre à la Guadeloupe. Ici, comme en France, il n'y a pas d'uniforme scolaire. Je trouve que c'est une idée bizarre, si tout le monde est obligé de porter la même chose!

Mohamed – Ce qui m'intéresse c'est les vacances. En France, on a deux semaines de vacances à Pâques et à Noël, et les grandes vacances sont plus longues. C'est génial. Il y a deux jours fériés en mai. Le premier mai, c'est la fête du travail.

Annick – Chez nous on va au collège le samedi matin, c'est tout à fait normal, mais les autres européens sont choqués par ce fait. Moi, personnellement, je n'ai rien contre, je m'ennuie le week-end.

Céline – Ce que je trouve affreux, c'est le système de redoublement. C'est pénible de redoubler une année – il faut éviter ça à tout prix. À vos livres alors!

| choqués | *shocked* |
| redoublement | *having to take a year of school again* |

1a Read this article. Who …

1 wouldn't like to have to re-sit a year?
2 doesn't mind going to school on Saturdays?
3 says there are two public holidays in May?
4 thinks wearing school uniform is strange?
5 advises us all to study hard?
6 is more interested in the holidays than school?

1b Choose one text from **1a** and translate it into English.

2 In a group, create an article like the one above. Use all the texts in Module 1 to help you. Write 20–40 words to answer each of the questions below.

Then cut up your answers and swap with classmates so everyone has a variety of different people's opinions on different subjects in their article. Use photographs (of your classmates or of famous people) to make your article more attractive.

1 Le redoublement – c'est une bonne idée?
2 Qu'est-ce que tu penses de l'uniforme scolaire?
3 Décris le règlement dans ton collège/lycée.
4 Est-ce que les vacances scolaires sont trop longues?
5 Quel est le plus grand problème dans ton collège/lycée?
6 Qu'est-ce que tu aimes à l'école?

À toi!

MODULE 2 CHEZ MOI

À toi! A

A Chers lecteurs

Je vous écris parce que j'ai un problème avec mon père et il me faut des conseils.

En général, je m'entends bien avec ma mère, qui a le sens de l'humour. Mais mon père, c'est autre chose. Il ne veut pas me donner de l'argent de poche, et en plus, je dois faire tout le ménage – c'est pas possible! C'est de l'esclavage!

Il me critique tout le temps, et refuse de me donner la permission de sortir avec mes copains. Il n'aime pas mes vêtements. Il n'aime pas du tout mes copains et veut m'interdire de les voir.

J'ai 16 ans et j'en ai marre de ses réactions. Je suis très malheureuse ... Que faire?

Claire

B Chers lecteurs

Je suis très malheureux et je ne sais pas ce que je dois faire.

J'ai une petite copine qui s'appelle Sylvie. Nous sortons ensemble depuis trois mois et au début tout allait bien. Mais maintenant, nous avons un problème. Quand nous sommes seuls, nous nous entendons très bien. Elle est toujours très gentille. Mais quand nous sommes avec des autres, c'est complètement différent. Elle se moque de moi – elle critique mes vêtements, mes passe-temps, la musique que j'aime, même ma façon de parler.

J'aime ma petite copine, mais je ne peux pas continuer comme ça.

Qu'est-ce que vous conseillez?

Philippe

 1a Read the letters above and answer these questions in English.

1 Why is Claire writing for advice? *(1)*
2 How does her father annoy her? *(3)*
3 How do Philippe and his girlfriend get on when they are alone? *(1)*
4 What is different about her behaviour when they are in company? Give 3 examples. *(4)*

 1b Find the French for the following.

In letter A:
1 I need some advice
2 I get on well with my mother
3 he criticises me all the time
4 wants to forbid me from seeing them
5 I am fed up
6 I'm very unhappy

In letter B:
7 everything went well
8 when we are alone
9 she is always very nice
10 it's completely different
11 she makes fun of me
12 I can't go on like this

 1c Write a summary in English of one of the letters (about 50 words).

 2 Write a letter about a problem you would like to share with the readers (you could make one up).

Remember to:
● make it clear who you are writing to: *Chers lecteurs, …*
● state who or what is causing your problem: *J'ai un problème avec ma mère/mes devo.*
● say what the problem is: *Elle est trop sévère/J'ai trop de devoirs.*
● say how you feel: *Je suis très malheureux/malheureuse.*
● ask for advice: *Que faire?*

MODULE 2 CHEZ MOI

À toi! B

Je suis jalouse!

Je suis jalouse si jamais ma meilleure copine parle avec d'autres gens.

Est-ce normal?

Liliane, 16 ans

La jalousie est tout à fait normale. Tout le monde est un peu égoïste. L'égoïsme aide à developper le caractère d'une personne. Tu veux être unique pour ta meilleure amie, mais il est important d'avoir beaucoup d'amis, car l'exclusivité peut être dangereuse. Si deux copines n'ont aucun contact avec d'autres jeunes filles, elles risquent de se séparer de leurs camarades de classe et en fin de compte, leur amitié ne durera pas longtemps.

> **égoïste**
> *selfish*

 LIRE

1a Read the text and answer the questions in English.

1. Why is Liliane writing to the magazine? *(1)*
2. Why does the magazine think she is normal? *(2)*
3. According to the magazine, what is the function of our selfish side? *(1)*
4. What happens when two friends have no contact with other girls? *(2)*

 LIRE

1b Find the French for the following.

1. everybody is a bit selfish
2. completely normal
3. their friendship will not last a long time
4. it's important to have a lot of friends
5. your best friend

 ÉCRIRE

2 You have seen this article in a magazine. What kind of friend are you? Write in French to the magazine. You should:

- describe your personality: *Je suis bavard(e)/timide/plein(e) de vie.*
- say how well you get on with your friends: *Je m'entends bien avec mes amis.*
- say what you do with your friends (mention 3 things): *Avec mes amis, je vais en ville, je joue au rugby et j'écoute de la musique.*
- say what you would like to do in the future: *On va partir en vacances ensemble l'année prochaine.*
- say what is important for getting on with people: *Il faut être là quand ils ont un problème.*

MODULE 3 — TEMPS LIBRE

À toi! A

1 *Tiens, voici Joël, j'ai toujours voulu sortir avec lui. Je vais tenter ma chance!*

2 *Joël, ça va? Écoute, t'as envie d'aller au concert de Ziggy Marley au Parc des Princes ce soir?*

3 *Tu sais, la musique, j'aime pas trop. Tu veux pas aller au cinoche ou au théâtre?*

4 *Non, ça ne me dit rien. On pourrait aller manger quelque chose ensemble?*

5 *Oui, je veux bien si c'est une pizza.*

6 *D'accord, on se voit à l'arrêt d'autobus à vingt heures.*

7 *Salut Nabila, tu veux pas venir chez Cédric avec moi? Il y aura toute la bande. Il fait une soirée antillaise.*

8 *J'en ai marre d'attendre. Allez, on y va!*

Ouais, à plus tard …

À tout à l'heure!

LIRE

1a Read the speech bubbles and put the pictures in the correct order.

LIRE

1b Answer the questions in English.

antillaise	*Caribbean/West Indian*

1 How does Nabila feel about Joël? *(1)*
2 What does she suggest they do first? *(1)*
3 Why does he not want to go? *(1)*
4 What does he suggest instead? *(2)*
5 What does Nabila then suggest? *(1)*
6 Where and when do they decide to meet? *(2)*
7 Why, in the end, does Nabila go off with someone else? *(1)*

ÉCRIRE

2 Write your own cartoon story about a date.

You should include:
- discussion of where to go: *Tu veux aller à la disco?*
- reactions: *Ça ne me dit rien/Ah oui, je veux bien!*
- time and place arrangements: *On se voit à 19 heures devant le cinéma.*
- how it went: *Les garçons, j'en ai marre/Elle est adorable!*

À toi! B

Le week-end dernier était vraiment superbe! Je suis allé à Paris avec mon copain Marc et sa famille. Nous sommes partis vendredi après-midi par le train et nous sommes arrivés à Paris vers huit heures du soir. Nous avons logé chez les grands-parents de Marc. Ils habitent la banlieue. Samedi matin, nous avons pris le métro pour aller au centre-ville. Nous avons fait les magasins d'abord - ça, il faut dire, c'était un peu ennuyeux mais j'ai acheté un maillot Paris Saint Germain, donc c'était pas tout mauvais. L'après-midi, nous sommes allés à la Cité des Sciences - c'était très intéressant mais il y avait beaucoup de monde. Le soir, nous avons mangé dans un restaurant marocain - j'ai trop mangé! Dimanche, nous avons visité le Stade de France à Saint Denis - quelle aventure! Nous sommes partis à 5 heures du soir pour rentrer à la maison - mais je veux y retourner bientôt!

Paul

 1 Read the text. Then copy and complete the English translation.

Last weekend was **1**░░░░░ great! I **2**░░░░░ to Paris with my friend Marc and his **3**░░░░░. We left on **4**░░░░░ **5**░░░░░ by train and we arrived in Paris **6**░░░░░ eight o'clock in the **7**░░░░░. We **8**░░░░░ with Marc's **9**░░░░░. They live in the **10**░░░░░. On Saturday morning, we took the underground to go into the **11**░░░░░. We **12**░░░░░ first – that, I have to say, was a bit **13**░░░░░ but I **14**░░░░░ a Paris Saint Germain football shirt so it wasn't all **15**░░░░░. In the **16**░░░░░ we went to the Cité des Sciences – it was very **17**░░░░░ but there were a lot of **18**░░░░░. In the evening, we ate in a **19**░░░░░ restaurant – I ate **20**░░░░░ **21**░░░░░! On Sunday, we **22**░░░░░ the Stade de France at Saint Denis – what an **23**░░░░░! We left at five o'clock in the **24**░░░░░ to return home – but I want to go back **25**░░░░░!

 2 Imagine a fantastic weekend you spent somewhere wonderful with somebody famous. Write an account of it, in approximately 100 words.

Remember to:
- organise your account in the order things happened
- include time markers: *Vendredi soir, samedi matin, le soir*
- say exactly what you did: *Nous sommes allé(e)s … Nous avons visité …*
- give your opinion of each thing: *C'était ennuyeux/bien/intéressant.*
- say if you would like to go back: *Je veux y retourner/Je ne veux pas y retourner.*

MODULE 4 AU BOULOT

À toi! A

Ce que je ferai après le lycée

Bertrand

Je ne sais pas encore ce que je vais faire dans la vie, mais quand j'aurai dix-huit ans, je prendrai une année sabbatique. J'aimerais aller en Inde ou en Afrique pour faire du travail bénévole. Ce sera une expérience fantastique, et cela m'élargira les horizons énormément.

Florence

Je ne resterai pas à l'école l'année prochaine. Je préférerais quitter le lycée et commencer à travailler dans un bureau ou dans une banque. Je crois qu'on apprend beaucoup au travail, beaucoup plus qu'à l'école, de toute façon. Je gagnerai €1,300 par mois. Rester à l'école, ça ne vaut pas le coup!

Saïd: Je quitterai l'école le plus vite possible, mais c'est pour continuer mes études dans un lycée technique. Là, je vais apprendre les bases des communications électroniques pour devenir plus tard technicien des télécommunications. Je ferai des stages en industrie en même temps. Je crois que c'est l'idéal: étudier tout en faisant un travail.

Céline

Après avoir quitté le lycée, j'ai l'intention d'aller à la fac pour étudier les langues. En ce moment, je fais l'anglais et l'espagnol et je commencerai à étudier l'allemand l'année prochaine. J'espère que la vie à la fac sera plus libre que la vie à l'école.

LIRE

1 Read the magazine article and answer the questions in English.

1 What does Céline intend to do? *(2)*
2 What is she studying at the moment? *(2)*
3 Which subject will she start next year? *(1)*
4 What does she hope university life will be like? *(2)*
5 What doesn't Bertrand know yet? *(1)*
6 When will Betrand do his gap year? *(1)*
7 What sort of work will he do in India or Africa? *(1)*
8 What benefits does he think this sort of work will bring? *(2)*
9 What does Florence want to do next year? *(3)*
10 What comments does she make about staying at school? *(2)*
11 What will Saïd be studying at college? *(1)*
12 Why does he say his course is ideal? *(2)*

une année sabbatique	*a gap year*
le travail bénévole	*volunteer/charity work*
m'élargira les horizons	*will widen my horizons*

Remember there are lots of ways to talk about your future:
- aller + *infinitive:* je vais apprendre … *(I'm going to learn …)*
- *the future tense:* je ferai des stages en industrie *(I will do work experience)*
- j'ai l'intention de + *infinitive:* j'ai l'intention d'aller à la fac *(I intend to go to university)*
- j'espère: j'espère que la vie à la fac sera … *(I hope university life will be …)*

ÉCRIRE

2 What do you intend to do after you have left school? Write about 75 words. Use expressions from the texts above.

À toi! B

Le monde du travail à l'avenir: *mythe ou réalité?*

1 **Plus de longs trajets pour aller au travail: On restera à la maison pour travailler.**

La création du web veut dire qu'on peut rester en contact avec sa compagnie et ses collègues sans quitter sa propre maison. Communiquer, choisir, acheter, vendre, tout peut se faire grâce au courrier électronique et aux sites de web de plus en plus sophistiqués. Beaucoup de Français travaillent déjà de leur propre maison.

2 **Le chômage ira de pire en pire.**

C'est vrai que les industries traditionnelles sont en train de disparaître, mais les machines ne remplaceront jamais les gens dans les hôpitaux, les écoles et les autres domaines de service.

3 **On ne fera plus un métier pour la vie.**

Les jeunes doivent être prêts à changer, à suivre des formations différentes à des âges différents, et à s'adapter quand c'est nécessaire.

4 **On fera moins de travail, et aura plus de loisirs …**

Le travail à temps partiel et le partage de poste restent assez populaires, mais surtout chez les femmes. Pour la plupart, en Europe et aux États-Unis, on continuera à travailler pendant les heures traditionnelles.

1a Does the article claim that the following ideas are myths or reality?

1 We will work less and have more leisure time.
2 We will stay at home to work.
3 Unemployment will get worse and worse.
4 People will be expected to retrain at several points in their career.
5 Machines will replace people everywhere.

1b Answer these questions in English. Remember to look for the number of points asked for.

1 What does the article say people can already do through the Internet? *(4)*
2 What does the article say about part-time work and job-sharing? *(2)*
3 What does the article say about industry and machines? *(3)*

2 Write at least 100 words about working conditions in the future. Try to answer these questions:

● Will we all be working from home?
● Will schools still exist?
● What job will you do?

À l'avenir, …

on **restera** à la maison.
l'école **existera** encore/n'**existera** plus.
les ordinateurs (ne) **remplaceront** (pas) les profs.
je **travaillerai** à la maison/dans un bureau.

À toi! A

Les jeunes aujourd'hui sont très conscients du recyclage et de l'importance des transports en commun, mais les problèmes globaux sont toujours à résoudre. Il y a des problèmes de surpopulation, par exemple, surtout en Afrique.

En Amérique du Sud, la destruction des forêts tropicales aggrave le réchauffement de la planète.

La pollution cause la pluie acide, qui détruit l'environnement.

Finalement, c'est l'homme qui est responsable de l'extinction des espèces rares. Il les tue pour de l'argent – les ours, les tigres, les baleines. Il faut agir, avant qu'il ne soit trop tard …

résoudre	*to resolve*
aggraver	*to make something worse*
tuer	*to kill*
agir	*to act, take action*
on trie	*we sort our rubbish*

 1a Read the article and answer these questions in English.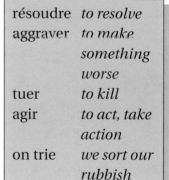

1 What are young people today conscious of? *(2)*
2 What problem in Africa is mentioned? *(1)*
3 What happens when rainforests are cut down? *(1)*
4 What is caused by pollution? *(1)*
5 Why does man kill rare species of animal? *(1)*

 1b Find the French in the text for the following:

1 whales
2 global warming
3 acid rain
4 the extinction of rare species
5 overpopulation
6 the destruction of tropical forests

 2 Choose from **1b** the 3 most important environmental problems for you and complete these sentences in French.

En ce qui concerne les problèmes globaux,
1 le plus grand pour moi, c'est …
2 un autre problème qui me concerne est …
3 un troisième problème que je trouve inquiétant, c'est …

Les déchets

En Europe, l'industrie et les ménages produisent des montagnes de déchets qui sont toxiques pour l'homme et pour l'environnement!
Les déchets dangereux contiennent de l'arsenic, des métaux lourds et des substances radioactives.
La majorité des déchets liquides industriels sont encore déversés dans les mers et les cours d'eau.

Un grave problème européen

- À la fin des années 80, le Royaume-Uni produisait 50 tonnes de déchets par an, dont 4,5 tonnes de déchets dangereux.
- Les ménages ne produisent pas moins de 100 millions de tonnes d'ordures par an. La grande majorité est brûlée ou enterrée avec les risques de pollution que cela comporte; seulement 20% des ordures sont recyclées!
- La pollution mène aux changements et à la destruction des habitats des animaux, et finalement à la disparition des espèces rares.

Que faire?

- Le plus urgent: réduire considérablement notre production de déchets en consommant moins.
- Il faut ensuite développer et pratiquer le recyclage qui crée, en outre, de nouveaux emplois.
- Il est important d'utiliser toutes les méthodes possibles de préservation de la nature, et de diminution de la pollution.

les déchets	waste
déverser	to pour out
mène à	leads to
espèces	species
en outre	besides, moreover

1a Read the text and answer these questions in English.

1 How is most liquid waste disposed of? *(1)*
2 What happens to domestic waste? *(3)*
3 What three solutions are suggested? *(3)*

1b Find the French for the following:

1 industry and households produce mountains of waste
2 dangerous waste
3 the majority of liquid and industrial waste
4 a serious European problem
5 50 tons of waste a year
6 the vast majority is burned or buried
7 disappearance of rare species
8 reduction of pollution

2 Write an article of 100 words or more on the main environmental problems we face. You can use the framework below to help you.

> Pour moi, le problème le plus important pour l'environnement, c'est …
> D'abord parce que …
> Mais aussi parce que …
> Il y a d'autres problèmes environnementaux, y compris …
> À mon avis, tout le monde devrait …
> On pourrait aussi …
> Personnellement, j'essaie de …
> Il faut agir …

À toi! A

LIRE 1 Read the texts, then copy and complete the sentences in French below.

Guide touristique de Corbières en Minervois

Foires et marchés

Lundi matin	Saint-Laurent	Marché
Jeudi matin	Thèzan Corbières	Marché
Toute la semaine	Montredon	Marché

Épicerie La Rondelle, ouverte tous les jours sauf le mardi.
Charcuterie/Traiteur: La Bastide en face de l'église Sainte-Marthe.
La Halle aux Chaussures:
Route de Rieux

Printemps – renseignements pratiqu

Adresse du magasin: 64, boulevard Haussmann 75009 PARIS
Téléphone: 01.42.82.50.00
Fax: 01.42.82.45.22
E-mail: infos@printemps.fr
Métro: Havre-Caumartin
R.E.R.: Auber
Parking: rue Charras par le boulevard Haussmann, rue de Provence par la rue du Havre
Horaires d'ouverture: du lundi au samedi de 9h35 à 19h00, nocturne le jeudi jusqu'à 22h00

1 Si vous vous intéressez à la mode, vous irez chez ▰▰▰.
2 Si vous voulez aller au marché le vendredi, vous irez à ▰▰▰.
3 Au Printemps, vous pourrez faire vos achats le jeudi jusqu'à ▰▰▰.
4 Si vous voulez acheter des baskets pour votre frère, vous irez à la ▰▰▰.
5 Si vous voulez acheter du pâté, vous irez à ▰▰▰.
6 Si vous voulez acheter des légumes, vous irez à ▰▰▰.
7 Il y a un marché à Montredon tous les ▰▰▰.
8 Si vous voulez aller au marché le lundi, vous irez à ▰▰▰.
9 Si vous cherchez un parking, vous irez à la rue ▰▰▰ ou à la rue ▰▰▰.
10 Si vous prenez le métro, vous descendrez à ▰▰▰.

> *Look for the clues in the questions for reading. You don't have to understand every word. Sometimes, you can work the answers out.*

ÉCRIRE 2 You have bought this article. Write to complain about it.

Your letter should include:
- where you bought the article: *Je l'ai acheté dans votre magasin à Édimbourg.*
- when you bought it: *le samedi 3 juin*
- how much you paid for it: *J'ai payé …*
- what is wrong with it: *Il est déchiré/Je l'ai lavé et il a rétréci.*
- a request for a refund: *Je veux être remboursé(e).*

> *Remember to begin and end your letter correctly. Look at the letter in Module 4, page 62 to see how this is done.*

€60

À toi! B

Jean-Pierre Je suis pour le shopping du dimanche. Si on travaille toute la semaine, c'est bien de pouvoir faire ses achats le dimanche. C'est pratique et pour les gens qui veulent travailler le dimanche c'est bien aussi.

Victor J'adore les grands magasins et les grandes surfaces. J'aime bien quand il y a beaucoup de choix. J'ai horreur des petites boutiques – qu'elles crèvent.

Max Je suis très pressé et cette révolution on-line m'a libéré. C'est une aubaine – je suis l'internaute numéro un.

Yolande Moi, je suis très traditionnelle et j'aime bien faire mes courses au marché et dans les petits magasins où je connais tout le monde. Dans les grandes surfaces, vous n'avez pas la même qualité et l'emballage m'énerve.

Céline Moi, je suis contre le shopping du dimanche. Le dimanche, c'est un jour de repos et même si on n'est pas religieux, il faut se reposer. Si on commence à travailler le dimanche, ça changera tout.

qu'elles crèvent	*down with them*
l'emballage	*packaging*
une aubaine	*a godsend*

1a Read the texts and answer the questions in English.

1 Who doesn't think shops should be open seven days a week?
2 Who prefers big shops?
3 Who would prefer to go the market?
4 Who thinks that Sunday shopping would be a good idea?
5 Who does all his/her shopping on the Internet?

1b Choose 2 passages and summarise in English what the people say.

2 What do you think about Sunday trading?
Write approximately 150 words to give your views.

You should include:
● whether you are for or against: *Je suis pour/contre.*
● some of the advantages: *C'est utile pour les gens qui travaillent toute la semaine.*
● some of the disadvantages: *Le dimanche, il faut se reposer.*
● whether or not you have shopped on a Sunday: *L'année dernière, j'ai acheté tous mes cadeaux de Noël le dimanche/Je n'ai jamais fait de courses le dimanche.*
● a conclusion: *C'est une bonne idée/C'est bien dommage.*

À toi! A

LIRE

1 Choose the best alternative in each case to make your own holiday letter. Write it out as a complete letter.

Moi, je préfère aller en vacances
a au bord de la mer
b à la montagne
c dans une grande ville
parce que je trouve ça plus intéressant.

De préférence,
a je vais à l'étranger.
b je reste en Écosse.
c je voyage un peu partout.

a L'année dernière,
b Il y a 2 ans,
c Une fois,
je suis allé(e) en vacances avec

a un groupe de mon collège.
b ma famille.
c mes copains.
Nous sommes partis pour
a une semaine
b quinze jours
c un mois
à _____ en

_____ . C'était
a génial.
b pas mal.
c nul.
Nous avons voyagé
a en autobus
b en voiture
c en avion
et le voyage était

a très ennuyeux.
b incroyablement long.
c vraiment intéressant.
Il a duré
a cinq heures.
b dix heures.
c plus de 24 heures.
Quand nous sommes arrivés

a au camping,
b à l'hôtel,
c à l'appartement,
il était déjà
a fermé.
b minuit passé.
c plein de familles anglaises.
Quel désastre! Les vacances se

sont bien passées, pourtant.
a J'ai joué au tennis
b J'ai fait de l'escalade
c Je suis allé(e) au cinéma
et j'ai acheté
a des souvenirs.
b de la crème solaire.
c des cartes postales.

Quand nous sommes rentrés à la maison, j'étais
a un peu triste.
b très fatigué(e).
c content(e) de revoir _____ .

ÉCRIRE

2 Try to make up your own DIY holiday letter – use your imagination!

Example:

Moi, je préfère aller en vacances
a à la mer.
b pour faire du ski.
c sur la lune.

À toi! B

Faire du camping – plaisir ou catastrophe?

On dit que les campings français sont de première qualité – prises d'électricité, grillades à côté de la tente, bloc sanitaire impeccable, eh bien, moi j'ai dû avoir une mauvaise expérience cette année parce que le plaisir n'y était pas. D'abord, les règlements … je suis arrivé et le monsieur à l'accueil m'a informé:

- qu'on ne doit pas faire de bruit après 22h …
- que les chiens sont interdits près de la piscine …
- qu'on ne doit pas faire la vaisselle dans le bloc sanitaire, mais dans le bloc cuisine …
- qu'une douche est limitée à trois minutes …
- qu'il est interdit de faire du feu …

Oh là là – les interdictions étaient nombreuses!

C'était pire qu'au collège!

Le lendemain, j'ai appris que je faisais du footing sur la piste cyclable et que je jouais aux boules sur le terrain de volley – strictement interdit.

Un renard avait détruit le sac poubelle que j'avais mis devant l'entrée de ma tente. Amende de €10. J'avais garé ma voiture où il ne fallait pas stationner … je n'en pouvais plus et je suis parti à l'hôtel – fini pour moi le camping!

1 Read the text, then answer these questions in English.

l'accueil	*reception*
interdit	*forbidden*
le footing	*jogging*
un renard	*a fox*
une amende	*a fine*

1 What reputation do French campsites have? *(1)*
2 What facilities do they usually have? *(3)*
3 What rules are there in this campsite? *(5)*
4 The author broke several rules he didn't know about. Name any 2 of them. *(2)*
5 Why did he get a fine? *(3)*
6 What did the author do in the end? *(1)*

2a Make up 5 more rules for this campsite. They don't have to be sensible!

Example: *Les vaches et les moutons sont interdits entre 10 et 20 heures.*

2b You have spent a holiday at this campsite. Write a letter (about 100 words) to a French friend saying what it was like. Use words and phrases from the text to help you.

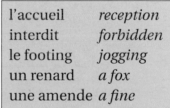

On doit … *(you must …)*
On ne doit pas … *(you must not …)*
Il est interdit de … *(… is forbidden)*

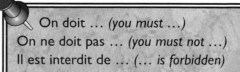

Je suis parti(e) en vacances … On est allé au … Quand nous sommes arrivé(e)s … Le premier jour … C'était …

À toi! A

Les films d'horreur tu hurles ou tu te régales?

C'est débile et ça fait peur

❝Moi, je trouve que les films d'horreur n'ont aucun sens. C'est débile! Enfin, on a la trouille, c'est tout!❞

Julia, 16 ans et demi

J'en ai horreur!

❝Les films d'horreur, j'ai horreur de ça! Je fais des cauchemars. J'ai su que je n'aimais pas ça du tout lorsque j'ai vu un passage du film *Copycat*. Il y a beaucoup trop de violence (sans raison). Je connais d'autres films plus intéressants.❞

Anonyme

Je me ronge les ongles

❝C'est super de regarder un film d'horreur seul sur son canapé, avec un coussin devant les yeux, et de se ronger les ongles jusqu'au sang.❞

Flore, 15 ans

Ça me fait hurler!

❝Avec mes copains, on se fait des après-midi où on se loue un bon film d'épouvante et on le regarde en hurlant! Mais il ne faut pas en abuser et certains films ne sont pas à voir à 15 ans.❞

Laura, 15 ans

hurler	*to yell, howl*
se régaler	*to feast on something*
avoir la trouille	*to be really scared*
un cauchemar	*a nightmare*
je me ronge les ongles	*I bite my nails*

1a Read the text and answer the questions. Who …

1 gets nightmares from horror films and would prefer to watch something else?
2 thinks that horror films are rubbish?
3 likes watching horror films with friends?
4 prefers watching horror films without friends?

1b Find the French for the following.

1 it's stupid
2 it makes you frightened
3 I have nightmares
4 to bite your nails
5 a good scary film
6 with a cushion in front of your face
7 I hate that!
8 there's much too much violence
9 alone on your sofa

2 What do you like watching on TV/video? Write approximately 100 words about your viewing habits.

You should include:
● what you watch: *Je regarde les feuilletons comme 'Coronation Street'.*
● how much time you spend watching TV: *Je la regarde deux heures par jour.*
● what your favourite programme is: *Mon émission préférée est …*
● why: *C'est amusant.*
● what you watched last night: *Hier soir, j'ai regardé …*
● what you thought of it: *C'était nul.*

À toi! B

Ça fait deux ans que je travaille en France. Je suis notaire dans une compagnie d'assurances et je passe trois jours par semaine dans notre bureau à Paris et deux jours à Édimbourg. J'ai un appartement à Édimbourg et je loue un petit studio à Paris, pas loin de la gare Montparnasse.

Heureusement, je parle français et c'est grâce à mes connaissances de la langue que j'ai ce poste. J'ai appris le français à l'école et puis j'ai passé deux mois chez une famille française. Il faut que je parle français non seulement en France mais aussi à Édimbourg. Je dois souvent accueillir des collègues français ici et, bien sûr, parler au téléphone et communiquer par e-mail.

J'ai maintenant de bons amis en France. L'année dernière, je suis parti dans les Pyrénées avec deux amis du bureau parisien. Je trouve qu'il y a beaucoup d'avantages de travailler à l'étranger et de savoir parler une autre langue. On fait la connaissance de gens nouveaux, de nouveaux endroits et d'une culture tout à fait différente.

Iain Munro (24 ans)

notaire	*solicitor*
accueillir	*to welcome*

1a **Read the text and answer the questions in English.**

1 What is Iain's job? *(1)*
2 How does he divide his time? *(2)*
3 Where does he live? *(2)*
4 What was the deciding factor in his getting this job? *(1)*
5 How did he learn French? *(2)*
6 Mention two ways he uses his French in Scotland. *(2)*
7 What does he tell us about his holidays last year? *(2)*
8 What does he see as the advantages of working abroad and speaking another language? *(3)*

1b **Choose one of the 3 paragraphs and summarise it in English (30–35 words).**

2 **What do you think are the advantages of learning a foreign language? Write approximately 150 words.**

You should include:
- what languages you speak: *Je parle français et espagnol.*
- how long you have been learning French: *J'apprends le français depuis cinq ans.*
- where you have learned French: *J'ai appris le français à l'école primaire et au collège.*
- whether you have ever visited France: *J'ai visité la France l'année dernière.*
- what you see as the advantages: *On se fait de nouveaux amis/On peut communiquer plus facilement.*

À toi! A

TABAC

LES CHIFFRES D'UNE RÉALITÉ FRANÇAISE

HOMMES: 42% **SE DÉCLARAIENT FUMEURS**

FEMMES: 27%
- 35% des adultes: 42% des hommes — 27% des femmes
- 47% des jeunes de 18 à 19 ans.

FUMENT PLUS DE 10 CIGARETTES PAR JOUR
- un peu plus d'un adulte sur cinq (10 millions de personnes environ).

JEUNES SCOLARISÉS DE 5 À 19 ANS

FUMENT AU MOINS UNE CIGARETTE PAR JOUR
- 31%

FUMENT PLUS DE 10 CIGARETTES PAR JOUR

Âge moyen d'initiation: 13 ANS
- 8%
- âge moyen de la 1ère cigarette: 13 ans.

MORTALITÉ ANNUELLE DIRECTEMENT IMPUTABLE AU TABAGISME
- 60 000 décès dont 95% chez les hommes.

ADULTES DE 45 À 64 ANS

PREMIÈRE CAUSE DE DÉCÈS PRÉMATURÉS
- 30% chez les hommes;
- 4% chez les femmes.

ACHATS DE TABAC SOUS TOUTES SES FORMES EN 1998
- 79 milliards de francs dépensés par les ménages.

le tabagisme *smoking*

 1a **Read the text and answer the questions in English.**

1 Give the percentages of men and women smokers.
2 How many 18–19 year olds smoke?
3 What do approximately 10 million people do?
4 What do 31% of school children do?
5 What do 8% of school children do?
6 Why is the age of 13 mentioned?
7 Who appear more likely to die from smoking-related diseases, men or women?
8 4% of women between 45 and 64 do what?
9 How much do French people spend on tobacco in a year?

 1b **Find the French for the following.**

1 figures
2 more than
3 at least
4 average
5 first

 2 **What is your view? Write approximately 100 words about your views on smoking.**

You should include:
- whether you smoke: *Je fume/Je ne fume pas/Je n'ai jamais fumé.*
- why: *Ça me détresse/C'est dangereux pour la santé.*
- whether your friends smoke: *J'ai des amis qui fument.*
- what you see as the disadvantages: *C'est cher/Ça sent mauvais.*
- whether you think people should be allowed to smoke in public places: *Les gens doivent avoir de la liberté/Je crois qu'il faut avoir des règlements dans les pubs et les restaurants.*

À toi! B

ALCOOL – CONSEILS POUR UN USAGE SANS DOMMAGE

Lorsqu'on boit de l'alcool, plus on dépasse les limites indiquées (augmentation des quantités et fréquences de consommation), plus le risque est important.

CONSOMMATIONS OCCASIONNELLES

Exceptionnellement, pas plus de 4 verres standard en une seule occasion.

Au-delà du deuxième verre, le taux d'alcoolémie autorisé est dépassé: on ne peut conduire ni voiture, ni machine. Associée à des médicaments ou à des drogues, une seule dose, même faible, peut avoir des conséquences néfastes immédiates.

CONSOMMATIONS RÉGULIÈRES

• pour les femmes: pas plus de 2 verres standard par jour;
• pour les hommes: pas plus de 3 verres standard par jour;
• au moins un jour par semaine sans aucune boisson alcoolisée.

NE PAS CONSOMMER

• pendant l'enfance et la préadolescence;
• pendant une grossesse;
• lorsqu'on conduit un véhicule, ou une machine dangereuse;
• quand on exerce des responsabilités qui nécessitent de la vigilance;
• quand on prend certains médicaments.

INÉGAUX FACE À L'ALCOOL

• Face à la consommation d'alcool, **chacun réagit différemment selon sa corpulence, son état de santé physique et psychique**.
• Si on boit sans manger, l'alcool passe d'un seul coup dans le sang et ses effets sont plus importants.

UNE SEULE DOSE, MÊME FAIBLE,
PEUT AVOIR DES CONSÉQUENCES NÉFASTES IMMÉDIATES.

le taux d'alcoolémie	*the level of blood alcohol*
néfastes	*negative, harmful*
la grossesse	*pregnancy*
la corpulence	*body mass, weight*
le sang	*blood*

1 **Read the text and answer the questions in English.**

   1 In general, what does this article provide? *(1)*
   2 What should we not do after two standard glasses? *(2)*
   3 When could even a single drink have disastrous consequences? *(2)*
   4 How much are women 'allowed' per day? *(1)*
   5 And men? *(1)*
   6 What is also recommended? *(1)*
   7 Name 3 situations in which people should not consume alcohol. *(3)*
   8 Summarise the information in the box at the end of the article, in English. *(5)*

2 **What do you think is important in a healthy lifestyle? Write approximately 150 words.**

You could include:

● diet: *Il faut éviter le fast-food/Il faut manger des fruits.*
● smoking: *Le tabagisme est mauvais pour la santé.*
● alcohol: *L'abus de l'alcool est mauvais pour la santé.*
● lifestyle: *Il faut faire du sport/Il ne faut pas passer le week-end devant la télé.*
● examples of what you have done: *Le week-end dernier, j'ai fait une longue randonnée.*
● what you will/will not do: *Je ne fumerai jamais/Je prendrai plus d'exercice.*

À toi! A

En dessous ou au dessus?

Avec les grèves, les inondations, les blocages et les problèmes de douane, les citoyens britanniques favorisent désormais l'avion.

'J'en ai marre d'attendre, ou bien d'arriver au port pour voir qu'il y a des bateaux ou des trains annulés ... Impossible' – John Nicolson, 35 ans.

Et il n'est pas seul. Des centaines de voyageurs courent à

l'aéroport pour profiter des vols rapides et des prix raisonnables ...

Le tunnel n'était-il rien d'autre qu'un rêve? Les fameux ferry-boats vont-ils donc disparaître?

À vous la parole! Comment traverser la Manche?

Écrivez-nous ...

une grève	a strike
une inondation	a flood
désormais	from now on
annulé	cancelled
la Manche	the English Channel

1a Read the text and answer the questions in English.

1 What problems are causing many more British people to travel by plane? (4)
2 Why doesn't John Nicolson want to travel by train or boat any more? (3)
3 Why do hundreds of passengers choose to fly? (2)

1b Find the French for the following phrases in the text.

1 from now on
2 I'm fed up of waiting
3 and he's not alone
4 hundreds of travellers
5 nothing but a dream

2 Write a questionnaire on transport for your group. Make sure you revise how to ask questions correctly. You must find out at least the following things:

• comment ils viennent au collège
• combien de temps ils y mettent
• les avantages ou les inconvénients de ce moyen de transport
• leur moyen de transport idéal pour venir au collège
• comment ils sont venus ce matin
• s'ils vont rentrer directement après le collège
• s'ils sont satisfaits des transports en commun dans votre ville ou village

MODULE 10 LE TRANSPORT

À toi! B

a b c d e f

1 Comment est-ce qu'on circule? Eh bien, à côté de Nogent sur Marne, pas bien du tout. L'A4 est à éviter. Il y a un bouchon énorme. Il s'agit d'un camion renversé. Ça va durer longtemps.

2 Il y a eu un accident grave ce matin à l'entrée de Toulouse sur l'autoroute 61. Un camion est entré en collision avec deux voitures lorsqu'il a voulu les doubler. Deux morts et trois blessés ...

3 Jour noir pour les automobilistes en France. Trois accidents aux alentours de Paris ont fait deux morts et cinq blessés.

4 Blocage sur la Côte d'Azur, les fermiers qui protestent contre l'importation des moutons d'Italie ont arrêté la circulation à Valbonne. Les habitants de la ville étaient furieux, mais la force des fermiers a gagné le tour.

5 De violents orages ont fait tomber des arbres sur plusieurs routes dans les Pyrénées. Ils ne seront pas dégagés avant deux jours.

6 La grève des douaniers a encore affecté le départ des bateaux et des shuttles de Calais. Deux mille personnes ont dû attendre vingt-quatre heures avant de pouvoir regagner la Grande-Bretagne.

éviter	to avoid
un bouchon	a traffic jam
doubler	to overtake
les alentours	the area around
douaniers	customs officers

 1a Match each newspaper article to the right picture.

 1b Find the French for the following.

1 is to be avoided
2 there is an enormous traffic jam
3 there was a bad accident
4 a lorry crashed into 2 cars
5 a bad day for drivers in France
6 farmers … have stopped the traffic
7 they won't be cleared for 2 days
8 the customs officers' strike
9 2000 people had to wait
10 before being able to get back to Britain

 2 You have read this advert in a newspaper. Write an article about the means of transport you prefer, using the questions on the right to help you.

- Est-ce que les trains vous agacent?
- Est-ce que le bus vous casse les pieds?
- Est-ce que vous aimez mieux aller au collège à roller qu'en car?
- Écrivez-nous pour nous parler de votre moyen de transport préféré et vous gagnerez peut-être un week-end à Nice pour deux personnes!

Comment aimez-vous voyager? Pourquoi?
Quels sont les avantages et les inconvénients d'autres moyens de transport?
Décrivez un voyage que vous avez fait en vous servant de votre moyen de transport préféré.

Grammaire

1　Nouns

Nouns are naming words. They are used to name things (e.g. chien *dog*, crayon *pencil*) and people (e.g. tante *aunt*).

1.1　Gender

All French nouns are either **masculine** (m) or **feminine** (f).

Genders must be learned by heart and noted when you learn a new word, e.g. la table (f), le stylo (m).

1.2　Plurals

Plural means 'more than one'.

Most French nouns add -**s** to show they are plural, e.g. des bonbon**s**, deux sœur**s**.

But nouns with the following endings are irregular and change like this:

Ending	Singular	Plural
-**al** becomes -**aux** in the plural	un cheval	des chev**aux**
-**eu** or -**eau** add **x** in the plural	un bat**eau**	des bat**eaux**

2 Articles

2.1 The definite article 'the'

The three words for 'the' are **le** (m), **la** (f), **les** (plural):

> le vélo *the bike,* la voiture *the car,*
> les trains *the trains*

Attention: Le and **la** shorten to **l'** before a vowel or a mute 'h': l'autobus *the bus.*

The words for 'the' are used:

● to translate the word 'the':
> Le chat est dans le salon.
> *The cat is in the sitting-room.*

● when talking about likes and dislikes:
> J'aime le foot et le tennis.
> *I like football and tennis.*

● when talking about something in general terms:
> Les professeurs sont intelligents.
> *Teachers are intelligent.*

● before the names of countries:
> La France est un beau pays.
> *France is a beautiful country.*

2.2 The indefinite article 'a'

The word for 'a' or 'one' is either **un** (m) or **une** (f): un vélo *a bike,* une voiture *a car.*

> Un monocycle a une roue.
> *A unicycle has one wheel.*

2.3 The partitive article 'some'

The words for 'some' are **du** (m), **de la** (f), **des** (plural).

Attention: Du and **de la** shorten to **de l'** before a vowel or a mute 'h'.

Masculine	Feminine	Plural
du	de la	des
de l'	de l'	

> du coca *some cola,* de la salade *some salad,* des bananes *some bananas,* de l'eau *some water*

The words for 'some' are used:

● when translating the word 'some':
> Donne-moi **du** papier.
> *Give me some paper.*

● when there is no article in English:
> J'ai acheté **du** pain et **de la** glace.
> *I bought bread and ice-cream.*

> *Entraînez-vous* ▬▬▬▬
>
> Choose the correct ending each time. Look carefully at the words: you don't need the glossary!
>
> 1 Passe-moi du ... *pain/tomates.*
> 2 J'ai mangé de la ... *haricots/tarte.*
> 3 Avez-vous des ... *stylos/crayon*?
> 4 Dans ma ville il y a des ... *magasin/maisons.*
> 5 Il a bu du ... *Orangina/coca.*

2.4 Expressions of quantity

After expressions of quantity in French, you must always use **de**:

beaucoup de gens, un litre de lait, un kilo de cerises, trop de circulation.

> *Entraînez-vous* ▬▬▬▬
>
> Make a list of all the expressions of quantity you know.

3 Verbs

3.1 The infinitive

This is the verb in its unchanged form, as you find it in the dictionary, e.g.

regarder *to watch,* finir *to finish,* être *to be.*

There are some instances where you can use the infinitive form as it is. However, most of the time you need to change the infinitive to agree with the subject and to show the tense (see below).

You use the infinitive:

- after the following expressions:
  Il faut *it is necessary to, you have to*
  e.g. Il faut changer. *You have to change.*
  Il est interdit de … *It is forbidden to …*
  e.g. Il est interdit de fumer.
  You are not allowed to smoke.

- after these verbs:
  adorer *to adore*, aimer *to like*,
  détester *to hate*, préférer *to prefer*
  e.g. J'aime nager. *I like swimming.*

- after modal verbs:
  devoir *to have to*, pouvoir *to be able to*,
  savoir *to know how to*, vouloir *to want to*
  e.g. On peut aller à la pêche.
  You can go fishing.

- after **verb/infinitive + à**
  aider à *to help to*
  apprendre à *to learn to*
  commencer à *to start to*
  continuer à *to continue to*
  encourager à *to encourage to*
  e.g. Il a commencé à pleuvoir.
  It started to rain.

- after **verb/infinitive + de**
  choisir de *to choose to*
  décider de *to decide to*
  essayer de *to try to*
  proposer de *to suggest*
  refuser de *to refuse to*

- after **pour** (*in order to*):
  e.g. Je chante pour avoir plus de confiance en moi. *I sing in order to have more self-confidence.*

Copy the sentences and underline the infinitive. Then translate them into English.

1 Il faut attendre ici.
2 Il est interdit de fumer.
3 J'adore jouer au foot.
4 On peut visiter le château.
5 J'aide à laver la voiture.

Entraînez-vous

Write out the following jumbled sentences in the right order. Then translate them into English.

1 faut changer il?
2 partir dois je.
3 vous je aider peux?
4 carottes me donner de pouvez-vous deux kilos?
5 faire dois mes devoirs je.
6 être voudrais je pilote.
7 aller à je l'université veux.
8 partir refuse il de.
9 travaille bien avoir de je pour bons résultats.
10 interdit il d'entrer est.

3.2 The present tense
The present tense is used to talk about:
- what is happening now
- what usually happens.

e.g. je regarde *I watch, I **am** watch**ing*** or *I **do** watch.*

Regular verbs

The formation of regular verbs follows a pattern.

Take the ending off the infinitive and add on the correct ending as shown:

-er verbs (e.g. regard**er** *to watch*)

je regarde	nous regard**ons**
tu regard**es**	vous regard**ez**
il/elle/on regarde	ils/elles regard**ent**

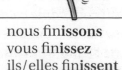

-ir verbs (e.g. fin**ir** *to finish*)

je fin**is**	nous fin**issons**
tu fin**is**	vous fin**issez**
il/elle/on fin**it**	ils/elles fin**issent**

-re verbs
(e.g. attend**re** *to wait*)

j'attend**s**	nous attend**ons**
tu attend**s**	vous attend**ez**
il/elle/on attend	ils/elles attend**ent**

Attention: A common mistake is to translate directly. People think that *I am studying* must include some part of 'être'. This is wrong! French works differently. Try to remember that what might be three words in English is not necessarily going to be three words in French. In fact, French verbs are much easier, you just have to get the right form.

Remember, you always learn verb patterns in the following order:

I-you-he/she-we-you-they!
je-tu-il/elle-nous-vous-ils/elles

Entraînez-vous ▬▬▬▬

With a partner make up three imaginary verbs and conjugate them according to the patterns you have just revised.

*Pronunciation of the present tense sometimes causes problems. Bear in mind that with all three types of verbs, the only final letters you hear are **-ons** and **-ez** (which sounds like 'ay' at the end in the vous form). Also, you do not pronounce the **-ent** at the end of the plural form.*

Practise saying these: j'aime, je déteste, j'étudie, elle commence, ils durent, tu choisis.

And finally on is a top exam tip. The French often use on instead of nous, it takes the same part of the verb as il/elle, e.g. on commence, on attend …

Irregular verbs

These verbs have their own individual patterns, and must be learned by heart. See the verb tables on page 220.

Entraînez-vous ▬▬▬▬

Refer to the regular verb patterns above, then change these infinitives. Give two present tense meanings for each verb, e.g. je (ranger) je range *I tidy, I am tidying*

1 je (commencer)	**4** nous (aider)
2 tu (aimer)	**5** on (descendre)
3 ils (finir)	

Entraînez-vous ▬▬▬▬

Use the verb tables on page 220 to translate these phrases.

1 I go	**4** she is
2 you have	**5** we take
3 he does	

Entraînez-vous ▬▬▬▬

Copy and complete the following sentences, putting in the correct form of the verb given. Then translate the sentences into English.

1 J'(étudier) l'espagnol.
2 Elle (parle) allemand.
3 L'école (finir) à 4 heures.
4 Vous (aimer) le français?
5 Nous (détester) l'informatique.
6 Ils (faire) de l'équitation.
7 Tu (prendre) le déjeuner à quelle heure?
8 Il (avoir) les cheveux noirs.
9 Je (être) très impatient.
10 Nous (aller) au lycée en autobus.

Reflexive verbs

Reflexive verbs use the reflexive pronouns (**me**, **te**, etc.) and can often mean 'to … oneself'.

A reflexive verb is listed in the dictionary with **se** before the infinitive.

se coucher *to go to bed*

je **me** couche	nous **nous** couchons
tu **te** couches	vous **vous** couchez
il/elle/on **se** couche	ils/elles **se** couchent

Entraînez-vous ▬▬▬▬▬▬

Write out each verb, then translate it into English, e.g. je (se coucher) Je me couche. *I go to bed.*

1 je (se doucher)   4 vous (s'habiller)
2 tu (s'amuser)   5 on (se laver)
3 ils (s'amuser)

Entraînez-vous ▬▬▬▬▬▬

Translate these sentences into French.

1 She wakes up.
2 I get dressed.
3 He goes to bed.
4 They're called Harry and Jenny.
5 We wash.

3.3   The perfect tense

The perfect tense is used to talk about something which happened in the past, e.g.

J'ai regardé.
I watched, I have watched or *I did watch.*

Two parts are needed to form the perfect tense:

● the **present tense** of the verb **avoir** or **être**
● the **past participle** of the main verb.

Avoir verbs

The vast majority of verbs form their perfect tense with **avoir**.

Regular verbs

The **past participle** of the main verb is formed as follows:

-er verbs: take off **-er** and add **é**, e.g. regard**é** *watched*, mang**é** *eaten*

-ir verbs: take off **-r**, e.g. fini *finished*, choisi *chosen*

-re verbs: take off **-re** and add **u**, e.g. attend**u** *waited*, romp**u** *broken*

Irregular verbs

The past participle of irregular verbs should be learned by heart.

Infinitive	English	Past participle
avoir	*to have*	j'ai **eu**
être	*to be*	j'ai **été**
faire	*to make/do*	j'ai **fait**
pouvoir	*to be able to*	j'ai **pu**
savoir	*to know*	j'ai **su**
boire	*to drink*	j'ai **bu**
croire	*to believe*	j'ai **cru**
connaître	*to know (a person)*	j'ai **connu**
devoir	*to have to*	j'ai **dû**
lire	*to read*	j'ai **lu**
voir	*to see*	j'ai **vu**
vouloir	*to want*	j'ai **voulu**
écrire	*to write*	j'ai **écrit**
comprendre	*to understand*	j'ai **compris**
apprendre	*to learn*	j'ai **appris**
finir	*to finish*	j'ai **fini**
conduire	*to drive*	j'ai **conduit**
mettre	*to put*	j'ai **mis**
prendre	*to take*	j'ai **pris**

Être verbs

Fourteen verbs form their perfect tense with **être**.

Infinitive	English	Past participle
aller	*to go*	je suis **allé**
arriver	*to arrive*	je suis **arrivé**
descendre	*to go down*	je suis **descendu**
entrer	*to go in*	je suis **entré**
monter	*to go up, get in*	je suis **monté**
mourir	*to die*	je suis **mort**
naître	*to be born*	je suis **né**
partir	*to leave*	je suis **parti**
rentrer	*to go back/home*	je suis **rentré**
rester	*to stay*	je suis **resté**
retourner	*to return*	je suis **retourné**
sortir	*to go out*	je suis **sorti**
tomber	*to fall*	je suis **tombé**
venir	*to come*	je suis **venu**

Try to remember these in the following way:
MRS VANDERTRAMP verbs

monté

  retourné

    sorti

      venu

        arrivé

          né

            descendu

              entré

                resté

                  tombé

                    rentré

                      allé

                        mort

                          parti

All reflexive verbs also use **être**:

> Je me suis couché à minuit.
> *I went to bed at midnight.*

Attention: With **être** verbs in the perfect tense, add **-e** to the past participle for feminine, add **-s** for plural, and add **-es** for feminine and plural, e.g.

> Il est parti. *He left.*
> Elle est partie. *She left.*
> Ils sont partis. *They left.*
> Marie et Laure sont parties.
> *Marie and Laure left.*

Entraînez-vous ▬▬▬▬

Write each of these **avoir** verbs in the perfect tense; then write what it means, e.g. je + (regarder) J'ai regardé *I watched, I have watched.*

1 Je + (jouer)   4 Elle + (attendre)
2 Tu + (aider)   5 On + (boire)
3 Il + (finir)

Entraînez-vous ▬▬▬▬

Complete these perfect tense verbs with the right part of **être**. Then write what they mean, e.g. Elles … parties. Elles sont parties. *They left.*

1 Je … allé.   4 Elle … venue.
2 Il … tombé.   5 Je … resté.
3 Vous … nés.

Entraînez-vous ▬▬▬▬

Translate these sentences into French.

1 she saw   6 she left
2 we helped   7 they (m) arrived
3 they did   8 I went out
4 you have been   9 he died
5 I took   10 I was born

3.4 The perfect infinitive

The perfect infinitive means 'to have done something'. It is formed with the infinitive of **avoir** or **être** and the past participle. Verbs that use **être** in the perfect tense, use **être** in the perfect infinitive too.

> Je m'excuse d'avoir manqué votre cours, monsieur le professeur.
> *I'm sorry for having missed your lesson, sir.*

The most common use of the perfect infinitive is with **après avoir** or **après être** to mean 'after having …'.

> Après avoir mangé, nous sommes allés nous coucher.
> *After having eaten, we went to bed.*

Attention: Just as **être** verbs show agreement in the perfect tense with a feminine or plural subject, so the perfect infinitive has to agree with the subject which follows it. You can't usually hear the agreement, but it's very important for getting high grades in writing.

> Après être rentrés si tard, ils voulaient faire la grasse matinée.
> *After having got back so late, they wanted to have a long lie.*

Entraînez-vous ▮▮▮▮▮

Write each past participle correctly, then translate the sentences.

Watch out for agreements.

1 Après avoir (regarder) la télé, nous avons pris le dîner.

2 Après avoir (acheter) le pullover, j'ai vu un jean que j'ai beaucoup aimé.

3 Après avoir (parler) avec mon père, je suis sortie.

4 Après être (rentrer) à minuit, elle a commencé à faire ses devoirs.

5 Après s'être (coucher), il a regardé la télé.

3.5 The imperfect tense

The imperfect tense is used to:

● describe things in the past
● say what was happening at a given moment
● say what used to happen.

> Je regardais.
> *I was watching* or *I used to watch.*

It is formed from the **nous** part of the present tense, with the **-ons** taken off:

fais~~ons~~ + ending

Then add the following endings:

Person	Imperfect ending
je	**-ais**
tu	**-ais**
il/elle/on	**-ait**
nous	**-ions**
vous	**-iez**
ils/elles	**-aient**

> J'avais un chien. *I used to have a dog.*
> Il faisait beau. *The weather was nice.*

Attention: For **être** (*to be*), the imperfect endings are added on to the **ét-** stem.

> J'étais triste. *I was sad.*
> C'était chouette. *It was great.*

Entraînez-vous ▮▮▮▮▮

What were they doing when the murder was committed? Translate the alibis, e.g.
Je passais l'aspirateur.
I was doing the hoovering.

1 Je lavais la voiture.
2 Je faisais mes devoirs.
3 Je regardais une vidéo.
4 Je jouais aux cartes avec des amis.
5 Je promenais le chien.
6 Je dormais.
7 Je mangeais un hamburger chez MacDo.
8 Je parlais au téléphone.
9 Je me douchais.
10 J'étais au cinéma.

Entraînez-vous ▮▮▮▮▮

Put these sentences into the imperfect, then translate them into English.

1 Il (pleuvoir).
2 Ils (aller) à la pâtisserie.
3 J'(étudier) l'allemand.
4 Il (regarder) le spectacle.
5 J'(avoir) souvent mal à la tête.

Entraînez-vous ▮▮▮▮▮

Translate these sentences into French.

1 The hotel was great. (être)
2 She had red hair. (avoir)
3 You were tired. (être)
4 We were in France. (être)
5 It was sunny. (faire)

3.6 The near future tense

The 'future proche' (near future tense) is used to talk about what is *going to happen* in the future.

> Je vais regarder. *I am going to watch.*

It is formed from:

● the **present tense** of the verb **aller**
● the **infinitive** of the main verb.

Je vais aller au cinéma.
I'm going to go to the cinema.

Elle va avoir un bébé.
She's going to have a baby.

Entraînez-vous ▬▬▬▬▬

Translate these sentences into French.

1 I am going to watch television.
2 He is going to read a book.
3 We are going to play football.
4 They are going to prepare lunch.
5 You are going to buy a car.

3.7 The future tense

The future tense is used to talk about what *will happen* in the future:

Je regarderai. *I will watch.*

It is formed by adding the following future tense endings to the future stem:

je	-ai	nous	-ons
tu	-as	vous	-ez
il/elle/on	-a	ils/elles	-ont

Future tense stems

Regular verbs
For regular **-er** and **-ir** verbs, the future tense stem is the same as the infinitive:
regarder → regarder-, finir → finir-

For regular **-re** verbs, the future tense is formed by taking off the final **-e**:
prendre → prendr-

Irregular verbs
Here are the future tense stems for some common irregular verbs.

aller	**ir-**	faire	**fer-**
être	**ser-**	pouvoir	**pourr-**
avoir	**aur-**	devoir	**devr-**
savoir	**saur-**	venir	**viendr-**

Tu visiteras. *You will visit.*

Nous aurons. *We will have.*

Entraînez-vous ▬▬▬▬▬

Translate the fortune teller's predictions.

1 Vous travaillerez en Afrique.
2 Vous jouerez au foot pour l'Écosse.
3 Vous achèterez une Ferrari.
4 Vous vous marierez à l'âge de 30 ans.
5 Vous tomberez amoureux d'une personne célèbre.

Entraînez-vous ▬▬▬▬▬

Put these sentences into the future tense and translate them into English.

1 Vous (se marier) à l'âge de 26 ans.
2 J'(oublier) tout.
3 Je (travailler) très dur afin de prendre ma retraite à un jeune âge.
4 Vous (vivre) jusqu'à l'âge de 80 ans.
5 Il (rencontrer) une très belle femme.

3.8 The conditional tense

The conditional tense is used to say what *would happen*.

Je regarderais. *I would watch.*

It is formed by adding imperfect endings to the future stem. Here are the endings:

je	**-ais**	nous	**-ions**
tu	**-ais**	vous	**-iez**
il/elle/on	**-ait**	ils/elles	**-aient**

J'**irais** en Amérique si j'étais riche.
*I **would go** to America if I were rich.*

Elles **voudraient** rester à la maison.
*They **would like** to stay at home.*

> *This combination of conditional + imperfect is very impressive in exams or coursework.*
> **Example:** *J'achèterais une voiture si j'étais riche.*

Entraînez-vous

What would you do if you won the lottery?
Complete each sentence.

Si je gagnais le loto …

1 j'achèterais …   4 j'irais …
2 je visiterais …   5 j'aurais …
3 j'habiterais …

Entraînez-vous

Put the verbs in brackets into the
conditional, then translate the sentences
into English.

1 J'(aimer) travailler dehors. Je pense que
  ce (être) moins ennuyeux.
2 Je (préférer) être hôtesse de l'air. Ce
  (être) plus amusant.
3 Je (vouloir) être PDG – ce (être)
  passionnant.
4 Il (aimer) être footballeur. Il (gagner)
  beaucoup d'argent.
5 Elle (vouloir) voyager autour du monde
  pour avoir de l'expérience.

3.9   The pluperfect tense

The pluperfect tense is used when talking
about actions further back in the past:

pluperfect   past   present   future
              (perfect/imperfect)

It is formed with:

● the **imperfect tense** of **avoir** or **être**
● the **past participle**.
   J'avais vu. *I had seen.*
   J'étais parti(e). *I had gone.*

Entraînez-vous

Translate these sentences into English.

1 Nous avions remarqué le chauffeur.
2 Elle avait dit 'au revoir' pour la
  dernière fois.
3 Il avait mis le sucre dans sa tasse.
4 J'avais oublié d'acheter le journal.
5 Elle nous a demandé si nous avions
  déjà visité l'Allemagne.
6 Tu étais déjà partie.
7 J'étais sorti avant ma mère.
8 Elle s'était levée de bonne heure.
9 Vous vous étiez perdu?
10 Il s'était couché tard.

3.10   The imperative

The imperative form of the verb is used to tell
somebody what to do. It is a command or an
instruction.

   Regarde! Regardez! *Look!*

When speaking to people you would call **tu**,
use the **tu** form of the verb, e.g. Lis! *Read!*

For **-er** verbs only, take off the final **-s**, e.g.
Regarde! *Look!*

When speaking to people you would call
vous, use the **vous** form of the verb, e.g.
Lisez! *Read!* Regardez! *Look!*

Reflexive verbs need an extra part:

   Lève-**toi**! *Stand up!*
   Levez-**vous**! *Stand up!*

Entraînez-vous

Translate these sentences into English.

1 Restez au lit!
2 Prenez ces comprimés.
3 Bois ce sirop.
4 N'oublie pas ton cahier.
5 Ouvre la fenêtre.

3.11 The passive voice

So far, all the tenses you have learnt have been active. The passive form is different.

The passive form of the verb is used to express actions that are **done to** someone or something without saying who does them, hence the name 'passive', e.g. *The lawn was mown. The paper is recycled.*

It is formed with **être** and the **past participle**, which must agree with the subject.

> Le gaz est utilisé. *The gas is used up.*
> L'eau est contaminée.
> *The water is contaminated.*
> Les déchets sont jetés.
> *The rubbish is thrown away.*
> Les boîtes sont recyclées.
> *The cans are recycled.*

Entraînez-vous ▮▮▮▮▮

Translate these sentences into English.

1 La mer est polluée.
2 Les océans sont contaminés.
3 La forêt est ravagée.
4 Les espèces rares sont menacées.
5 L'air est empoisonné.
6 Les lacs sont pollués.
7 Ma bicyclette est cassée.
8 Tu es agacé!
9 Nous sommes détruits.
10 Elle est fatiguée.

You need to be able to use the passive in other tenses too, with the **future** of **être** and the past participle:

> La terre sera détruite.
> *The earth will be destroyed.*

With the **imperfect** of **être** and the past participle:

> Les spectateurs étaient séduits.
> *The audience was enchanted.*

3.12 The present participle

The present participle is like **-ing** endings in English. **En + present participle** usually means 'while you were doing something':

> En regardant par la fenêtre j'ai vu Alex.
> *While I was looking out of the window I saw Alex.*

Present participles are formed by adding **-ant** to the end of the verb stem. The verb stem is formed from the **nous** form of the present tense with the **-ons** taken off.

Entraînez-vous ▮▮▮▮▮

Turn the verb in brackets into a present participle.

1 En (écouter), il a appris beaucoup de choses.
2 Il regardait la télé en (faire) ses devoirs.
3 En (rentrer) il a vu son ami Xavier.
4 En (sortir) il a rencontré Vanessa.
5 J'ai chanté en (prendre) ma douche.

3.13 *Depuis*

The word **depuis** is used to say 'since' or how long something **has been** happening for, e.g.

> Je regarde la télé depuis cinquante minutes. *I **have been** watching TV for 50 minutes.*

It is used with the **present** tense:

> Je suis membre du club depuis trois ans. *I **have been** a member of the club for three years.*

Entraînez-vous ▮▮▮▮▮

Translate these sentences.

1 Je suis membre du club depuis cinq mois.
2 J'apprends le français depuis quatre ans.
3 J'habite ici depuis dix mois.
4 Je joue du piano depuis sept ans.
5 Je sors avec Tom depuis quatre semaines.

This is also used with the **imperfect** to say how long something **had been** happening.
e.g.

> Je regardais la télé depuis cinquante minutes.
> *I **had been** watching TV for 50 minutes.*

> J'habitais Londres depuis cinq ans, lorsque ma famille a décidé de déménager.
> *I **had been** living in London for five years when my family decided to move.*

4 Questions

4.1 Question words

Qui? *Who?*
Où? *Where?*
Quand? *When?*
Que? *What?*
Comment? *How?*
À quelle heure? *At what time?*
Combien? *How much? How many?*
Combien de temps? *How long?*
D'où? *From where?*
Pourquoi? *Why?*

To use a question word to ask a question:

● put the question word at the end, raise your voice and add a question mark:

> Il arrive à quelle heure?
> *What time does he arrive?*

> Tu voyages comment?
> *How are you travelling?*

Attention: All the question words above can go at the beginning or end of a question, except **que**: that can only go at the beginning.

● put the question word at the beginning, and use **est-ce que** after it:

> À quelle heure est-ce qu'il arrive?
> Comment est-ce que tu voyages?

● put the question word at the beginning, and change the order of the subject pronoun and verb:

> À quelle heure arrive-t-il?
> Comment voyages-tu?

Ask your penfriend these questions, using any of the above methods. Write down your questions.

1 where he/she works
2 what time he/she is arriving
3 when he/she is leaving
4 what he/she prefers eating
5 why he/she is going to Paris

4.2 Intonation

You can ask questions which don't use a question word by:

● making the statement, raising your voice and adding a question mark:

> Il est malade? *Is he ill?*
> Tu aimes le coca? *Do you like coke?*

● using the phrase **Est-ce que** at the start of the sentence, raising your voice and adding a question mark:

> Est-ce qu'il est malade?
> Est-ce que tu aimes le coca?

● changing the order of the subject and verb:

> Est-il malade?   Aimes-tu le coca?

Attention: The word 'do' in a question is not translated in French.

Entraînez-vous

Write these questions using any of the above methods.

1 Do you have a towel?
2 Have you seen 'Superman'?
3 Can you help me?
4 Does he like coffee?
5 Are we going to wait?

> *These are very useful questions:*
> Est-ce que je peux …? *Can I …?*
> Est-ce que je dois …? *Do I have to …?*
> Est-ce qu'on peut …? *Can one …?*
> Est-ce que vous pourriez …? *Could you …?*

4.3 *Quel*

Quel means 'which/what' and comes before a noun.

Quel changes like this:

	Masculine	**Feminine**
Singular	quel	quelle
Plural	quels	quelles

Quelles chaussures est-ce que tu préfères? *Which shoes do you prefer?*
Quelle heure est-il? *What time is it?*

Entraînez-vous ▬▬▬▬

Choose **quel**, **quelle**, **quels** or **quelles**.

1 … fille?
2 … garçon?
3 … livres?
4 … dames?
5 … dame?

---

5 Negatives

5.1 *Ne … pas*

Ne … pas forms a sandwich round the main verb and means 'not'.

Elle **ne** regarde **pas**. *She is not watching.*
Je **ne** voudrais **pas** aller en France.
I would not like to go to France.

Attention: **Ne** becomes **n'** before a vowel or a mute 'h'.

Je **n'**ai **pas** d'animal. *I do not have a pet.*

In the **perfect** and the **pluperfect tenses, ne … pas** forms a sandwich round the part of **avoir** or **être**.

Je **n'**ai **pas** visité le Louvre.
I have not visited the Louvre.

Tu **n'**es **pas** sorti hier soir?
Didn't you go out last night?

Attention: With reflexive verbs, the pronoun stays with the verb. The **ne …** goes before the pronoun and the **pas** goes after the verb, e.g. Je **ne** me lève **pas** tôt.

After **pas** use **de** to say 'not any':

Je n'ai **pas de** frères.
I haven't got any brothers.
Il n'y a **pas de** piscine.
There is no swimming pool.

Entraînez-vous ▬▬▬▬

Make these sentences negative using **ne … pas**.

1 Je loge dans un hôtel.
2 Je partage ma chambre.
3 J'ai une chaîne-stéréo dans ma chambre.
4 Je m'entends bien avec mes parents.
5 Les boîtes sont recyclées.

5.2 Other negatives

These work in the same way as **ne … pas**.

ne … jamais *never*
ne … plus *no longer*
ne … rien *nothing*

Elle **n'**habite **plus** ici.
She doesn't live here any more.
Je **n'**ai **rien** mangé. *I didn't eat anything.*

These work in the same way, but sandwich around the whole verb in the perfect tense:

ne … ni … ni … *neither … nor … nor …*
ne … que *only*
ne … aucun *not a single, none at all*

Je **n'**ai mangé **qu'**une pomme.
I have only eaten one apple.

Entraînez-vous ▬▬▬▬

Put these sentences into the negative.

1 J'habite ici. (no longer)
2 J'ai bu. (nothing)
3 Il y a un cinéma et une piscine en ville. (neither)
4 Je vais chez le dentiste. (never)
5 J'ai … €10. (only)

5.3   *Ne ... personne*

Ne ... personne means 'nobody'.

> Je n'aime **personne**.
> *I like nobody./I do not like anybody.*

Look out for sentences with **personne** at the start:

> **Personne** n'est venu à la boum.
> *Nobody came to the party.*

> Qui est absent? **Personne!**
> *Who is absent? Nobody!*

Attention: In the perfect and pluperfect tenses, **ne ... personne** forms a sandwich round both parts of the verb and any prepositions, e.g.

> Je n'ai vu personne. *I didn't see anyone.*

> Je n'avais téléphoné à personne. *I hadn't phoned anyone.*

5.4   More than one negative

You can also use two negatives together.

> *Entraînez-vous* ▬▬▬
>
> Translate these sentences into English.
>
> 1 Il n'y a plus personne.
> 2 Je n'ai plus rien.
> 3 Il n'y a jamais rien dans ce magasin.
> 4 Je n'ai jamais vu personne dans cette boîte.

6   Adjectives

Adjectives describe nouns, e.g. bleu *blue*, heureux *happy*, ennuyeux *boring*.

6.1   Regular adjectives

Adjectives add endings which agree with the gender and number of the noun(s) being described.

Add **-e** to a feminine noun: Ma chambre est grande. *My bedroom is big.*

Add **-s** to a masculine plural noun: Mes livres sont intéressants. *My books are interesting.*

Add **-es** to a feminine plural noun: Ses chaussures sont vertes. *His shoes are green.*

6.2   Irregular adjectives

Adjectives which already end in **-e** do not add an extra **-e**:

> Elle est rouge. *It is red.*

Adjectives with one of these endings change as follows:

Ending(m)	Change(f)	Example
-eux/-eur	-euse	Il est heureux. Elle est heureuse.
-il/-el	-ille/-elle	Il est gentil. Elle est gentille.
-ien	-ienne	Il est italien. Elle est italienne.
-er	-ère	Il est cher. Elle est chère.
-aux	-ausse	Il est faux. Elle est fausse.
-f	-ve	Il est sportif. Elle est sportive.
-s	-sse	Il est gros. Elle est grosse.

These adjectives never change:

chic *smart*	cool *cool*
extra *great*	super *super*
marron *brown*	sympa *nice*

6.3   *Beau, nouveau, vieux*

These adjectives follow a special pattern:

Masculine	Masculine plural	Feminine	Feminine plural
beau	beaux	belle	belles
nouveau	nouveaux	nouvelle	nouvelles
vieux	vieux	vieille	vieilles

> une nouvelle maison *a new house*
> les beaux garçons *the handsome boys*

Attention: If the noun being described is masculine, singular and begins with a vowel or a mute 'h', use the form **bel**, **nouvel** or **vieil**.

> un vieil arbre *an old tree*

Entraînez-vous

Change the adjective if necessary.

1 le (beau) garçon
2 la (nouveau) maison
3 les (vieux) livres
4 les (beau) arbres
5 le (vieux) arbre

6.4 Position of adjectives

Most adjectives come after the noun:

> une veste bleue *a blue jacket*
> un livre allemand *a German book*

These short, common adjectives come before the noun.

petit *small*	grand *big*
bon *good*	mauvais *bad*
nouveau *new*	vieux *old*
beau *nice*	ancien *former*
autre *other*	jeune *young*
même *same*	

Entraînez-vous

Put the adjective in the right place.

1 un stylo (rouge)
2 une règle (nouvelle)
3 des garçons (beaux)
4 des filles (intelligentes)
5 un ballon (autre)

Attention: If ancien comes after the noun, it means 'ancient'.

6.5 Comparative and superlative

Adjectives can be used to compare things with each other, e.g. 'Sara is tall, Anna is taller, Marie is the tallest.'

plus … (que) *more … (than)*
moins … (que) *less … (than)*
aussi … (que) *just as … (as)*

> Marie est plus grande que Sara.
> *Marie is taller than Sara.*
>
> Marie est la plus grande.
> *Marie is the tallest.*
>
> C'est le garçon le plus intelligent de la

classe. *He's the most intelligent boy in the class.*

Entraînez-vous

Translate these sentences into English.

1 Philippe est plus grand que Paul.
2 Thérèse est aussi grande que Marie.
3 Marie est moins grande que Paul.
4 Philippe est le plus grand.
5 Je suis plus cool que Paul.

Attention: The comparative and superlative are fairly straightforward, with the exceptions of 'better/best' and 'worse/worst'.

bon(-ne)(-s)(-nes) *good*
meilleur(-e)(-s)(-es) *better*
le/la/les meilleur(-e)(-s)(-es) *best*
mauvais(-e)(-es) *bad*
pire(s) *worse*
le/la/les pire(-s) *the worst*

Entraînez-vous

Translate these sentences.

1 C'est le meilleur joueur de foot.
2 La pire chose était l'uniforme.
3 Elle est la meilleure des deux.
4 Meilleurs vœux.
5 Je suis en meilleure santé.

6.6 Demonstrative adjectives

'This' and 'these' are demonstrative adjectives. They come before a noun, and like other adjectives, they agree with the noun.

Masculine	*Feminine*	*Plural*
ce	cette	ces
cet		

Attention: Ce changes to **cet** before a vowel or a mute 'h'.

> ce garçon *this boy*, cet homme *this man*, cette femme *this woman*, ces chaussures *these shoes*

Entraînez-vous

Fill in the gaps with **ce**, **cette**, **cet** or **ces**.

1 J'aime ... garçon.
2 ... chaussures sont belles.
3 Tu aimes … chemise?
4 … homme est très sympa.
5 ... chaussettes sont à moi.

See section 7.10 for demonstrative pronouns (celui/celle/ceux/celles etc.).

6.7 Possessive adjectives

Possessive adjectives show who something or someone belongs to. They come before the noun and agree with the noun (not the owner).

	Masculine	Feminine	Plural
my	mon	ma	mes
your (tu)	ton	ta	tes
his/her	son	sa	ses
our	notre	notre	nos
your (vous)	votre	votre	vos
their	leur	leur	leurs

Attention: Mon, **ton** or **son** is used before a feminine word starting with a vowel or 'h'.

Où est mon stylo? *Where's my pen?*
Elle adore sa chambre. *She loves her room.*
C'est où, ton école? *Where is your school?*
Il a perdu ses clefs. *He has lost his keys.*

Entraînez-vous

Translate the following into French.

1 my sister
2 their parents
3 our father
4 your (tu) parents
5 his sister
6 my school

6.8 *Chaque* and *quelque*

Chaque means 'each' or 'every', e.g. chaque fois *every time*.

Quelque means 'some' before a noun and adds an **s** in the plural.

quelque chose *something*
quelquefois *sometimes*
quelqu'un *someone*
Il habite à quelque distance.
He lives at some distance.
quelques bonbons *some sweets*

6.9 Adverbs

Adverbs are used to describe verbs and adjectives. Adverbs which describe actions are often translated in English as **-ly**, e.g. slowly, lovingly.

They are formed by taking the feminine form of the adjective and adding **-ment**, e.g. lentement *slowly*, heureusement *happily*.

Attention: There are some exceptions: vite *quickly*, bien *well*.

Adverbs can also be used to compare, e.g. Le train va plus lentement que l'avion.

Watch out for the exceptions: mieux *better*, le mieux *best*.

Entraînez-vous

Translate these sentences into English.

1 Elle écoutait attentivement.
2 Malheureusement, il a raté le train.
3 On peut y aller très vite en avion.
4 Parlez plus lentement, s'il vous plaît.
5 Elle est partie aussi vite que possible.
6 Ça m'a plu énormément.
7 Elle était gravement blessée.
8 Elle avait vaguement compris.
9 Nous nous sommes tous très bien concentrés.
10 Je suis généralement chez moi le soir.

Translate these sentences into English.

1 Je joue mieux au basket qu'au volley.
2 Elle aime mieux le français que l'histoire.
3 Le mieux serait de partir en vacances.
4 Tout est pour le mieux.
5 Il va mieux aujourd'hui.

7 Pronouns

Pronouns stand in place of a noun, e.g. 'it', 'her', 'we'.

7.1 Subject pronouns

These are the pronouns to use for the subject of the verb:

● **je** (I): use this when speaking about yourself. **Je** becomes **j'** before a vowel or a silent h'.
● **tu** (you): use this when speaking to a friend, family member, child, young person, animal.
● **il** (he/it): use this instead of a masculine noun.
● **elle** (she/it): use this instead of a feminine noun.
● **on** (one, we): use this when speaking about people in general or instead of **nous**.
● **nous** (we): use this when speaking about yourself and one or more other people.
● **vous** (you): use this when speaking to more than one person, a stranger, or an adult you don't know well.
● **ils** (they): use this for more than one male, for masculine plural nouns or a mixed group.
● **elles** (they): use this for more than one female or for feminine plural nouns.

7.2 Direct object pronouns

An object pronoun stands in place of a noun which is the object of the sentence:

I like Peter. I like **him**.
Can you see the plane? Can you see **it**?
Look at those shoes! Look at **them**!

me *me*	nous *us*
te *you*	vous *you*
le *him/it*	les *them*
la *her/it*	

The object pronoun comes **before** all parts of the verb:

Je **la** déteste. *I hate her* or *I hate it.*

Nous **l'**avons mangé. *We ate it.*

Je **les** ai laissés à la maison.
I left them at home.

Translate these questions and answers into English.

1 Tu aimes Céline Dion? – Non, je la déteste.
2 Tu as tes devoirs? – Non, je les ai laissés à la maison.
3 Où est ta veste? – Je l'ai perdue.
4 Tu t'entends bien avec ta mère? – Oui, je l'aime bien.
5 Tu as vu mon porte-monnaie? – Oui, tu l'as mis dans la cuisine sur le frigo.

7.3 Indirect object pronouns

These are used to mean 'to me, to you etc.'. The only two we really need to worry about are **lui** and **leur** because the others are the same as the direct object pronouns.

French is often more precise than English. Sometimes, when we say 'him' or 'her', we often mean 'to him' or 'to her', e.g. I gave him it. = I gave it to him. In French, you must always make this distinction.

lui *to him/to her*
leur *to them*

Je **lui** ai dit de rester à la maison.
I told him to stay at home.
Elle **leur** donne des devoirs.
She gives them homework.

These pronouns always come before all parts of the verb.

Entraînez-vous

Translate the following into English.

1 Tu as parlé au professeur? – Oui, je lui ai parlé.
2 Est-ce qu'ils ont de l'argent? – Oui, je leur ai donné €30.
3 Tu as discuté avec ta maman? – Oui, je lui ai parlé tout à l'heure.
4 Je leur ai dit d'arriver à huit heures.
5 Elle lui a demandé s'il voulait sortir avec elle.

Entraînez-vous

Put these sentences in the correct order.

1 I give him his pocket money.
  je donne lui argent son de poche
2 She gives them the tickets.
  billets elle donne leur les
3 I told him the truth.
  vérité lui dit je la ai
4 She gave them a present.
  cadeau un donné elle a leur
5 Did you give him the book?
  – as lui donné tu livre le?

7.4   Y

Y means 'there'. It comes **before** all parts of the verb:

> J'**y** suis allé hier. *I went there yesterday.*
> On **y** reste tout l'été.
> *We stay there all summer.*

7.5   En

En means 'some', 'any', 'of them'. It comes **before** all parts of the verb.

> Il y **en** a dix. *There are ten of them.*
> Je n'**en** ai pas. *I haven't got any (of them).*

7.6   Negatives used with pronouns

Negatives go between the subject pronoun (je, tu, il/elle/on, nous, vous, ills/elles) and the object pronoun, and around the verb.

In all tenses, the object pronouns stay with the verb.

In the perfect or the pluperfect tense, most of these go round the parts of **avoir** or **être** (see 5.2).

> Je **ne** le vois **pas** très souvent.
> *I don't see him very often.*
> Il **ne** l'a **pas** trouvé agréable.
> *He didn't find it/him pleasant.*

Entraînez-vous

Translate these sentences into English.

1 Il ne les a pas achetés.
2 Je ne l'ai jamais vue.
3 Elle ne l'avait jamais rencontré.
4 Je n'en mange jamais.
5 Tu ne les reverras plus.
6 Il n'y avait ni soleil ni piscine.
7 Je ne l'avais pas remarqué.
8 Ils ne m'appellent jamais.
9 Je ne peux pas lui donner un cadeau.
10 Tu ne voulais pas leur rendre visite?

7.7   Order of pronouns

When more than one pronoun is used in a sentence, the order in which they should appear is as follows:

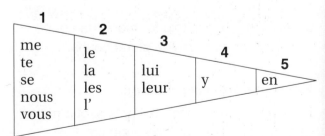

1	2	3	4	5
me te se nous vous	le la les l'	lui leur	y	en

> Il me l'a promis.
> *He promised it to me.*
> Tu leur en donnes.
> *You give some of it to them.*

7.8 Emphatic pronouns

After a preposition like **avec** *with*, **pour** *for*, **chez** *at the house of*, you need to use:

moi *me*	nous *us*
toi *you*	vous *you*
lui *him*	eux *them* (masc)
elle *her*	elles *them* (fem)

chez toi *at your house*
pour eux *for them*
avec lui *with him*

Entraînez-vous ▬▬▬

Translate these phrases using the correct pronouns.

1 with him
2 at your house
3 with her
4 at my house
5 with them (m)
6 for you (pl)

7.9 Relative pronouns *qui* and *que*

Relative pronouns mean 'who', 'which', 'that'. They are used to give details and to make sentences longer.

qui is the subject of a verb
que is the object of a verb
que becomes **qu'** before a vowel

J'ai une sœur qui* s'appelle Sarah.
I have a sister who is called Sarah.
*Here **qui** is used because it is the subject of the next verb.

J'ai un demi-frère que* je ne connais pas très bien. *I have a half brother that I don't know very well.*
*Here **que** is used because it is the object of the next verb.

Entraînez-vous ▬▬▬

Choose **qui** or **que** for each sentence.

1 C'est quelqu'un qui/que j'aime bien.
2 Il a trois chiens qui/que aiment jouer dans le jardin.
3 Ce sont les pâtes qui/que étaient dans le placard?
4 Un homme qui/que a traversé l'Atlantique en avion.
5 C'est un garçon qui/qu' il n'aime pas.
6 La dame qui/que porte la robe verte est très gentille.
7 Le sac qui/que j'ai perdu était en cuir.
8 L'homme qui/qu' est monté dans le train n'avait pas de valise.
9 J'ai acheté un ordinateur qui/que est super.
10 J'ai acheté un ordinateur qui/que je n'aime pas du tout.

7.10 Demonstrative pronouns

Demonstrative pronouns are used to distinguish between two items.

They mean 'this one' or 'that one', 'these' or 'those'.

	Masculine	Feminine
Singular	celui	celle
Plural	ceux	celles
Singular	celui-ci	celle-ci
Singular	celui-là	celle-là
Plural	ceux-ci	celles-ci
Plural	ceux-là	celles-là

Oui, je voudrais celui-ci.
Yes, I'd like this one.

Et moi, je prends ceux-là.
And I'll have those ones.

Entraînez-vous

Find all the examples of demonstrative adjectives and pronouns in this dialogue.

A – Et les gants? Tu aimes ceux-ci?

B – Ah non, je préfère ceux-là.

A – Regarde-moi ces bottes! J'adore celles-ci.

B – Non, celles-là sont plus jolies.

A – Ce pullover est bien.

B – J'aime mieux celui-ci …

A – Et cette jupe? Tu ne vas pas l'aimer. Celle-là est sûrement plus à la mode, à ton avis, non?

B – Au contraire, j'aime bien celle-ci, je vais l'acheter.

See section 6.6 on demonstrative adjectives (ce/cet/cette/ces).

7.11 Possessive pronouns *le mien, le tien …*

Possessive pronouns mean 'mine', 'yours', etc. These stand in the place of the noun and must agree with the thing they're describing in gender and number:

J'ai perdu mes gants, ce sont les miens?
I have lost my gloves, are these mine?

Non, ce sont les miens. Les tiens sont là-bas. *No they're mine. Yours are over there.*

	Masculine	Feminine	Masculine plural	Feminine plural
mine	le mien	la mienne	les miens	les miennes
yours	le tien	la tienne	les tiens	les tiennes
his/hers	le sien	la sienne	les siens	les siennes
ours	le nôtre	la nôtre	les nôtres	les nôtres
yours	le vôtre	la vôtre	les vôtres	les vôtres
theirs	le leur	la leur	les leurs	les leurs

8 Prepositions

8.1 Prepositions

devant *in front of*	derrière *behind*
dans *in*	contre *against*
entre *between*	sur *on*
sous *under*	vers *towards*
chez *at the house of*	avec *with*

à côté de *next to*
au bout de *at the end of*
au fond de *at the back/bottom of*
au milieu de *in the middle of*
autour de *round*
de l'autre côté de *on the other side of*
en face de *opposite*

contre le mur *against the wall*
de l'autre côté de la rue *on the other side of the street*

8.2 À

À means 'to' or 'at'. It can be used on its own, for example, to tell the time:

L'école commence à quelle heure?
À dix heures.
What time does school start?
At ten o'clock.

When **à** comes before **le**, you use **au**. When **à** comes before **les**, you use **aux**.

I go to the cinema. *Je vais au cinéma.*
Turn left at the lights.
Tournez à gauche aux feux.

8.3 'To' or 'in' with names of places

● 'To' or 'in' + name of town = **à**
Elle habite à Londres. *She lives in London.*

● 'To' or 'in' + name of feminine region/country = **en**
Il habite en Normandie en France. *He lives in Normandy in France.*

● 'to/in' + name of masculine country = **au**
Je vais au Portugal. *I'm going to Portugal.*

● 'to/in' + name of masculine region = **dans le**
J'habite dans le Périgord. *I live in the Périgord region.*

● 'to/in' + name of plural country = **aux**
Je vais aux États-Unis. *I'm going to America.*

Entraînez-vous ▬▬▬▬

Choose the right word for 'in' or 'to'.

1 Je vais ... France.
2 J'habite ... Normandie.
3 Je passe mes vacances ... Portugal.
4 Je vais ... Londres.
5 J'habite ... Glasgow.

9 Numbers

9.1 Numbers

1 un/une	11 onze
2 deux	12 douze
3 trois	13 treize
4 quatre	14 quatorze
5 cinq	15 quinze
6 six	16 seize
7 sept	17 dix-sept
8 huit	18 dix-huit
9 neuf	19 dix-neuf
10 dix	20 vingt

21 vingt et un
22 vingt-deux
30 trente
40 quarante
50 cinquante
60 soixante
70 soixante-dix
80 quatre-vingts
81 quatre-vingt-un
82 quatre-vingt-deux
90 quatre-vingt-dix
91 quatre-vingt-onze
92 quatre-vingt-douze
100 cent
101 cent un
200 deux cents
201 deux cent un
1000 mille

9.2 'First', 'second', 'third'

1$^{er/ère}$ premier (m)/première (f) *first*
2ème deuxième *second*
3ème troisième *third*

Verb tables

Infinitive *Past participle*	Present		Perfect	Imperfect	Future	Conditional	Pluperfect
regarder *to watch* regardé	je regarde tu regardes il/elle/on regarde	nous regardons vous regardez ils/elles regardent	j'ai regardé	je regardais	je regarderai	je regarderais	j'avais regardé
finir *to finish* fini	je finis tu finis il/elle/on finit	nous finissons vous finissez ils/elles finissent	j'ai fini	je finissais	je finirai	je finirais	j'avais fini
attendre *to wait for* attendu	j'attends tu attends il/elle/on attend	nous attendons vous attendez ils/elles attendent	j'ai attendu	j'attendais	j'attendrai	j'attendrais	j'avais attendu

Key irregular verbs

avoir *to have* eu	j'ai tu as il/elle/on a	nous avons vous avez ils/elles ont	j'ai eu	j'avais	j'aurai	j'aurais	j'avais eu
être *to be* été	je suis tu es il/elle/on est	nous sommes vous êtes ils/elles sont	j'ai été	j'étais	je serai	je serais	j'avais été
aller *to go* allé(e)	je vais tu vas il/elle/on va	nous allons vous allez ils/elles vont	je suis allé(e)	j'allais	j'irai	j'irais	j'étais allé(e)
faire *to do, to make* fait	je fais tu fais il/elle/on fait	nous faisons vous faites ils/elles font	j'ai fait	je faisais	je ferai	je ferais	j'avais fait

Other irregular verbs

apprendre *to learn* see prendre

boire *to drink* bu	je bois tu bois il/elle/on boit	nous buvons vous buvez ils/elles boivent	j'ai bu	je buvais	je boirai	je boirais	j'avais bu

comprendre *to understand* see prendre

conduire *to drive* conduit	je conduis tu conduis il/elle/on conduit	nous conduisons vous conduisez ils/elles conduisent	j'ai conduit	je conduisais	je conduirai	je conduirais	j'avais conduit
connaître *to know (a person or place)* connu	je connais tu connais il/elle/on connaît	nous connaissons vous connaissez ils/elles connaissent	j'ai connu	je connaissais	je connaîtrai	je connaîtrais	j'avais connu
croire *to believe* cru	je crois tu crois il/elle/on croit	nous croyons vous croyez ils/elles croient	j'ai cru	je croyais	je croirai	je croirais	j'avais cru
devoir *to have to, to must* dû	je dois tu dois il/elle/on doit	nous devons vous devez ils/elles doivent	j'ai dû = *I must have/ I had to*	je devais = *I had to*	je devrai = *I will have to/ I must*	je devrais = *I should/ I ought to*	j'avais dû = *I had had to*
dormir *to sleep* dormi	je dors tu dors il/elle/on dort	nous dormons vous dormez ils/elles dorment	j'ai dormi	je dormais	je dormirai	je dormirais	j'avais dormi

Verb tables (continued)

Infinitive *Past participle*	Present		Perfect	Imperfect	Future	Conditional	Pluperfect
écrire *to write* écrit	j'écris tu écris il/elle/on écrit	nous écrivons vous écrivez ils/elles écrivent	j'ai écrit	j'écrivais	j'écrirai	j'écrirais	j'avais écrit
lire *to read* lu	je lis tu lis il/elle/on lit	nous lisons vous lisez ils/elles lisent	j'ai lu	je lisais	je lirai	je lirais	j'avais lu
mettre *to put* mis	je mets tu mets il/elle/on met	nous mettons vous mettez ils/elles mettent	j'ai mis	je mettais	je mettrai	je mettrais	j'avais mis
partir *to leave* parti(e)	je pars tu pars il/elle/on part	nous partons vous partez ils/elles partent	je suis parti(e)	je partais	je partirai	je partirais	j'étais parti(e)
pouvoir *to be able to, to* *can* pu	je peux tu peux il/elle/on peut	nous pouvons vous pouvez ils/elles peuvent	j'ai pu	je pouvais = *I could/ I was* *able to*	je pourrai= *I could/ I will* *be able to*	je pourrais = *I could/ I* *would be* *able to*	j'avais pu
prendre *to take* (*and* apprendre, comprendre) pris	je prends tu prends il/elle/on prend	nous prenons vous prenez ils/elles prennent	j'ai pris	je prenais	je prendrai	je prendrais	j'avais pris
revenir *to come back* – see venir							
savoir *to know* su	je sais tu sais il/elle sait	nous savons vous savez ils/elles savent	j'ai su	je savais	je saurai	je saurais	j'avais su
sentir *to feel, smell* senti	je sens tu sens il/elle/on sent	nous sentons vous sentez ils/elles sentent	j'ai senti	je sentais	je sentirai	je sentirais	j'avais senti
venir *to come* (*and* revenir) venu(e)	je viens tu viens il/elle/on vient	nous venons vous venez ils/elles viennent	je suis venu(e)	je venais	je viendrai	je viendrais	j'étais venu(e)
vouloir *to want* voulu	je veux tu veux il/elle/on veut	nous voulons vous voulez ils/elles veulent	j'ai voulu	je voulais = *I wanted (to)*	je voudrai = *I will want* *(to)*	je voudrais = *I would like* *(to)*	j'avais voulu

Vocabulaire anglais–français

A

to be able to	pouvoir
it's about …	il s'agit de …
abroad	à l'étranger (m)
after(wards)	après
afternoon	l'après-midi (m)
to be against something	être contre quelque chose
all	tout/toute/toutes/tous
apprenticeship	un apprentissage
area (of a country)	une région
article	un article
authoritarian	autoritaire
to avoid	éviter

B

to be bad at	être faible en
bag	un sac
banknote	un billet
bathroom	une salle de bains
battery	la batterie
beauty tips	les conseils de beauté (mpl)
bedroom	la chambre
to begin	commencer
better	meilleur(e)
bicycle/bike	un vélo
bill	l'addition (f)
a bit	un peu
blanket	une couverture
blocked (up)	bloqué(e)
by boat	en bateau
boat trip	une promenade en bateau
to book	réserver
boring	ennuyeux/-euse
boyfriend	un petit ami
brakes	les freins (mpl)
bread	le pain
to break down	tomber en panne
building	un bâtiment
by bus	en bus
bus stop	l'arrêt d'autobus (m)
to buy	acheter

C

campsite	un camping
can I …?	puis-je …?
canteen	la cantine
by car	en voiture
carpet	une moquette
cartoon	un dessin animé
choice	le choix
classroom	une salle de classe
clean	propre
to clean	nettoyer
climate	le climat
clothes	les vêtements (mpl)
coin	une pièce
to be cold	avoir froid
to have a cold	être enrhumé(e)
computer	un ordinateur
computer programmer	programmeur/-euse
computing	l'informatique (f)
to conserve	conserver
continue	continuer
cooking	la cuisine
cotton	en coton
to criticise	critiquer
crossword	les mots croisés (mpl)
to cry	pleurer
curtains	les rideaux (mpl)
cycle lane	une piste cyclable

D

daily routine	la routine journalière
dairy produce	les produits laitiers
dangerous	dangereux/-euse
the day after tomorrow	le lendemain
dependent	dépendant(e)
detached house	une maison individuelle
detective film	un film policier
to dial	composer le numéro
dialling tone	la tonalité
I did	j'ai fait
dirty	sale
discrimination	la discrimination
dish of the day	le plat du jour
district	un quartier
doctor	un médecin
documentary	un documentaire
dog	un chien
double bed	un grand lit
double room	une chambre pour 2 personnes
to drink	boire

E

to earn	gagner
easy	facile
to eat	manger
empty	vide
to end	finir
energy	l'énergie (f)
the environment	l'environnement (m)
environmentally-friendly	vert(e)
evening	le soir
every	toutes/tous
exam	un examen
exciting	passionnant(e)
exhaust fumes	les gaz (mpl)
(not too) expensive	(pas trop) cher/chère
extrovert	extraverti(e)

F

fantastic	fantastique
fashion	la mode
first class	première classe
flat	un appartement
floor (=storey)	un étage
to have flu	avoir la grippe
fluorescent lamp	une lampe fluo
food	la nourriture
to be for something	être pour quelque chose
to forget	oublier
fork	une fourchette
a fortnight	quinze (15) jours
freedom	la liberté
friend	un(e) ami(e)
to frighten	faire peur
in front of	devant
fruit	les fruits (mpl)
funny	rigolo; amusant(e)
the future	l'avenir (m)

G

game	un jeu
generous	généreux/-euse
to get	recevoir
to get off (at)	descendre (à/à la/au/aux)
to get on (well) with	s'entendre (bien) avec
to go	aller
to go out	sortir
to be good at	être fort(e) en
it's a good idea	c'est une bonne idée
good for you	bon(ne) pour la santé
it's great	c'est chouette
grown-up	adulte

H

I had	j'ai eu
hanger	un cintre
hard	dur(e)
to have to	il faut/on doit
headlights	les phares (mpl)
health	la santé
healthy	sain(e)
to help	aider
holidays	les vacances (fpl)
at home	à la maison
homework	les devoirs (mpl)
to hope	espérer
horror film	un film d'horreur
to go horse-riding	faire de l'équitation
to be hot	avoir chaud
house	une maison
how long …?	combien de temps … ?
how much is it?	c'est combien?
to be hungry	avoir faim
hurt	blessé(e)
hypermarket	une grande surface

I

ice cream	une glace
ill	malade
independent	indépendant(e)
industry	l'industrie (f)
information	les renseignements (mpl)
inhabitants	les habitants (mpl)

J

jewellery	les bijoux (mpl)
job	un emploi/un boulot (informal)
journey (to and from work)	un trajet

K

to keep fit	garder la forme
knife	un couteau
to know (how to)	savoir

L

lab(oratory)	un labo(ratoire)
lamp	une lampe
lamp post	un lampadaire
languages	les langues (fpl)
to last	durer
later	plus tard
to laugh	rire
to learn	apprendre
to leave	partir
to leave a message	laisser un message
on the left	à gauche
less	moins de
lessons	les cours
library	la bibliothèque
to like	aimer

litter	les papiers par terre (mpl)
a little	un peu
to live	habiter
lively	animé(e)
to look for	chercher
lorry	un camion
to lose	perdre
a lot of	beaucoup de

M

I made	j'ai fait
main course	le plat principal
make-up	le maquillage
marks (at school)	les notes (fpl)
measures (to deal with)	les mesures (fpl)
mechanic	un(e) mécanicien/-ienne
in a mess	en désordre
mobile phone	un portable
money	l'argent (m)
month	un mois
more	plus de
motorcycle	une moto
mountain bike	un VTT (vélo tout-terrain)
in the mountains	à la montagne
moving	émouvant(e)
I must	je dois

N

near	près de
next	ensuite
next (week/month)	prochain(e)
nice	sympa; gentil(le)
noise	le bruit
noisy	bruyant(e)
nurse	un(e) infirmier/-ière

O

old	vieux/vieille; ancien/-enne
once	une fois

P

to park	garer
parking	le stationnement
pavement	le trottoir
pedestrian	un(e) piéton(ne)
pedestrianised area	une zone piétonne
by plane	en avion
plastic	en plastique
platform	un quai
playground	la cour
pocket money	l'argent de poche (m)
policeman	un agent de police
price	le prix
problem page	le courrier du cœur
programme	une émission
to protect	protéger
protein	les protéines (fpl)
public transport	les transports en commun (mpl)
puncture	un pneu crevé
purse	un porte-monnaie
pushchair	une poussette
puzzle	un jeu

Q

to queue up	faire la queue
quick	vite
quiet	calme; tranquille
quite	assez

R

rather	plutôt
to read	lire
recycled	recyclé(e)
relationship	les rapports (mpl)
to relax	se reposer
repetitive	répétitif/-ive
to respect	respecter
to rest	se reposer
return ticket	un aller-retour
on the right	à droite
romantic	romantique
it's rubbish	c'est nul
rush hour	les heures d'affluence (fpl)

S

the same	la même chose
I saw	j'ai vu
(school) rules	le règlement
screen	l'écran (m)
sea	la mer
by the seaside	au bord de la mer
second class	deuxième classe
secondary school	le collège
semi-detached house	une maison jumelée
sensitive	sensible
series	un feuilleton
serious (in character)	sérieux/-euse
serious (problem)	grave
shower	une douche
to be sick	vomir
to feel sick	avoir mal au cœur
silk	en soie
silly	ridicule, idiot(e)
single bed	un petit lit
single room	une chambre pour 1 personne
single ticket	un aller simple
to be situated	se trouver, être situé(e)
skiing	le ski
to smoke	fumer
soap	le savon
spare wheel	une roue de secours
to speak	parler
it's Alan speaking on the phone	c'est Alain à l'appareil
spoon	une cuillère
staffroom	la salle des profs
to stay	rester
steering wheel	le volant
straight ahead	tout droit
student	un(e) étudiant(e)
to study	étudier
subject	une matière
to be sunburnt	avoir un coup de soleil
sunny	ensoleillé(e)
survey	un sondage
sweet food	les produits sucrés (mpl)
sweets	les bonbons (mpl)

T

take an exam	passer un examen
tap	un robinet
teacher	un prof(esseur)
team	une équipe
telephone card	une télécarte
telephone number	un numéro de téléphone
to have a temperature	avoir de la fièvre
that one	celui (m) celle (f)
then	puis
there you are	voilà
these	ceux (mpl) celles (fpl)
things to do	les distractions (fpl)
to be thirsty	avoir soif
this one	celui (m) celle (f)
those	ceux (mpl) celles (fpl)
to throw	jeter
ticket	un billet
to tidy (up)	ranger
tired	fatigué(e)
too much	trop de
I took	j'ai pris
toilets	les toilettes (fpl), les W-C (mpl)
tomorrow	demain
tourism	le tourisme
towel	une serviette
town	une ville
town centre	le centre-ville
traffic	la circulation
traffic jam	un embouteillage
by train	en train
training course	un stage
travel	voyager
traveller's cheque	un chèque de voyage
trolley	un caddie
try on	essayer
twice	deux fois

U

umbrella	un parapluie
understanding	compréhensif/-ive
unemployed	au chômage
unemployment	le chômage
uniform	l'uniforme (m)
university	la fac
useful	utile

V

to vacuum	passer l'aspirateur
vegetables	les légumes (mpl)
very	très
vet	un(e) vétérinaire
video recorder	un magnétoscope
to visit	visiter
vitamins	les vitamines (fpl)

W

to walk	aller à pied
wall	un mur
to want	vouloir
to do the washing-up	faire la vaisselle
to waste	gaspiller
water	l'eau (f)
week	une semaine
I went	je suis allé(e)
what size?	quelle taille?
what time …?	à quelle heure …?
windsurfing	la planche à voile
wool	en laine
work	le travail
to work	travailler
it's not working	il/elle ne marche pas

Vocabulaire français–anglais

A

d'	abord	first of all
	abordable	approachable
les	accessoires (mpl)	accessories
d'	accord	OK/fine
	accueillant(e)	welcoming/friendly
	accueillir	to welcome
faire les	achats	to do the shopping
	acheter	to buy
en	acrylique	acrylic
l'	addition (f)	bill
	adorer	to adore
	adulte	grown-up
	afficher	to put up (a poster/notice)
les heures		
d'	affluence (fpl)	rush hour
	affreux/-euse	awful
l'	Afrique (f)	Africa
une	agence	agency
un	agenda	diary
un	agent d'immobilier	estate agent
un	agent de police	police officer
de quoi est-ce qu'il s'agit?		what is it about?
l'	agneau (m)	lamb
	agréable	pleasant
je vous prie d'	agréer l'expression de mes sentiments distingués	yours faithfully (used in letters)
l'	agressivité au volant (f)	road rage
	aider	to help
une	aile	wing
	aimable	nice/kind
	aimer	to like/love
	aimer bien	to enjoy/like very much
	aimer faire/voyager	to enjoy doing/travelling
	aimer mieux	to prefer
l'	aîné (m)	the eldest son
l'	aînée (f)	the eldest daughter
	ainsi que	as well as
	ajouter	to add
l'	alcool (m)	alcohol
l'	alimentation (f)	food department
si on allait au/à la/aux ...?		how about going to ...?
l'	Allemagne (f)	Germany
les	Allemands (mpl)	Germans
	aller (à/à la/au)	to go (to)
je suis allergique au/à la/aux		I'm allergic to ...
un	aller-retour	return ticket
un	aller simple	single ticket
allez au/à la/aux ...		go to ...
	allez-y!	go on!/go for it!
	allumer	to switch on
	améliorer	to improve
les	Américains (mpl)	Americans
	amicalement	best wishes/kind regards
l'	amitié (f)	friendship
l'	amour (m)	love
s'	amuser	to enjoy yourself
	ancien(ne)	old/former

l'	anglais (m)	English (school subject)
une	animation	show
	animé(e)	lively
bonne	année!	happy new year!
une	année sabbatique	gap year
bon	anniversaire!	happy birthday!
une	annonce	newspaper advertisement
l'	anorexie (f)	anorexia
	antipathique	unpleasant
l'	antiquité (f)	ancient history
	antisocial(e)	antisocial
c'est Jean/Marie à l'appareil		it's Jean/Marie speaking
un	appareil-photo	camera
un	appartement	flat/appartment
	appartenant à	belonging to
s'	appeler	to be called
	apporter	to bring
	apprendre	to learn
l'	apprentissage (m)	apprenticeship
j'ai	appris	I learned
	après	after(wards)
un	arbre	tree
l'	argent de poche (m)	pocket money
un	arrêt d'autobus	bus stop
tout s'	arrête pour	everything stops for
	arriver	to arrive
	arriver à	to succeed in
	arrogant(e)	arrogant
les	articles sur ... (mpl)	articles about ...
l'	artisanat (m)	craft industry
	artistique	artistic
les	arts martiaux (mpl)	martial arts
l'	ascenseur (m)	lift
l'	aspirateur (m)	vacuum cleaner
s'	asseoir	to sit down
	assez	quite; enough
	assieds-toi!	sit down!
l'	asthme (m)	asthma
	attendre	to wait for
dans l'	attente de	hoping to/looking forward to
	attention au/à la/aux ...	beware of ...
à l'	attention de	for the attention of
je suis	attiré(e) par ...	I like the idea of ...
	attirer	to attract
les	attractions principales sont ...	the main places of interest are ...
une	auberge de jeunesse	youth hostel
	augmenter	to increase
d'	aujourd'hui	nowadays
quand j'	aurai 18/25/40 ans	when I'm 18/25/40
	aussi ... que	as ... as
l'	Australie (f)	Australia
un	autobus	bus
un	autocar	coach
en	automne	in autumn
	autoritaire	strict
	autour (de)	around
	autre chose	anything else
à l'	avance	in advance
	avancer	to move forward
	avant	before

	avarié	rotten
	avec plaisir	with pleasure
à l'	avenir	in the future
une	aventure	adventure
	aventurier/-ière	adventurous
une	averse	(rain) shower
en	avion	by plane
un	avis	opinion
nous	avons	we have

B

	bachoter	to cram (for an exam)
	Bagages	Luggage
se	baigner	to go for a swim
en	baisse	decreasing/falling
un	bal	dance
se	balader	to go for a walk/ride
au	balcon	in the dress circle
le	balcon	balcony
une	bande	gang
une	bande dessinée	cartoon (in a book/magazine/newspaper)
la	banlieue	suburb(s)
	barbant(e)	deadly boring
une	barbe	beard
en	bas	downstairs
plus	bas	further down
les	baskets (fpl)	trainers
en	bateau	by boat
un	bâtiment	building
la	batterie	battery
	bavard(e)	talkative
	bavarder	to chat
	beau	beautiful
il fait	beau	it's fine/sunny
il y a	beaucoup de	there's/there are a lot of
un	beau-père	step-father
	belle	beautiful
as-tu	besoin de ...?	do you need ...?
	bête	stupid
une	bibliothèque	library
une	bicyclette	bicycle
	bien	good/well
tout va	bien	everything's fine
	bien payé(e)	well paid
	bien sûr	of course
	bientôt	soon
	bienvenue!	welcome!
la	bijouterie	jewellery
les	bijoux (mpl)	jewellery
un	billet	bank note
un	billet d'entrée	cinema/theatre ticket
un	billet pour ...	a ticket for ...
la	biologie	Biology
	bizarre	strange
	blanc(he)	white
je suis	blessé(e)	I'm injured
je me suis	blessé le/la ...	I've hurt my ...
	bleu(e)	blue
	blond(e)	blonde
	bloqué(e)	blocked-up/congested
un	blouson	jacket
le	bœuf	beef
	boire	to drink
un	bois	wood
une	boisson	drink

une boîte	tin/can or nightclub
une boîte aux lettres	letter box
une boîte de …	a box of … or a tin/can of …
les bonbons (mpl)	sweets
bon marché	cheap
c'est bon(ne) pour la santé	it's good for you
c'est une bonne chose	it's a good thing
être en bonne forme	to be in good shape
de bonne heure	early
quelle bonne idée	what a good idea
au bord de …	on the side of …
au bord de la mer	at/by the seaside
être bordé(e) de …	to be lined/edged with …
la bouche	mouth
cheveux bouclés (mpl)	curly hair
un boulot	job (informal)
une boum	party (informal)
une bouteille de …	a bottle of …
bref	in short
une bretelle	strap
se brosser les dents	to brush your teeth
il y a du brouillard	it's foggy
le bruit	noise
brûler	to burn
il est brumeux	it's misty
bruyant(e)	noisy
j'ai bu	I drank
Buffet	Station buffet
la boulimie	bulimia
un bureau	office

C

une cabine d'essayage	fitting room
une cabine téléphonique	telephone box
un caddie	shopping trolley
un cadeau	present/gift
le cadet	the younger/ youngest boy
la cadette	the younger/ youngest girl
le caféine	caffeine
un cahier	exercise book
la caisse	cashdesk; till
un(e) caissier/-ère	cashier
le calcium	calcium
calme	quiet
les calories (fpl)	calories
un camion	lorry
campagnard(e)	rural/countryfied
à la campagne	in the countryside
une campagne publicitaire	publicity campaign
un camping	camp-site
le Canada	Canada
les Canaries (fpl)	the Canaries
le canapé	sofa
un cancer du poumon	lung cancer
poser sa candidature à	to apply for
une cantine	cantine
la capitale	capital
car	as/because
un carrefour	crossroads
une carte d'anniversaire	birthday card
une carte postale	postcard
mon/ton cas	my/your situation

une case	box (on a printed page)
une casquette	cap
le casse-croûte	snack
casse-pieds	annoying
une cathédrale	cathedral
à cause de	because of
ça va!	it's all right!
la cave	cellar
un CD	CD
ce	this (masc)
la ceinture	belt
célèbre	famous
célibataire	single/unmarried
celle	this/that one (fem)
celles	these/those (fem)
celui	this/that one (masc)
le centre sportif	sports centre
ces	these
c'est …	it's …
cet	this (masc)
cette	this (fem)
ceux	these/those
chaleureux/-euse	warm/friendly
une chambre	bedroom/hotel room
un champ	field
avoir de la chance	to be lucky
bonne chance!	good luck!
changer	to change
une chanson	song
chanter	to sing
la charcuterie	delicatessen
chargé(e)	full/busy (lesson)
charmant(e)	charming
un château	castle
il fait chaud	it's hot/warm
un chauffeur	driver
des chaussures (fpl)	shoes
un(e) chef de cuisine	chef
le chemin de fer	railway
un chèque de voyage	traveller's cheque
pas (trop) cher/chère	not (too) expensive
chercher	to look for
un cheval	horse
faire du cheval	to go horse-riding
des chevaux (mpl)	horses
les cheveux (mpl)	hair
chez moi/toi	at my/your place
chic	smart/sophisticated
un chien	dog
la chimie	Chemistry
des chips (mpl)	crisps
le chocolat chaud	hot chocolate
choisir	to choose
le choix	choice
le cholestérol	cholesterol
le chômage	unemployment
un(e) chômeur/-euse	unemployed person
chouette	great
les cigarettes (fpl)	cigarettes
ci-joint(e)	attached
le cinéma	cinema
le cinoche	cinema (informal)
un cintre	hanger
la circulation	traffic
circuler	to be moving (traffic)
un cirque	circus
une cité	housing estate
classer	to file

une clef	key
le climat	climate
une clope	cigarette (informal)
un club de danse	dance club
un club d'échecs	chess club
un club de gym	gym club
un club d'informatique	computer club
un club de musique	music club
un club de photographie	photography club
un club de théâtre	theatre club
un cochon d'Inde	guinea pig
un cocotier	coconut tree
le code postal	post code
j'ai mal au cœur	I feel sick
cogner	to bang into
un(e) coiffeur/-euse	hairdresser
au coin	on the corner
le colin	hake
collège	college
entrer en collision avec	to collide with
c'est combien?	how much is it?
combien de temps?	how long …?
commander	to order
qu'est-ce que c'est comme …?	what sort of … is it?
commencer	to begin
un commentaire	commentary
avoir des choses en commun	to have things in common
complet/-ète	full (hotel; B&B)
compliqué(e)	complicated
être composé(e) de	to be made up of
composer le numéro	to dial the number
composter (un billet de train)	to have your ticket punched
compréhensif/-ive	understanding
comprenant	including
comprendre	understand
un comprimé	tablet/pill
comprimer	to press on
compte tenu	given that/bearing in mind that
concernant	with regard to
en ce qui concerne …	as far as … is concerned
un concert	concert
un concours	competition
conduire	to drive
la confiance	confidence
la confiture	jam
le confort	comfort
confortable	comfortable
un jour de congé	public holiday
les connaissances	knowledge
perdre connaissance	to lose consciousness
connaître	to know/be acquainted with
les conseils (mpl)	advice/tips
les conseils de beauté (mpl)	beauty tips
conserver	to save
Consigne	Left-luggage office
en quoi consiste …?	what does … consist of?

consommer	to consume
contenir	to contain
content(e)	happy
continuer	to continue
je suis contre …	I'm against …
par contre	however/on the other hand
contribuer	to contribute
convenir	to suit
être très convoité(e)	to be much sought-after
cool	cool/laid-back
un copain	male friend
une copine	female friend
un(e) correspondant(e)	penfriend
à côté de	near/next to
d'un côté … de l'autre	on the one hand … on the other
en coton	cotton
se coucher	to go to bed
ça ne vaut pas le coup	it's not worth it
prendre un coup de soleil	to get sunburnt
une cour	playground
couramment	fluently
le courrier du cœur	problem page
en cours de	throughout
un cours	lesson
une course	race
court(e)	short
un court (de tennis)	tennis court
un coussin d'air	air cushion
un couteau	knife
coûter cher	to cost a lot/be expensive
il est couvert	it's dull
une couverture	blanket
un crayon	pencil
créatif/-ive	creative
un crédit	credit note
créer	to create
crevé(e)	exhausted
critiquer	criticise
je crois	I think
une croisière	cruise
cru(e)	raw
une cuillère	spoon
des cuillerées (fpl)	spoonfuls
en cuir	leather
la cuisine	kitchen
faire la cuisine	to do the cooking
cuisses de grenouille (fpl)	frogs' legs
le cyclisme	cycling

D

dangereux/-euse	dangerous
danser (dansé)	to dance (danced)
la date de naissance	date of birth
se débrouiller	to manage/get by
être décédé(e)	to be dead
les déchets (mpl)	rubbish/litter
se décider	to make up your mind
se décontracter	to relax
découvrir	to discover
déçu(e)	disappointed
dedans	inside
défendre	to forbid
un défilé	procession
se déguiser (en …)	to dress up (as …)

une dégustation	tasting session
dehors	outside
déjà	already
le déjeuner	lunch
dans les meilleurs délais	as quickly as possible
délicat(e)	awkward/tricky
demain	tomorrow
demain soir/matin	tomorrow evening/morning
un demi-frère	half-brother
une demi-sœur	half-sister
démodé(e)	old-fashioned
le dentifrice	toothpaste
un(e) dentiste	dentist
les dents (fpl)	teeth
dépendant(e)	dependent
dépenser sur	to spend on
un dépliant	leaflet
les ailes déployées	with wings spread out
depuis 2 mois/4 ans	for 2 months/4 years
ça ne me dérange pas	I don't mind
déraper	to skid
dernier/-ère	last
dès le/la	from … onwards
désagréable	unpleasant
un désastre	disaster
descendez/descends …	go down …
descendez/descends à/à la/au/aux …	get off at …
vous désirez …?	would you like …?
je suis désolé(e)	I'm sorry
être en désordre	to be in a mess/untidy
le dessin	Art
un dessin animé	cartoon (on TV/at cinema)
le dessus	upper (on a shoe)
à destination …	travelling to …
se détendre	to relax
détester	to hate
deuxième classe	second class
devant	in front of
devenir	to become
devoir	to have to
les devoirs (mpl)	homework
un diable	devil
difficile	difficult
difficilement	with difficulty
le dîner	evening meal
ça te dirait de …?	how about …?
la discrimination	discrimination
discuter	to talk/discuss
la disponibilité	availability
se disputer	to argue
les distractions (fpl)	entertainments/things to do
distribuer	to distribute
ça ne me dit rien	I don't want to/I don't feel like it
un documentaire	documentary
je dois	I must
on doit	you must
le domaine de l'informatique/l'education	the computer/educational field
c'est dommage	it's a shame
donner sur	to look out onto

dont	of which, of whom
dormir	to sleep
doubler	to overtake
une douche	shower
se doucher	to have a shower
une douzaine de …	a dozen …
la drogue	drugs
on n'a pas le droit de	you aren't allowed to
un droit humain	human right
drôle	funny
j'ai dû	I had to
dur(e)	hard/hard work
durer	to last
dynamique	dynamic

E

l' eau gazeuse (f)	sparkling water
l' eau minérale (f)	mineral water
un échange	school exchange
échanger	to exchange
échapper à	to escape from
une éclaircie	bright interval
l' école maternelle (f)	nursery school
l' école primaire (f)	primary school
faire des économies	to save up
écouter (écouté)	to listen (listened)
l' écran (m)	screen
comment s' écrit …?	how do you spell …?
les effets spéciaux (mpl)	special effects
efficace	efficient
une église	church
égoïste	selfish
élargir les horizons	widen your horizons
l' électroménager (m)	electrical goods department
un(e) élève	pupil/student
l' emballage (m)	packaging
emballer	to wrap (up)
embêtant(e)	annoying
un embouteillage	traffic jam
une émission de musique/sport	a music/sports programme
émouvant(e)	moving
un emploi	job
un(e) employé(e) de bureau	office worker
emprunter le bus	to take the bus
encore	still; more
on peut avoir encore du/de la …	can we have more …?
un endroit	place
énerver	to annoy
s' ennuyer	to get bored
ennuyeux/-euse	boring
enregistrer	to record
je suis enrhumé(e)	I've got a cold
enseigner	to teach
ensemble	together
il est ensoleillé	it's sunny
ensuite	then
s' entendre (bien) avec	to get on (well) with
enterrer	to bury
être entouré(e) de	to be surrounded by
l' entraînement (m)	training
s' entraîner	to train/practise
un(e) entraîneur/-euse	sports coach/trainer

entre	between
entre!	come in!
Entrée	Entrance
l' entrée (f)	entrance hall
entreprendre	to undertake
une entreprise	company/firm
tu as envie de …?	do you want to …?
épeler	to spell
épicé(e)	spicy
l' épicerie (f)	grocer's shop
les épinards (mpl)	spinach
équilibré(e)	well-balanced
l' équipe de foot (f)	football team
l' équipe de hockey (f)	hockey team
l' équipe de volley (f)	volleyball team
l' équipement (m)	equipment/school things
l' équitation (f)	horse-riding
l' escalade (f)	(rock) climbing
l' escalier (m)	stairs
un escargot	snail
l' esclavage (m)	slavery
l' Espagne (f)	Spain
l' espagnol (m)	Spanish
espérer	to hope
essayer	to try/to try on
dans l' est	in the east
il/elle est allé(e)/parti(e)	he/she went/left
une esthéticienne	beautician
au 1er/ 2ème étage	on the first/ second floor
une étagère	shelf
ils/elles étaient	they were
j' étais	I was
il/elle était	he/she was
une étape	stopover
les États-Unis	the United States
en été	in summer
éteindre	to switch off
vous étiez	you were
nous étions	we were
à l' étranger	abroad
étroit(e)	narrow
un(e) étudiant(e)	student
étudier	to study
j'ai eu	I had
eux	them (masc pl)
éventuel(le)	possible
éviter	to avoid
un examen	exam
exceptionnel(le)	unusual
je m' excuse	I'm sorry
s' excuser	to apologise
l' exercice aérobic (m)	aerobics
l' expérience (f)	experience
faire l' expérience de	to experience
extra	fantastic
extraverti(e)	extrovert

F

qu'est-ce que tu fabriques?	what are you up to?
en face de	opposite
facile	easy
facilement	easily
la façon	way
la fac(ulté)	university
être faible en	to be weak at
faiblir	to get weaker

j'ai failli	I almost
avoir faim	to be hungry
faire (fait)	to do (did)
faire travailler les muscles/ jambes	to exercise your muscles/legs
je fais du/de la …	I do … (sport)
je fais de 40/42/44	I'm (a) size 40/42/44
j'ai fait	I did/made
être fanatique de	to be a fan of
farci(e)(s)	stuffed (food)
fatigant(e)	tiring
fatigué(e)	tired
les faubourgs (mpl)	suburbs
est-ce qu'il faut …?	do I have to …?/ should I …?
il faut	you must
il ne faut pas	you mustn't
c'est faux	it's not true
être favorable au/à la/ aux	to be in favour of
féliciter	to congratulate
une femme	woman/wife
une fenêtre	window
un(e) fermier/-ière	farmer
les fesses (fpl)	buttocks
une fête	festival/celebration
faire la fête	to celebrate/have a party
un feuilleton	TV series
les feux (mpl)	traffic lights
les feux d'artifice (mpl)	fireworks
les fibres (fpl)	fibre (in diet)
une fiche	form
s'en ficher	to not care/give a damn about
fier/fière	proud
j'ai de la fièvre	I've got a temperature
une fille	girl/daughter
fille unique	only daughter
un film d'horreur	horror film
un film policier	detective film
un fils	son
fils unique	only son
en fin de compte	in the final analysis/ at the end of the day
la fin	end
la Finlande	Finland
finir	to finish
une fleur	flower
un fleuve	major river
des fois	sometimes
une/deux/ trois fois	once/twice/three times
au fond de …	at the back/other end of …
c'est fondé(e) sur	it's based on
le foot	football
être en forme	to be in shape
la forme	shape/fitness
formidable	great
être fort(e) en	to be good at
une fourchette	fork
français	French
la France	France
francophone(s)	French-speaking
les freins (mpl)	brakes
cheveux frisés (mpl)	frizzy hair

les frites (fpl)	chips
il fait froid	it's cold
j'ai froid	I'm cold
il est frais	it's chilly
frôler la mort	to dice with death
le fromage	cheese
les fruits (mpl)	fruit
les fruits de mer (mpl)	seafood
fumer	to smoke
fumeurs/ non-fumeurs	smoking/ non-smoking

G

gagner de l'argent	to earn money
garder	to look after
garder la forme	to keep fit
un gardien de but	goalkeeper
une gare	railway station
garer la voiture	to park the car
le gaspillage	wasting/ squandering
gaspiller	to waste
un gâteau	biscuit
les gaz (mpl)	exhaust fumes
gêner	to bother
généreux/-euse	generous
génial	enjoyable/good fun
un genre de	a type/kind of
gentil(le)	kind
la géo	Geography
un gîte	gîte (self-catering cottage)
une glace	ice cream
glissant(e)	slippery
glisser	to slide/slip
une gomme	rubber
la gorge	throat
le goût	taste
le goût du risque	risk-taking
le goûter	snack (esp. eaten at 4 o'clock)
goûter les produits	to taste the produce
grâce à	thanks to
100/200 grammes de …	100/200 grams of …
un grand lit	double bed
la Grande-Bretagne	Great Britain
une grande entreprise	big company
une grande surface	hypermarket
une grande ville	city
les grandes vacances (fpl)	summer holidays
un graphique	graph
gratuit(e)	free
grave	serious
la Grèce	Greece
les Grecs (mpl)	Greeks
grièvement	seriously
j'ai la grippe	I've got flu
gronder	to shout at
gros(se)	fat
la guerre	war
Guichet	Ticket office
la gym(nastique)	gym(nastics)
le gym(nase)	gym(nasium)

H

s' habiller	to get dressed
à 20 000/100 000 habitants	with 20 000/100 000 inhabitants

habiter (à)	to live (in)
d' habitude	usually
en hausse	increasing/rising
en haut	upstairs
l' hébergement (m)	accommodation
à quelle heure …?	what time …?
à l'heure	on time
les heures (fpl)	hours (of work)
une hi-fi	hi-fi
l' histoire (f)	History
une histoire	story
une histoire d'amour	love story
historique	historic
en hiver	in winter
un HLM	council flat
l' Hollande (f)	Holland
un hôpital	hospital
un horaire	timetable
j'ai horreur de	I hate
l' hors-d'œuvre (m)	starter
être hospitalisé(e)	to be taken to hospital
un hôtel 3/4/ 5 étoiles	3/4/5-star hotel
une hôtesse de l'air	air hostess
les huîtres (fpl)	oysters
de bonne/mauvaise humeur	in a good/bad mood

I

idiot(e)	silly/stupid
l' île (f)	island
il n'y a pas de	there isn't/there aren't
il y a	there is/there are
l' image (f)	picture
l' imagination (f)	imagination
impatient(e)	impatient
impressionnant(e)	impressive
l' inconvénient, c'est …	the drawback is …
incroyable	incredible
indépendant(e)	independent
l' indicatif du pays/ de la ville	country/area code
l' individualité (f)	individuality
les industries importantes sont …	the main industries are …
industriel(le)	industrial
un(e) infirmier/-ière	nurse
les informations (fpl)	news
l' informatique (f)	computer studies/ computing
l' initiative (f)	initiative
inscrivez-vous!	sign up!
un(e) instituteur/-trice	primary school teacher
intelligent(e)	intelligent
être interdit(e)	to be forbidden
intéressant(e)	interesting
intéresser	to interest
s' intéresser	to be interested in
intime	intimate
introduire	to insert
il/elle ira	he/she will go
j' irai	I will go
l' Italie (f)	Italy
un itinéraire	itinerary

J

ne … jamais	never

le Japon	Japan
les Japonais (mpl)	Japanese people
le jardin	garden
faire le jardinage	to do the gardening
un(e) jardinier/-ière	gardener
le jean	jeans
les jeunes (mpl)	young people
la jeunesse	youth
un jeu télévisé	game show
un jeu vidéo	video game
les jeux (mpl)	puzzles/games
joli(e)	pretty
je joue au/à la/aux	I play (sport)
jouer (joué)	to play (played)
un jouet	toy
un(e) joueur/-euse	player
un journal	newspaper or news bulletin
journalier/-ère	daily
bonne journée!	have a nice day!
de nos jours	nowadays
les jumeaux (mpl)	twins
une jupe	skirt
jusqu'à	until
jusqu'à/à la/au/ aux	as far as
ce n'est pas juste	it's not fair
juste avant	just before

K

2/3 kilos de …	2/3 kilos of …

L

les labos (mpl)	labs
un lac	lake
en laine	wool
laisser	to leave
laisser tomber	to drop something; to kick a habit
laisser un message	to leave a message
le lait	milk
un lampadaire	lamp post
une lampe (fluo)	(fluorescent) lamp
les langues (fpl)	languages
les langues vivantes (fpl)	modern langauges
un lapin	rabbit
le lavabo	washbasin
se laver	to get washed
un lave-vaisselle	dishwasher
faire du lèche-vitrines	to go window-shopping
la lecture	reading
légendaire	legendary
léger/légère	light
un légume	vegetable
le lendemain	the following day
les lentilles de contact (fpl)	contact lenses
faire la lessive	to do the washing
se lever	to get up
libéral(e)	liberal
la librairie	bookshop/book department
je ne suis pas libre	I'm not free/ I'm busy
avoir lieu	to take place
le lieu de naissance	place of birth
une ligne	line
lire (lu)	read (read)
aller au lit	to go to bed

un lit	bed
un litre de …	a litre of …
un littoral	coast
un livre	book
livrer	to deliver
la location de vélos	bicycle hire
un logement	place to stay
loger	to stay
un peu plus loin	a little further on
loin de	a long way from …/not too close to …
les loisirs (mpl)	leisure activities
long(ue)	long
long(ue) de 30 km/500m	30 km/500m long
lorsque	when
louer	to hire
à louer	for hire
lourd(e)	heavy
j'ai lu	I (have) read
lundi	Monday
les lunettes (fpl)	glasses
le lycée	secondary school

M

un maçon	stonemason
un magasin	shop
une magazine d'ordinateur/ de mode	a computer/ fashion magazine
un magnétoscope	video recorder
un maillot de bain	swimming costume
se maintenir en forme	to keep in shape
la maison des jeunes	youth club
une maison individuelle	detached house
une maison jumelée	semi-detached house
une maison mitoyenne	terraced house
faire du mal	to harm
mal	badly
j'ai mal au/à la …	I've got a pain in …/ I've got …ache.
mal payé(e)	poorly paid
malade	ill
une maladie	illness
malchanceux/ -euse	unlucky
malheureusement	unfortunately
malsain	unhealthy
manger	to eat
une mangue	mango
manquer	to miss
le maquillage	make-up
marchander	to haggle
un marché spécial	special market
il/elle ne marche pas	it's not working
faire marcher	to tease
mardi	Tuesday
un mari	husband
marié(e)	married
se marier	to get married
les marques (fpl)	brand names
marrant(e)	funny/good fun
j'en ai marre (de)	I've had enough (of)
se marrer	to have a laugh
marron	brown